△1959年至1964年北京化工学院（现 北京化工大学）学习期间个人照

△1964年进入国防科工委927部队 （621所）工作照

△1967年首都人民公园留影（右一为张德恒）

◁ 1982年在北京航空材料研究院工作期间留影（左三为张德恒）

◁ 1983年创办企业后首个产品通过郑州市科委鉴定

▷ 1994年参加郑州市第十届人民代表大会留影（第二排左一为张德恒）

▷ 1996年与北京化工大学校友合影留念（第一排右一为张德恒）

◁ 1997年带领客户参观郑州市中原应用技术研究所（右一为张德恒）

◁ 2000年国外客户来公司交流（右四为张德恒）

▷ 2000年郑州中原硅酮胶销售会议上与公司第一批代理商合影（第一排右一为张德恒）

▷ 2001年参加中国建筑材料工业协会中空玻璃专业委员会四届三次常委工作扩大会（第一排右四为张德恒）

◁ 2003 年位于银屏路的
生产基地开工仪式（第
一排右一为张德恒）

◁ 2003 年位于银屏路的
生产基地落成仪式留影

▷ 2004 年赴欧考察留影

◁ 2004年时任中国建筑
金属结构协会会长杜宗
翰、副会长徐文铎来公
司参观交流（右二为张
德恒）

◁ 2004年与中国国家大剧
院签约仪式（左一为张
德恒）

▷ 2009年张德恒73岁生
日时与家人合影（第一
排右一为张德恒）

△2013年公司成立三十周年庆典活动剪彩仪式（右八为张德恒）

◁2014年中国中空玻璃行业发展五十年"中空玻璃行业杰出人物"颁奖现场（右一为张德恒）

◁凤凰网《风范中国》栏目专访

△ 2016 年中国航发北京航空材料研究院专家来公司参观（第一排左七为张德恒）

▷ 2016 年带领北京航空材料研究院老同事参观公司（中间为张德恒）

▷ 央视《影响力人物》栏目专访

△ 工作照

张德恒

密封胶工业之魂

姚志鹏　高新元／主编

郑州大学出版社

图书在版编目(CIP)数据

张德恒：密封胶工业之魂／姚志鹏，高新元主编. —郑州：郑州大学出版社，2022.1(2024.6 重印)

ISBN 978-7-5645-8429-0

Ⅰ.①张… Ⅱ.①姚… ②高… Ⅲ.①张德恒 – 传记 Ⅳ.①K826.16

中国版本图书馆 CIP 数据核字(2021)第 256803 号

张德恒：密封胶工业之魂

ZHANG DEHENG：MIFENGJIAO GONGYE ZHI HUN

策　　划	李勇军	封面设计	孙文恒
责任编辑	暴晓楠	版式设计	孙文恒
责任校对	孙精精	责任监制	李瑞卿

出版发行	郑州大学出版社	地　　址	郑州市大学路 40 号(450052)
出 版 人	孙保营	网　　址	http://www.zzup.cn
经　　销	全国新华书店	发行电话	0371-66966070
印　　刷	廊坊市印艺阁数字科技有限公司		
开　　本	710 mm × 1 010 mm　1 / 16		
彩　　页	4		
印　　张	17	字　　数	242 千字
版　　次	2022 年 1 月第 1 版	印　　次	2024 年 6 月第 2 次印刷

书　　号	ISBN 978-7-5645-8429-0	定　　价	78.00 元

谨以此书纪念中国建筑密封胶工业泰斗、勤劳质朴与创新图强的中原之魂——张德恒。

为国家
为社会
为职工

刘世恒
2013.10.10

序　言

初识张德恒先生，源自工作关系。他所创办的郑州中原思蓝德高科股份有限公司是中国建筑金属结构协会的一个重要会员单位、副会长单位。我在担任中国建筑金属结构协会会长期间，曾多次去该企业学习考察，该企业给我留下了深刻的印象：这是中国改革开放年代创立的少有的科技先导型企业。在三十多年的发展历程中他们始终坚持科技创新，是中国优秀企业的样板。

一是坚持原始创新。敢于自我发明、自我创新。他们申请了 110 多项专利权，主编参编国家标准及行业标准 70 余项，承担过国家科委下达的"火炬计划""科技攻关计划"以及"十三五"国家重点项目，获得过国家级攻关项目、国家级新产品称号，还获得过很多省里的、部里的科技进步奖。

二是坚持集成创新。把全种类产品的全方面应用集中到产品研发上，使发明产品上升到一个新的阶段。他们研究了中国在民用建筑上的首个聚硫产品、首个硅酮产品、首个丁基产品，现在还有环氧、聚氨酯、高分子复合胶膜，六种类型的发明产品经过集成创新，通过专家认证，填补中国空白，替代进口。

三是坚持引进、消化、吸收、再创新。在郑州中原，我们可以看到，他们在整个研发链中，采取了世界最先进的标准，同时引进各种先进的生产设备，包括一系列检测设备，使用世界上最先进的标准、最先进的设备、最先进的生产线去组织生产。虽然有些是国外的，但是经过他们的引进、消化、吸收、再创新，变成了我们中国人自己的生产线。

这样的科技先导性企业，不光是在我们行业，甚至在中国，应该说都是值得推荐的。

有这样一个科技先导型企业，必然有科技先导型企业家。张德恒先生，20世纪60年代初毕业于北京化工学院（现北京化工大学），高分子专业。毕业后在航空工业部北京621研究所负责军用飞机、导弹等航空密封材料的研究，是首批享受国务院政府特殊津贴的专家，为我国航空事业的发展做出了突出贡献。47岁第一次创业，50岁第二次创业，创立郑州市中原应用技术研究所（现郑州中原思蓝德高科股份有限公司），担任所长、董事长，终身从事密封胶研究。创业30余载，张德恒先生始终胸怀家国之心，开拓创新、敢为人先，带领企业填补了我国民用密封胶领域多项空白。在密封胶行业，他是企业家更是专家，深受行业同人的敬重和爱戴。他的一生致力于建筑密封胶核心技术的创新性和专业化研究，是国内建筑密封胶技术的开拓者和领导者，为我国建筑密封胶的国产化以及建筑密封胶行业的发展做出了突出的贡献。

本书详细记录了张德恒先生艰苦奋斗、自强不息的一生：幼年立志、少年求知、青年成业、中年创业、老年明己、一生报国。一字一句，宛如身影犹在。匠人已故、匠心永存！张德恒先生虽然离我们而去，但是他一生坚韧不拔、奋发向上的精神和气概永远是吾辈学习的榜样，更是同行学习和努力的方向，他一生光辉的业绩必将载入史册。也愿他的家人、同事、员工能够秉承他的遗志，将他生前一手创建的事业不断壮大，取得更加辉煌的成就！

谨以此文缅怀纪念。

2020年4月4日

目　录

引 子

郑州的早晨，宁静却又喧嚣。作为省会城市和新一线城市，郑州既有着文化名城的悠然自得，又有着现代都市的繁华气息。

郑州市华山路 213 号（原 94 号）是坐落在这座城区一隅的一个静谧的小院。院子里有一个不大的花坛，花坛四周围着一圈冬青，即便在冬天也显得郁郁葱葱。花坛里面种着几棵不知名的树和一棵樱桃树，每到春天，这几棵树就会开满白色的小花，使得整个院子花香四溢；到了夏季，树上的樱桃熟了，院子里的员工就会利用午休时间，带上几个袋子，摘满满一袋子的樱桃，拿到办公室去吃。院子里最高的建筑仅有五层高，是 1989 年建的，虽然这栋楼现在看起来极其普通，甚至带着一些破旧，可在当时却是郑州最好的住宅楼。时光荏苒，往日的风华已然不再，甚至从外表看这座不大的小楼略显破败。但岁月的流逝并没有让它出现任何漏水的情况，坚固的内部墙体结构反而给它增加了一丝略显沧桑的底蕴。鲜为人知的是，作为我国民用建筑密封胶应用的开拓者，首批享受国务院政府特殊津贴的科技专家，郑州市中原应用技术研究所（现郑州中原思蓝德高科股份有限公司）的董事长张德恒一直就居住在这栋楼里。

张德恒个头不高，但给人的第一印象是特别精干，满头的银发，印堂有深深的皱褶，给人一种饱经风霜之感。熟悉他的人都知道，这一根根银发的背后，都有着一段段曲折的故事。那炯炯有神的双眼，洞悉世事，深邃而又坚定。在北京几十年的求学工作经历，让张德恒基本上已不会说河南方言了，每次开会说到激动之处，张德恒总是用铿锵有力而又略带沙哑的普通话表达自己的看法，而与人交谈时又总是微笑着，认真倾听别人的述说。他会当着公司全体员工的面点名批评公司的高层，他也会当着公司所有高层的面去表扬车间一位最普通的工人。有人说张德恒不好相处，但熟悉他的人都知道他只是做事过于认真，过于追求完美。

张德恒创办的郑州市中原应用技术研究所年销售额已经达到七个亿，但你很难想象他却居住在一个仅有 80 多平方米的小房子里。走进张德恒家，房子是两室一厅格局，虽然不大却非常整洁。客厅里仅容得下一张年代久远的长沙发和一个一尘不染的茶几，还有一台电视机，算是客厅里面最值钱的了，这台笨重的老旧款电视机已经买了十余年了，倒是还有声有影，他一直舍不得换。

张德恒睡眠不是很好，经常半夜 3 点钟醒来，这和他年轻时养成的工作习惯有关。为了不影响老伴休息，张德恒和老伴各住一间小屋子，这样就不会吵醒老伴。张德恒半夜 3 点钟起床后会踱步到客厅，倒上一杯茶，茶叶是绿茶，虽然不是什么名贵的茶叶，但张德恒喜欢这种茶叶带来的淡淡清香。张德恒常独自坐在客厅，静下心来梳理一下思路，认真想想近段时间的工作安排。等他把下一阶段工作安排想通后，这时茶水也喝得差不多了，然后他又会轻轻地走回自己的卧室再睡一会儿。早上 6 点半左右，张德恒再次习惯性醒来，这时他会打开电视，看看《早间新闻》，7 点左右，张德恒又会睡一小会儿。等他再次醒来时，老伴已经为他做好了早饭。

张德恒习惯上午 9 点去上班，公司就在华山路 213 号的小院里，出了家属楼不到 20 米就是公司办公楼。来到公司二楼的董事长办公室，公司财务人员已经把报表发到他的邮箱里了。看着报表上面一天天增长的数字，张德恒既有欣慰也有忧虑，欣慰的是公司一天天发展壮大，忧虑的是公司的产品结构需要及时做出调整，结构调整的方向已经了然于胸，但张德恒还没有想出更加具体的办法。看前一天的财务报表是张德恒每天上班要做的第一件事，也是他雷打不动的习惯，每天早上财务人员都会往张德恒的邮箱里发一份报表。如果在外出差，即使是在汽车上，在飞机上，在宾馆里，张德恒也会拿出 iPad，打开自己的邮箱查看当天发过来的报表。张德恒已是耄耋之年，但他的思想从来都没有衰老退化，追逐的是现代和时尚。工作之余，张德恒也会浏览一下自己的微博和微信，这里面他关注了很多圈子里的合作伙伴，他们不时发布的信息对张德恒做出下一步的决策都是很有帮助的，同时也有很多关于国家最新政策的资讯，这能够给张德恒下一步的工作提供参考，也可以为公司将来的发展提供更多的决策帮助。

张德恒近来主要考虑的是产能问题，因此他决定在上午 10 点召开公司中高层会议，讨论一下购买生产设备的事情。为了公司事业的发展，张德恒必须考虑再购买数套设备，按照他一贯的风格，设备必须是最好的，必须是全球最先进的。他向来追求完美，做产品一定要做最好的，买设备也一定要买最好的。这并不仅仅是因为公司流动资金十分充裕，而是因为在他看来，最优质的产品一定是用最好的原材料、最优异的设备生产出来的，优异的设备也是产品品质的一个有效保障。张德恒最关心的还是产品品质。

张德恒开会时总是随身带着他的水杯，这个产自中国台湾的活瓷杯，是一位老朋友送给他的礼物，张德恒十分喜欢。水杯里有时是茶叶，有时则放着菊花、枸杞和冰糖。会议 10 点钟准时开始，张德恒认真仔细地听取中高层相关人员的工作汇报，如果有不同的看法或者有不是很满意的地方，张德恒就会打断他们，亮出自己的观点和建议，供他们去讨论，但他不会很武断地就此做出决定，他的每一个决定都要征求公司高管的意见。用张德恒自己的话说："我的能力有限，而这么多高管加到一起是能够做出正确决策的。"张德恒不是一个独断专行的人，如果自己出现失误，他会勇于担责，哪怕在全体职工面前，他也会毫不客气地把自己所犯的错误指出来，并对这些错误进行反思。但他也不会为别人掩盖错误，哪怕是总经理在工作中出现了失误，他也会毫不留情地指出来。这就是张德恒。

这次会议持续的时间超过了张德恒的预期，直到中午 1 点钟才结束，下午 4 点，他还要飞往广州参加密封胶行业一个重要的研讨会。作为业界最具影响力的密封胶专家，张德恒缺席这样的会议，会让会议的权威性大打折扣。散会后张德恒从职工食堂带了份盒饭，一份米饭、一荤一素两个菜。张德恒一直都和公司员工吃同样的饭菜，他认为只有自己吃得合口了，员工才能吃得放心。

吃完午饭，距离飞机起飞还有两个半小时，闲不住的张德恒利用这点时间，到各个研究室转了一圈，并和几位从车间普通工人提拔到研究室工作的员工聊了一会儿。张德恒多次在开会的时候对公司高层说："现在物价、房价这么高，作为公司领导，我们不帮助我们的员工，谁来帮助？我们公司的文化是'为国家，为社会，为职工'，但'为职工'不能仅停留在口号上，这句话不是说给别人听的，挂在墙上给别人看的，而是让我们去认真做的！"每当员工有困难找到张德恒，张德恒总是想尽办法帮助员工解决，员工买房没有首付款，张德恒就会借给员工首付款，到目前为止，仅仅是借给员工首付买房的钱就已经达到了一千万元。在张德恒看来，这是他的责任，更是他的义务。

张德恒准时赶到了新郑国际机场，在候机室小憩了一会儿，他必须养足精神，等飞机落地的时候，还要参加一个重要会议……

这就是张德恒的一天，一年 365 个日子里最平常又普通的一天。而此时，张德恒人生的岁月年轮，已深深刻录下了第 82 个春秋，距离他人生航行最后的停泊处、生命的终点，还有不到一年的时光……

第一章 学生时代

一、寒门出身

1936 年是一个多事之秋。年初，日本发生了"二二六事件"；3 月 7 日，德国出兵占领莱茵非军事区；5 月 31 日，宋庆龄、何香凝、马相伯、邹韬奋等知名人士，在上海发起成立了全国各界救国联合会；8 月 11 日至 16 日，第十一届奥林匹克运动会在柏林举行；11 月 25 日至 12 月 5 日，苏联第八次苏维埃非常代表大会通过新宪法。而此时的中国豫北农村贫瘠而闭塞，对于生活在这片土地上的人们来说，最近的一件大事也要往前推 2982 年，当年周武王和商纣王在牧野决战正酣。这些事情对于张祖文一家来说是那么的遥远，而 1936 年 12 月 5 日张祖文长子的出生，才算是张家的头等大事。

张祖文的父亲很早就过世了，母亲曹秀珍把张祖文兄弟俩拉扯大。曹秀珍看到自己的孙子出世，甭提多高兴了。曹秀珍开心地抱着孙子舍不得放下，毕竟在当时最大的乐事就是人丁兴旺，香火得以传承。为此曹秀珍还专门给张祖文的父亲上了炷香，把家里的大喜事告诉他。

长子的出生也着实让张祖文兴奋了好久，给孩子起个什么名字呢？乡下人对自己的孩子没有太多的要求，只要能够平安幸福，干得了农活儿，能够传宗接代就足矣，这也是当时大多数老百姓一生的心愿和诉求。遗子千金不如授子一艺，授子一艺不如赐子一名，经过全家人商量，决定给这个孩子取名叫张东海，希望这个孩子能够福如东海，更希望这个孩子能够长命百岁。

张祖文的父亲弟兄三人，家里有30多亩田和两头牛，除去给当时的国民政府交税，丰年的话全家几十口人勉强可以糊口。可是恰逢时局动荡不安，天灾人祸不断。1942—1943年河南正处于抗日烽火前线，连年战乱，生灵涂炭。再加上"水、旱、蝗、汤"四大灾害轮番袭击中原地区的110个县——1938年黄河花园口决堤造成的水灾后患，让黄泛区灾民流离失所。1942年河南大旱，连续几个月滴雨未下，接着就是漫天的蝗虫。那时蝗虫之多，落在树上把树枝都压弯了，等蝗虫飞走，树叶已被蚕食殆尽，光秃秃的，如同死树。旱灾和蝗灾使得河南赤地千里，庄稼绝收，百姓只能食草根树皮充饥，大批灾民背井离乡、卖儿鬻女，饿殍遍野，仅河南省就饿死300万人，濒临死亡等待救济者超过1500万人。此时，张家已经揭不开锅，全家人在一起很难吃得上一顿饭，分家成了活下去的唯一出路。也正是在这个时候，张祖文祖母的两个侄儿来到了张祖文家，要借用张家的两头牛去耕地，碍于亲戚情面就借给了他们，谁知他们竟然背着张家把这两头牛给卖了，这无疑更是雪上加霜，把张家人逼上了绝路。家给分了，张祖文家分到了5亩地和两间草房，草房是用泥土和麦子的秸秆混合盖成的，房子年久失修，夏天里面又闷又热，雨天屋外下大雨屋里下小雨，分到的五亩地也是十分贫瘠的。这就是张祖文一家的全部家产。

中国老百姓最不缺乏的就是勤劳，张祖文希望靠自己勤劳的双手来养活全家人。然而不幸的是，他对自己分得的这五亩盐碱地太过乐观。经过一年的辛勤耕作，这五亩薄田还是难以养活全家，这时二儿子已经出生了，又多了一张嘴。张祖文看着自己的两个儿子，心里泛起一阵酸楚，由于营养不良，两个儿子身体非常羸弱。他沉默了，作为一个父亲，他感觉对不起自己儿子，对不起这个家。张祖文的妻子看着丈夫无奈的神情，心里同样在煎熬，家里粮食越来越少了，大人还好说，两个儿子怎么办？张祖文坐在门槛边，长叹一口气，对妻子说道："我去做点儿小生意吧。"张祖文小时候为了减轻家里负担，给人家做过针织学徒，虽然没有什么工钱，但是能吃上一顿饱饭。张祖文就想自己做一些绣花，卖给邻近的地主及有钱人家，但本钱怎么办？落魄的张祖文家已没有什么值钱的东西可以变卖了，没有钱又拿什么去买线呢？张祖文一时不知如何是好。妻子看着张祖文为难的样子，对他说："把家里能卖的东西都卖了吧，咱们再借点。"这时张东海也对父亲说："爸爸，你放心去外面做生意吧，家里有我呢，我来拾柴、拾粪，帮妈妈做家务。"这一年张东海10岁，张祖文看到儿子这么懂事，顿时眼圈发红了……

本钱有了，张祖文到集市上买了些针头线脑，生意也算开张了。在当时做小本生意是被人看不起的，士、农、工、商，商人被称作末流，即使成为商业巨贾，也很难跻身社会上流。作为小商小贩，走街串巷叫卖小商品，更是被人们瞧不起。然而，生活在20世纪40年代的中国，贫苦农民唯一的幸运就是活着，唯一的自豪就是能够养活家人，让老婆孩子能够吃上饭。张祖文白天在地里做农活儿，晚上就在油灯下面缝制小针织品，袜子当时在豫北农村还不被人们熟知，穷苦人家基本上就是光着脚板穿鞋，富裕一点儿的人家会用一块布把脚包裹上，然后再穿上鞋子，地主人家会在裹脚布上面缝制一些绣花之类的装饰品，而张祖文制作的就是这种装饰品。张祖文小心翼翼地缝着，每逢这时张东海就会趴在爸爸身边，等线用完了就给爸爸递线、递剪刀，张祖文也会开心地摸摸儿子的头。就这样日复一日地白天做农活，晚上缝制小装饰品，当地里活儿不忙的时候，张祖文就跑到几十里外的新乡县城卖自己的手工商品。尽管张祖文非常卖力地叫卖着浸满自己心血的小饰品，却得不到豫北平原这片贫瘠土地慷慨的回报，加上连年战乱，就是有钱人也不会花钱购买这种小饰品。无奈之下，张祖文不得不降低价格，然而依旧没有人购买。张祖文疲惫不堪地回到了家，张东海从父亲失望的眼神中似乎明白了什么，一家人的境遇更加糟糕了。贫困无助的人们遭受挫折的时候，往往寄希望于神灵，张祖文的母亲经常烧香，给神仙磕头，祈求让他们一家都能过上好日子，张祖文受母亲影响也经常烧香，祈盼神灵能够给全家带来好运。小东海看着祖母和父亲在神龛前烧香磕头，很是不理解，为什么要向一个小泥人磕头？这时慈祥的祖母就会抚摸着他的脸庞说："人的命运都是天注定的，富人的命运和穷人的命运都是早就被定好的，穷人要对神灵虔诚一些，这样才能得到神仙的护佑，才有可能成为富人。"小东海想成为一个成功的人，但是他始终不明白成为一个成功的人和磕头有什么关系，望着家人虔诚的神态，小东海迷茫了。

家里太穷，张祖文不得不为了全家的生计而另谋生路，他看到村里人种菜拉到县城去卖，能够挣到一家人吃饭的钱，又动心了。张祖文开始盘算着做卖菜的小生意，菜是自己种的，不需要什么本钱，只是每天一大早天还没亮就得起床，然后挑着菜去县城卖，运气好的话，到了夜幕降临时就能卖完，但家里的农活就得靠张祖文的妻子和小东海来做。而在这时，张东海的妹妹出生了，家里的境遇更加艰辛。

二、苦难童年

那个时候，种菜用的肥料主要是动物的粪便。农村耕种靠的是牛和骡子，交通工具也是牛车和马车，豫北农村贫困的人们通常很早就起来，赶着牛车马车去地里干农活，小东海也赶紧告别热被窝，背起箩筐到路边捡牛粪和马粪。虽然小东海只有10岁，箩筐大小和他个头差不多，但他明白，父亲在县城卖菜，家里要靠他来支撑，他已经是张家的小男子汉了。

小东海每天早上要拾粪到八九点钟，再背着满满一大筐的牛粪回家，这正是富人家的孩子背着书包去上学的时间，小东海每次看到他们

张德恒：密封胶工业之魂

就会找个地方躲起来，用充满羡慕的目光望着他们走向学堂。小东海想上学，他已经 10 岁了，已过了上学的年龄，他曾无数次地央求父亲让自己上学，但是每逢这个时候父亲总是一脸无奈地劝慰小东海说，等咱家富裕了就送你上学。小东海不知道自己家里啥时候才能富裕。上学，对小东海来说实在是一件奢侈的事情，他是多么渴望和同龄人一样去上学！可以坐在充满阳光的教室里，可以和很多同龄人学写字，可以不用每天天不亮就起床去拾粪……小东海把上学的美好想了一遍又一遍，但那始终是一个难圆的梦，可望而不可即。

农忙时，小东海除了帮家里做些农活，还要去地主家的地里捡拾遗落在地里的麦穗。小东海总是一大早就去地里捡麦穗，如果起晚了被地主撞见，就会遭到毒打。地主宁可让遗落在地里的麦穗烂掉，也不肯让贫苦村民捡走。有一次小东海捡麦穗时被村里的地主发现，不由分说抓住小东海就是两个耳光，血瞬间从小东海的嘴角流了下来，小东海哭着跑回了家。在生活的贫苦与磨难中，小东海变得更加坚韧与刚强，一次次的辱骂，更激发了他对地主的仇视。

1948 年的豫北平原，贫苦的百姓看到了天空的亮光，但他们似乎又都明白，黎明前的黑暗是最恐怖的。小东海和他的家人对这黎明前的黑暗有着刻骨铭心的感受。解放战争已接近尾声，然而国民党仍垂死挣扎，这些垂死挣扎带给普通老百姓的就是无休止的劳役。

张祖文长年在外做小买卖，因而作为家里的男子汉，12 岁的小东海就成了劳役的对象。从小营养不良、身体羸弱的小东海也被征集去挖战壕。开始挖时，小东海还能把土甩出战壕，等挖到一丈多深的时候，他无论使多大力气也无法把土甩到战壕外面，这时候监工就会走到小东海面前，不问青红皂白就是一个耳光，嘴里还骂小东海没用。一个年仅12 岁的孩子，这一巴掌下去，小东海脑袋顿时就蒙了，眼前金星乱窜，血从鼻子里涌了出来。监工见小东海实在没办法再挖下去了，就用脚狠踹小东海，骂骂咧咧地对小东海说："把你家大人叫来。"小东海显得无奈又委屈，可是他明白，父亲躲藏在外，自己就是家里的顶梁柱，于是他擦干眼泪，擦净鼻子里流出来的血，又跳到战壕里，一点点挖分派给他的那一段壕沟，土甩不出来，就用竹筐半筐半筐地往外拉……

白色恐怖越来越严重，地里到处是国民党部队埋的地雷，稍有不慎就会被炸死。家里的粮食也被国民党的残兵给抢光了，就在这时最令人担忧的事情还是发生了，张祖文被抓了。

抓壮丁，似乎是中国历史上所有末代王朝的专利。在这块土地上，近三千年前的牧野之战，商纣王也是靠到处抓壮丁来为自己打仗，结果却做了亡国之君。而这时由于兵力在三大战役中大部分被歼，抓壮丁也成了当时国民党政府的唯一选择。张祖文被抓壮丁让全家人都陷入了极度恐慌当中，一个世代以耕种为生的家族，从来没有过上战场的经历，看看周围邻居被抓壮丁的一个都没有回来，张祖文的妻子陷入了绝望，整日担心着丈夫的安危。小东海家旁边的卫河里，每天都能看到有尸体漂过，很多还是他认识的人。他每天都会眺望远方，盼望父亲能早日回来。可时间一天天过去了，还是不见父亲的踪影，家里的粮食也快吃完了，生活似乎一下子陷入了绝境。

一天夜晚，全家人正准备入睡时，张祖文回来了。原来张祖文是趁人不备偷偷跑出来的。全家人悲喜交集，随之又忧心忡忡。短暂相聚过后，家人商定不能待在家里，被人发现张祖文会没命的。就这样，张祖文又躲到了远方亲戚家。

三、"我要上学"

冬季的黎明，往往特别黑暗。民间相传，能打鬼驱除邪祟的神钟馗，有一天晚上弄了点肉，想煮了吃，可就是找不到铁锅，于是他趁着别人入睡的时候偷了一口铁锅，打算煮完肉之后再送还回去。或许是喝了些酒的缘故，等钟馗酒醒过来已是清晨，再把锅送过去肯定会被人发现，于是钟馗就施法让天再黑了一段时间，好把铁锅送还回去。这仅仅是个传说，但也告诉我们等最黑暗的时刻过去，光明终归会到来。而对于张东海一家来说，战乱的结束就是他们心间的黎明。

1949 年，战乱终于结束，新乡解放了，百姓翻身了！张祖文回到了家里，一切都是新的，新的政权，新的政体，以前的地主都没有了，贫苦的百姓也分到了土地。张祖文一家原本仅有五亩地，经过分田地后有了十四亩地，还分到了一些农具，他再也不用去外面跑生计了，全家人对生活充满了希望。

以前小东海很羡慕富人家的孩子可以上学，他也无数次幻想自己在学堂里面的模样。以前村里唱戏，小东海从戏文里面明白，那些戏曲中的人物都是靠上学出人头地的。小东海不想被人看不起，更不想被人欺辱，他要上学，要出人头地，要让家里不再贫穷。可是那个时候，生存极其残酷，日子更像是煎熬。

土改之后，张祖文家的经济状况一天天好了起来，终于有一天张祖文把张东海叫到身边，对他说："家里条件好了，你也不小了，去上几年学吧，家里得有个识字的。"

上学需要有个名字，大多数农村孩子都有两个名字，一个是小名，另外一个是大名，长大后毕竟得有个正式的名字。那时候起名字是很有讲究的，小名必须难听，当时的医疗条件差，孩子的夭折率很高，有人说名字太好听的话孩子不好养活，于是当时很多人的小名叫狗剩、狗蛋什么的，但大名一定要正式，中间的一个字是自己的辈分。比如张东海是"德"字辈的，起名必须叫作张德×，既然小名叫东海，福如东海之意，那大名就叫作张德福吧！张祖文对这个名字很满意，自信自己的长子起了这个名字后一定会幸福。

四、幸福时光

解放了，张德福终于如愿走进了学校。在学校的大门外，张德福停了下来，看着学校的大门，一时有些不知所措，很兴奋，一种积聚了好多年的兴奋；很幸福，一种突如其来的幸福；又很紧张，一种恍如梦境的紧张。张德福心跳得厉害，这一天他盼了好多年了，现在终于可以上学啦！

上学，对于张德福来说是多么幸福的事情。他欢快地走进了学校，迎面走过来一位老师看着张德福，问他的年龄，张德福回答说自己12岁了。当时上学的年龄是8岁，老师误认为张德福是外面转学过来的，于是就问他打算上几年级。张德福看着和自己年龄相仿的同学都上三年级，当时的三年级也是这个学校里最高的年级，就不假思索地说："上三年级吧。"当了解到张德福从没上过学时，老师思量片刻，决定让12岁的张德福先上二年级，看看他能否跟得上进度，实在不行的话就上一年级。其实，对没有学习基础的张德福来说，直接上小学二年级也是很吃力的，他只能从最简单的阿拉伯数字"1、2、3、4"开始学起。张德福知道上学对于自己来说非常不容易，一定得好好学习。上课时，张德福专心听老师讲的每一个字，虽然他不能完全听明白，但是他会把那些不懂的地方圈起来，等下课了去问同学，问老师。每天晚上回到家里，张德福都在煤油灯前学习到深夜。

第一次考试终于来了，尽管张德福如此努力地学习，可成绩单上竟然是零分，他也是班里面唯一一位考零分的学生。同学们嘲笑张德福笨，他哭了，不明白为何自己如此努力还是学不会，难道真如地主家的孩子说的那样，自己天生就不是上学的料吗？正当张德福彻底失去信心想要打道回府的时候，老师来到他身边，安慰他不要灰心，并鼓励张德福："别人能学会你也一定能够学会，只要坚持下去，只要有恒心就一定会成功。"

张德福记住了老师讲的每一句话，发誓要苦学，并痛下决心把自己的名字给改了，改成张德恒。他要坚持到底，持之以恒，他要让自己时刻明白恒心的重要性。或许正是这位老师的几句话改变了张德恒的人生，也改变了中国密封胶行业的命运，影响了中国的中空玻璃行业主导者的走向，推进了我国建筑节能行业的蓬勃发展。当然，这些都是后话。当时的张德恒只明白一个道理：做任何事情都要有恒心，有恒心才能够成功；努力不一定能够成功，但是不努力就一定不会成功。张德恒更加努力地学习，他要赶上同学，他不想辜负老师对自己的期望。

张德恒每天早上起得更早了，天不亮就起床点上煤油灯看书。他每天都是第一个到学校的，也是最后一个离开教室的。期末成绩出来了，张德恒所有功课都不及格，按照学校的规定，不及格就要留级，这的确给正在发奋读书的张德恒泼了一瓢冷水。尽管留级对学生来说很不光彩，但张德恒还是决定留级继续努力。老师看到了张德恒的努力，也看到了张德恒的进步和潜力，知道这个时候决不能打击张德恒的积极性，并坚信张德恒一定能够赶上全班同学。老师不但没有让张德恒留级，还鼓励张德恒去上三年级。张德恒没有辜负老师的期望，在三年级上半学期张德恒的成绩就达到了班里的前几名。就是由于他一直学习很努力，并将这种努力持之以恒地坚持下去。

张德恒的家境并不是很好，家里兄弟姐妹多，他是长子，还有一个弟弟和三个妹妹，而父亲和母亲整天忙里忙外操持家务。于是每天放学，张德恒都要抽时间帮着家里做农活，等农活忙完了再复习功课。当时家里每天只能吃两顿饭，张德恒的父母担心张德恒上学辛苦，就每天早上多做些饭，让张德恒尽量吃饱。张德恒的父母每天都到天黑才从地里回来，做一天当中的第二顿饭。整个小学阶段，张德恒没有吃过一顿午饭，而懂事的张德恒并没有因为饥饿就放弃学习，他明白只有学习才能改变家里的命运，只有学习才能改变自己的命运。

到了春节，家里贴对联的事儿就交给张德恒了，这时父亲张祖文就会站在张德恒的身后，让他把对联上面的字念给自己听。当听到儿子念出这些字的时候，张祖文会开心得合不拢嘴，逢人便说："我家张德恒识字了，这也是我们张家第一个识字的!"张祖文是如此自豪，又是如此幸福。

时间对于幸福的人来说总是短暂的，而对于不幸的人来说又是漫长的。对于张德恒来说，上学是幸福的，上学可以接触到很多自己从前不知道的事物，上学可以有很多年龄相仿的玩伴，上学还可以给自己希望，给自己的家庭希望。当幸福即将结束的时候，我们对于幸福的追求都是强烈的，而这时张德恒的幸福结束了，父亲不让他上学了。

对于贫苦人家的孩子来说，能上几年学堂，认识几个字，会写自己的名字，也就足够了，尤其是对于世代都没有读过书的人家，小学毕业也算是光宗耀祖了，毕竟家里出了读书人。家里的负担越来越重，张德恒也长大了，父亲实在找不到让张德恒继续上学的理由，毕竟上学对于张家来说不能当饭吃，还要花钱。如果现在张德恒回家里种地，一来可以减轻家里的负担，二来也可以尽早娶妻生子延续香火。然而，让张祖文没有想到的是张德恒坚持的态度。张德恒对求知的渴望超出了张祖文的想象，他不明白儿子为何那么想上学。张德恒态度坚决地说道："我现在学到的东西还太少，如果现在回家自己一辈子就和这片贫瘠的土地打交道了。"张德恒不想这样，不想继续过这种贫困生活，不想自己的命运被左右，他明白命运必须永远掌握在自己的手里，学习知识才能更好地掌握命运。

为了说服父亲，张德恒掏出了心窝子的话："我要学本事，我要当工人。"20世纪50年代的工人是时代宠儿，家里要是没有一个工人，你出门都不好意思跟人打招呼。做事情你要紧跟时代的步伐，与时俱进，不然就会被时代抛弃，遭到淘汰。但凡成功者，最不重要的就是出身与天赋，努力勤奋加上顺势而为，这才是成功的真谛。在人生博弈的

　　　　　　张德恒：密封胶工业之魂

牌局中，你不可能每次都起一手好牌，但是如果你明白在好牌的时候加大筹码，在坏牌的时候减少筹码，那么最后你一定是最大的赢家。张德恒想做一名工人，而当工人学历就比较重要了，如果初中毕业进工厂是没有问题的。张祖文一时拿不定主意。

这时，张德恒的老师来到了张祖文的家里，看了看张祖文又黑又潮湿的家，对张祖文说："张德恒学习成绩很好，将来会很有出息，难道你想让他将来也像你一样种一辈子地？"老师的一番话又一次动摇了张祖文的那份坚定。送走老师后，张祖文陷入了沉思当中。张祖文犹豫了，如果让张德恒上学，那谁来帮忙种地呢？而且上学还要花钱。如果不让张德恒上学，会不会耽误了他的前程呢？就这样张祖文思前想后犹豫了好多天，初中入学考试就要来临了，直到考试的前一天张祖文还带着张德恒在地里劳作。就在那天晚上，张祖文把张德恒叫到身边说："明天去考试吧，如果考不上就回家种地，考上你就去上。"张德恒听到父亲的话，开心得不知道说什么好，自己的梦想终于有机会实现了，以张德恒在学校的成绩，考上中学是没有问题的。

第二天，张德恒信心满满地参加了初中入学考试。然而，福兮祸所伏，他出乎意料地落榜了。张德恒不知道该如何是好，他心里暗道："怎么跟父亲说呢，难道自己就要种一辈子地吗？"张德恒有些不甘心，不甘心自己落榜，不甘心自己的命运就是种田。回到家里，张德恒把落榜的事情给父亲说过之后，父亲叹了口气："咱们家命里注定就是种田的，这是命，这是命啊！"

正当张德恒打算接受命运的捉弄回家种田的时候，张德恒的老师又来到了他的家里，他告诉张祖文："国家允许那些没有考上中学的学生今年再考一次，这对张德恒是个机会，让他好好准备准备，上次没有考上是发挥失常，这次应该没有问题。"张祖文这次没再犹豫，他虽然嘴上说张德恒是种田的命，但是心里也不甘心张德恒像自己一样种一辈子田。张祖文对张德恒说："这几天就不要去地里干活了，好好复习吧。"

1953年那个金色的秋天，田间地头洋溢着丰收的喜悦。张德恒永远都不会忘记，他没有辜负老师与父亲的期待，考上了中学，一所不错的学校——新乡市三中。

五、放飞梦想

中学是考上了，但是学费却成了摆在张德恒面前的难题。虽然那时的学费很低，但由于学校离家较远，光伙食费一个月也需要四五块钱，这对于张祖文一家来说是一笔很大的开支。张德恒不知道该怎么向父亲要这个学费，父亲养活一家人已经很不容易，他实在不敢再向父亲开口要钱。

张德恒无精打采地回到家里。知子莫若父，看到张德恒无助的表情，张祖文明白儿子为难的原因。他淡淡地对张德恒说："既然让你上学了，学费你就别操心了。"张德恒双眼通红，望向父亲，感动得一时不知道说什么好。

1953年，中国大地百废待兴，经过近一个世纪的战乱，豫北平原终于恢复了以往的平静。而教育在当时是十分受重视的，由于成绩优秀，学校了解到张德恒家境贫困，免去了他的学杂费，并让他申请了每月4元的"人民助学金"，这些钱足够张德恒一个月的伙食费了。越是难以得到的东西，往往得到时就会愈加珍惜，张德恒知道这次上学的机会来之不易，他要发奋努力学习，把自己不知道的东西都学会，他要改变家庭贫穷的窘况，他不想浪费一分钟时间。

中学和小学是完全不一样的。张德恒上的小学叫作西牧村小学，基本上都是本村子里的孩子去那里上学。大家出身都是一样的，家庭情况也都相差不多。而到了中学，却完全不同了。这里的学生有曾是商人家庭的孩子，也有曾经是地主家的孩子，也有贫苦人家的孩子，家庭背景不同，影响着每一个孩子的思维习惯，也会形成各自不同的社交圈。尽管到了 1953 年贫富悬殊的状况有了改善，但每一位学生由于从小受到的教育不一样，所以对待学习、对待别人的态度也是不同的。那些以前是地主家的孩子在出生的时候生活是富裕的，但成长当中却经历了社会的变革，从养尊处优，到陷入被打倒、被分田的境遇，他们不知道自己学习的目的是什么，也不在乎自己的未来，在他们心里，地主家庭出身，本身就没有未来。

中国古代的历史名人老子真的很伟大，他在两千多年前就说出了"祸兮福所倚，福兮祸所伏"的道理。张德恒苦难的童年生活，磨砺锻炼了他的毅力，也磨炼了他的意志，曾经经历的很多痛苦，现在却成了一种优势。而那些曾经是地主、资本家的孩子，小时候享受着各种优越的条件，现在出身却成了其心灵中沉重的包袱，养尊处优养成的习惯又影响着他们健康成长。

当时的中学也因为学生各自家庭背景的不同，存在着不同的小团体，而这些小团体的"政见"往往是不同的。张德恒时常和那些曾是地主家的孩子们进行辩论，涉及学习、时政，他们之间有很多观点完全不可调和。最让张德恒感到不满的是，那些地主家的孩子从来不好好学习，而且还影响别人学习。张德恒很想帮助他们，说服教育他们，让他们不再影响别的同学，不再放任自流。开始的时候，张德恒很孤独，大家不理解这个来自农村的小孩为何总是那么态度鲜明，但是经历几次辩论之后，同学们都非常赞同、拥护张德恒，支持他和那些地主出身的学生进行辩论，张德恒也在生活、辩论、学习、追寻、探索中逐步成熟起来。

中学时代的生活平淡而又繁忙，社会发展日新月异。到了 1955 年，全国一派欣欣向荣的景象，更是令人惊叹欣喜。张德恒享受着学习的快乐，由于学习成绩优异，做事认真刻苦，他深受老师们的喜欢。当年新乡市成立了第五中学，作为一所新的学校，那里需要补充学生、补充老师，在当时教育资源有限的条件下，这并不是一件"$1+1=2$"的事情，而是"0.5+0.5=1"的事情，新学校的教师资源配备肯定不如现在的学校好，学习环境也肯定没有现在的好，如果学生没有点政治觉悟，没有人会去新的学校学习。但那时社会充满了革命的乐观主义和革命的浪漫主义热情，人们出于对新社会的热爱，心甘情愿为社会主义的建设奉献一切。当老师问谁愿意作为积极分子报名去新校时，张德恒毫不犹豫举起了手。

新学校的艰苦超出了张德恒的预期。对于一个从小吃惯了苦的孩子，他从来不怕吃苦，但让他感到最痛苦、最困难的不是物质条件的恶劣，而是对老师教学方式的不适应。由于是新成立的学校，来这里教书的老师大多是刚刚走出师范院校校门的毕业生，如果有两年的教龄，在这里便可以称得上是资深的老教师了。但年轻老师也有他们的优势，通过接触，张德恒发现年轻老师自我调整能力很强，并且能够很好地接受不同的意见。经过半年的磨合，张德恒终于适应了新老师的教学，并且成绩也提高了不少，中考时，他由于平时表现优异，被保送到了新乡市最好的高中——新乡师院附中。

人生舞台的扩大，带来的不仅仅是发展平台的扩展，更多的是凸显你在这个舞台上的渺小。换句话说，梦想有多大，舞台就有多大，但舞台越大，就显得你越发渺小。一个人站在更大的人生舞台上，要么随波逐流，显得越来越渺小；要么逆流而上，显得越来越伟岸，前者记录的是人生碌碌无为的平庸烙印，后者展现的是人生波澜壮阔的成功轨迹……

在初中一直名列前茅的张德恒，到了高中突然变得不适应了。第一次考试的成绩很不理想，张德恒第一次有了挫败感，但这并不是说张德恒不努力。毕竟在这所高中上学的很多都是高级知识分子家庭出身的学生，他们从小就受到良好的教育，而从田地里走出来的张德恒，与他们相比简直就是"先天不足"，输在了起跑线上。不过张德恒的心态还好，他的优势是恒心，而且童年的苦难经历也是他的一笔宝贵的人生财富。

张德恒没有放弃，但横亘在村前的一条河，却的确让他犯了难。

卫河是海河水系五大河之一，在河北省南部和河南省北部。上源丹河出山西省高平市朱丹岭，南流至河南省境分成两支，南支注入沁河，东支转向东北流，即卫河，流经河南北部和山东（临清以下称"南运河"）、河北，到天津市入海河，全长900余千米。支流有漳河、淇河等。正是这条河挡住了张德恒的去路。新乡师院附中距离张德恒的家很近，他每天都可以步行上学，但卫河挡在了学校和家的中间。当时条件比较艰苦，根本没有桥，张德恒只能靠渡船通过卫河，但晚上是没有渡船的。张德恒又无法在学校上晚自习，家里兄弟姐妹都在上学，父母的负担很重，作为长子的张德恒回到家，先要帮父母把田地的农活做完，然后才能做自己的作业。

在那个年代，高中的生活不仅仅是学习那么单纯，很多简单的事情遇到社会化大运动，往往就变得不简单了，而很多复杂的事情遇到社会化大运动，往往就变得简单了。遇到大炼钢铁、"三反""五反"等运动，学校不可能独善其身，甚至可能成为旋涡的中心。那时候想持续提高国民经济和工业发展水平，往往以为简单地靠发动群众就能够解决，可历史事实已证明，必须遵循科学的发展规律。

张德恒不喜欢过多的社会化大运动影响到自己的学习，但他在学校里面又是一个非常积极上进的人，这经常让他陷入苦恼当中。张德恒明白学校的主要价值是培养对社会有用、对国家有贡献的人才，更明白自己要成为有知识、有能力、有本领的一代新人。

高中时期，数学是张德恒的强项，上数学课的时候他总是非常认真地听老师讲课，课后也会认真完成老师布置的作业，但对于数学投入的精力仅此而已。他对数学似乎有种发自内心的喜爱，有种对数字的灵性，每次数学测验张德恒的成绩总是接近满分。众所周知，考入学数学是一个拉分的大项，很多老师都说"得数学者得天下"，数学成绩的优异让张德恒省去很大的精力，他可以专心致志攻坚其他学科，例如俄语。

六、婚事的烦恼

张德恒12岁上的小学，到上高中时他已经二十好几了，这在当时早已是谈婚论嫁的年龄。

父亲张祖文可以容忍张德恒放着家务不做去上学，但是他绝不能容忍自己的儿子20多岁还不成亲。每天张德恒从学校回到家里，张祖文总会不厌其烦地催促张德恒抓紧考虑结婚的事，什么村头的张老三家的儿子17岁就结婚了，村北张大富家又添了个孙子，等等。刚开始的时候，张德恒总是推托说毕业后再说，但是时间久了，这个理由渐渐失去说服力。不过张祖文也是实在没有办法，自己的年龄越来越大了，子女又多，很多农活忙不过来，虽然张德恒放学可以帮着家里做些农活，但是这么多张嘴都指望着张祖文一个人，他实在有点难以支撑了。如果张德恒成家了，儿媳还可以帮着做些农活，更重要的是"不孝有三，无后为大"的说法在豫北农村非常流行，张祖文也想自己早点有个孙子。张德恒对父亲催婚的事情很不耐烦，毕竟自己还在上学，谈什么婚事！张德恒每天都这么被父亲念叨着，实在忍受不了，他只好住校！

住校确实挺好，不但可以每天多学习一会儿，而且还能够躲着父母的催婚。当时国家对学生上学是十分支持的，特别是从农村出来的高中生，每个月有9元的国家助学金，这9元钱足够张德恒的伙食费了。

张祖文因为儿子住校生气了，非要到学校跟儿子还有老师们理论理论。张祖文在学校里找到张德恒，发出狠话："如果不成婚就别再上学了！"张德恒无奈了，毕竟上学还得靠家里资助，9元钱的助学金吃饭没问题，但还不能满足自己上学的花费。父亲张祖文离开学校后，张德恒找到了自己的班主任，想从班主任那里得到解决问题的办法。班主任听了张德恒所说的情况后，宽慰地说道："只要对结婚有正确的认识，是不会影响学习的。"张德恒思考了一个晚上，在内心深处由衷地感到，父母确实太不容易了，并且自己还有好几个弟弟妹妹正在上学，全家的担子都压在父亲的身上。张德恒最终让步，同意成亲了。

婚姻从来都是人生当中最重大的事情之一，古今中外无不如此。以前村里人知道张德恒在上学，所以提亲的事都搁在了一边。当听到张德恒的父亲正在为张德恒操持婚姻大事时，提亲的人纷至沓来，一时沉寂的张家变得热闹非凡。

"张家的大儿子准备提亲了！"村里乡里乡亲的奔走相告，大家都是看着张德恒长大的，这娃儿很有出息，能和张家攀上亲家，可是一桩大喜事。张德恒刚开始对所谓的终身大事很抵触，他不想让自己的命运就这样被安排了，但他已经答应了父亲要早日成亲，尽管百般不情愿，终归还是父命难违。突然有一天，一位亲戚来到张德恒家里，这位亲戚说："我有一个远房亲戚，年龄和你相仿，人不但相貌好看，而且性格也特别好。"就这样，张德恒在这位亲戚的介绍下认识了自己的妻子姚桂琴。

婚礼被定在了1958年5月1日，之所以定在五一劳动节，主要还是张德恒怕耽误自己的学习。婚礼办得十分简单，当时家里并不富裕，也拿不出什么像样的彩礼，请亲戚朋友坐在一起吃了一顿饭，就这样简简单单办完了婚礼。张德恒对自己的妻子十分满意，他们先结婚后恋爱，一生厮守，相濡以沫，后来张德恒在自己的日记中这样写道："妻子很能干，对父母也很好，我很满意。"

七、圆梦大学

人生大考即将来临。张德恒虽然新婚不久，但还是把主要精力放到了高考上。考上大学对张德恒来说是改变人生命运的机会，他要抓住这个机会。张德恒暗下决心："这辈子一定要做出些成绩来，一来为了自己，二来为了国家，自己能够上学也离不开国家的支持。"张德恒对国家有着强烈的感恩之情，这种感情维系和支撑了他的一生，直至病逝前，张德恒依然有着强烈的家国情怀。

临近高考，一次化学课上老师对全班同学说："中国的化学工业是十分落后的，而建设社会主义新中国更是离不开化学。"张德恒牢牢记住了老师这句话，并暗下决心考大学自己一定选择化学专业。当时大学招收名额十分有限，也正是因为这有限的名额，大学生的含金量十足。在张德恒生活的东牧村，还没有一个大学生，如果他能考上大学，不仅可以实现他个人的梦想，也会让张家在村子里荣耀无上。但是，有一个人却不这么认为。

张德恒的父亲张祖文始终觉得上学不是一件能够营生的事情，他喋喋不休地劝诫儿子："学校里学的东西不能吃，也不能喝，更不能换粮食，学会写自己的名字就足够了！回家好好种地，又娶了媳妇，好好过日子才是正儿八经的事情，才是你这辈子应该做的事情！"上不上大学对张祖文来说真的不是那么重要，但当他看到儿子刻苦用功地学习，也不忍心打碎张德恒的梦想。

终于有一天，张祖文忍不住，又把张德恒叫到身边，语重心长地对他说："现在上学上到高中就可以了，整个村子一共才三个高中生，你已经是村里的秀才了，大学就别上了。"听到父亲的话，张德恒嘴里虽然不便说什么，心里却是五味杂陈，一百个不同意，倔强地强忍着泪水。无奈之下张祖文只好妥协，用半冷半硬的口吻对张德恒说："如果考上大学你就上，考不上大学你就老老实实回家种地！"张德恒破涕为笑，答应了父亲，因为他有十足的信心一定能够考上大学，只不过是考取什么样的大学罢了。

一场决定张德恒人生命运的高考终于尘埃落定，成绩揭榜后他还比较满意。语文甲 31 分、乙 20.5 分，政治 44 分，数学 40 分，物理 31

分，化学 23 分，总分 189.5 分，俄语考了 51.25 分，这个成绩在当时是很高了，报考一个重点大学没有任何问题。按照张德恒的志向，他想报考化学方面的专业。

化学是所有学科中最重视试验的一门课程，在高中学习时，张德恒最喜欢上的就是化学课。在课堂上，化学老师拿了一块非常光滑漂亮的布料，告诉同学们这是人工合成的。大家只知道棉花可以做出布料，蚕丝可以做出丝绸，但没有人想到布料也能够人工合成，化学的神奇魅力深深吸引着张德恒。张德恒中学时的化学确实也学得很好，上大学选择化学专业，他相信自己一定能够学好。张德恒能够上学全靠国家的政策好，他对国家充满了感情，要把自己学到的知识用到建设国家上。张德恒清楚地记得自己的报名序号为 10416，填报的第一志愿是北京化工学院、西北工业大学、兰州大学等，填报的专业均为化学方面的专业。

等待录取通知书的日子里，时间总是显得异常漫长，宛如守候在产房外期盼着新生命的诞生，焦虑中充满着渴望，煎熬中祈福着平安。这种漫长的等待，并没有因为张德恒每天都埋头于农活而丝毫减少。他每天一大早就去地里干活了，脸朝黄土背朝天，一干就是一整天，试图调整心态，摆脱急切的思绪。张德恒对自己的成绩还是相当自信的，但时间一天一天过去，录取结果一直杳无音信。

经过漫长的等待，他终于盼来了录取结果——张德恒被北京化工学院录取了！北京化工学院也就是现在的北京化工大学，始建于 1958 年，隶属原化学工业部。1960 年 10 月，中共中央决定把该校列为全国重点大学。建校初期，学校设有 3 个系 12 个本科专业，在校生规模达 3150 人，校舍建筑面积 9 万平方米。那时的北京化工学院，是全国化工院校的翘楚，也是全国高校化工专业的佼佼者。张德恒终于实现了深造化学专业的夙愿，圆了自己的大学梦。

上大学，张德恒不用再为自己的学费发愁了，国家每年给贫困学生的助学金已经足够他一年的花销。他也不用为家里担忧，妻子姚桂琴有着北方人特有的勤劳朴实，家里的家务基本上都做了，并且对张德恒的父母十分孝顺。

张德恒带了满满一兜馒头，踏上了北上的列车。那时，馒头也算得上是奢侈食品了，不仅路上可以吃，在学校也够吃几天。如果把现在的动车也俗称为"火车"的话，那20世纪50年代的火车只能用牛车来形容，新乡距离北京约660公里，张德恒坐了整整一天车才到达北京。

张德恒第一次来到北京，在来北京之前，他见过的最大的城市也仅仅是新乡。到达北京的时间是晚上，喧嚣一天的大都市已不见了熙熙攘攘的人流，到学校最晚的一班公交车也早已停运。那时也没有出租车，正当张德恒准备在火车站广场睡一晚的时候，一位老者骑着三轮车来到他的面前，问道："搭车不？"对大学生活向往已久的张德恒十分迫切快点赶到学校，他和老者谈好价格，带着自己的行李，坐着三轮车赶往了学校。

北京化工学院位于北三环，现在已是主城区的中心地带，可在那时候还是很偏僻的北京郊区。一路上星光闪烁，但由于没有路灯，张德恒也看不清道路两边是什么。初入京城的新鲜感，并没有激起张德恒的好奇心，他只想尽快赶到学校，开始自己又一个新的生活。张德恒一路上沉浸在对大学生活的向往之中，不知不觉到了崭新的校址时，他不禁脱口而出："真是太棒啦！"此刻，他的心里已乐开了花。

走到北京化工学院的门口，一脸兴奋的张德恒停下了脚步，他要仔细地端详一下大学到底是什么样，留下美好的第一印象。这所才兴建两年的大学，对于张德恒来说不仅仅校舍是新的，学校的生活也是新的。他要在这里学习5年，如何才能不虚度这5年宝贵的光阴，他暗自下定决心：一定要珍惜每寸光阴，要学有所成，用自己学到的知识改变别人对中国化学的认识。这一信念张德恒恪守了整整60年，直到临终前，他依然不忘初心：建设世界一流的中国密封胶企业，研制生产出世界最优质的"Made in China（中国制造）"的密封胶产品，当然这都是后话了。

张德恒向门卫老师问清楚了自己宿舍的位置，就径直走了过去。宿舍里静悄悄的，张德恒是头一个来到宿舍的学生，他选择了一个上铺。把行李放好后，他决定到校园里转一转。他对这所学校太不了解了，也太想了解了，他要尽快熟悉这所学校，尽快融入这所学校。

夜色已深，但月光下的一草一木依然显得那么郁郁葱葱，一砖一瓦都是那么匠心独具，一景一色都是那么宁静恬淡，邂逅的男生女生都是那么彬彬有礼，张德恒来到学校的第一刻就喜欢上了这里。张德恒又回到了宿舍，这时候已经熄灯了，陆续到来的学生已经休息。第一次离别家乡的张德恒，躺在床铺上辗转反侧，久久难以入睡。他看着四周空着的床铺，想想这些床铺将会是什么样的同学睡在上面？他们都来自哪儿？都有什么爱好？张德恒想了很多很多，直到天已蒙蒙亮才入睡。

一觉醒来，宿舍门口已经站着一位身材高大的同学了。他也是一位新生，名叫赵仁临，身上衣服看起来略显破旧，一口普通话当中略带东北口音。闲聊当中得知，赵仁临竟然在火车站也遇到了那位骑三轮车的老人。世界很大，但有时又很小，两人越聊越投机，都是农村出来的，天生就有一种亲近感。赵仁临家里比较穷，连个装衣服的箱子都没有，张德恒就拿出自己的箱子，和赵仁临共用一个箱子装衣服。这时，又走进来一个同学，从穿衣打扮可以看出他也是来自农村，一打听还和张德恒是同乡，来自河南汲县。这位同学名叫郝会臣，张德恒那时根本没有想到，正是这位同学，在张德恒创业初期给了他莫大的帮助，当然这都是后话了。

大学和高中完全是两种截然不同的学习和生活方式。高中时期的那种被老师严厉管教的氛围，在大学里根本找不到丝毫。如果你不想学习，根本没有人管你，但是如果你想学习，那大学就是你的天堂。张德恒完全不用为自己的学费担忧，而且每学期还有十几块钱的助学金，家里也不用自己操心，妻子完全承担起了家里的农活。张德恒是幸福的，也是幸运的，正是这位在背后默默无闻的妻子，付出了极大的艰辛，才使张德恒能够腾出全部的精力投入学习，专注于事业。

张德恒有一种特别专注的个性品质，他会为自己树立一个很高的目标，然后拼尽全力去实现。在追求目标的过程中，小的事情他可以完全忽略，正如后来张德恒说的那样："低低头如果能让我过去，我就什么都不说了，但别影响我去追求我的目标。"

张德恒刚刚进入大学时，最让他感到不适应的是同学之间的沟通问题。北京化工学院是当时国家大力发展的学校，能够进入这所学校的学生有两类，一类是学习特别优秀的，如张德恒、赵仁临；另外一类是家里父母特别优秀的，要么是领导干部，要么是高级知识分子，这些家庭出身的学生有一种天生的优越感。或许他们的家庭确实比工农家庭优越，但这并不代表他们本身就比工农出身的学生优越。张德恒并不在乎这些学生怎么看自己，确实也与他们没有共同爱好，道不同不相为谋。他唯一的爱好就是看书学习，总是一个人泡在图书馆或者自习室，有时候一整天都泡在图书馆，甚至周末也很少外出。童年的苦难、少年的艰辛，让张德恒懂得现在生活的可贵，他没有理由浪费时间，浪费生命，他要发奋努力，好好学习。

1959—1961年三年的大饥荒，给中国人民带来了巨大的灾难，很多贫困人家以食树皮为生，张德恒家里也陷入了困境，虽然没有沦落到吃树皮的份儿上，但生活过得一天比一天艰辛。学校的伙食也变差了，一份饭菜的量比以前少了三分之一。由于当时食品供应紧张，师生都是凭饭票买饭，可是屋漏偏逢连夜雨，张德恒竟然把饭票弄丢了。

本来就吃不饱饭，又把饭票丢了，这可急坏了张德恒。俗话说：人是铁饭是钢，一顿不吃饿得慌。没有饭票别说是学习了，就连起码的生存都困难了。张德恒只好把自己剩余的饭票整理一下，分成30份，每天吃一点点，多喝水，争取熬过这个月。为了避开别人的注意，张德恒每天过了饭点才去打饭，但还是让细心的赵仁临发现了。看到张德恒每顿吃得很少，便关切地问他是不是病了；得知张德恒把饭票弄丢了后，赵仁临毫不犹豫地让张德恒和自己一起吃饭。虽然两个人都吃不饱，但总算能够熬过去。

八、走向成熟

时光荏苒，张德恒就在这种紧张而又充实的氛围中度过了大学一年级。大学二年级竞选党支部书记，张德恒报了名，他想为班级做点实事。他明白仅钻到书堆里"两耳不闻窗外事，一心只读圣贤书"是没有什么出息的，要有所作为就必须以一种积极的心态去融入社会洪流，而不是被社会大浪淘沙抛弃。当然，这种融入也并非随波逐流，与世沉浮，而是要成为社会发展的中流砥柱，行稳致远。也正是坚守这样的一种积极的心态，张德恒在"文革"当中能够置身事外，工作其中。张德恒毫无悬念又意外地当选了。之所以毫无悬念，是因为张德恒与同学真诚相处、热心助人的品质，已经深深影响到了大家；之所以又意外，是因为他作为一个普普通通的农家孩子，在北京这样的大都市，又在北京化工学院这样的化学最高殿堂，能够被大家选举出来，确实很是意外。

当学生干部的经历，对张德恒一生的影响是深远的。在一个大学生严重稀缺的年代，能上大学，特别是能上重点大学的青年被称为"天之骄子"并不为过，而这种被社会仰目、被众人刮目相看的"时代宠儿"身份，也使得大学生相对难以管理。这对张德恒来说的确是一个不小的考验。

张德恒有他自己的方法来解决处理这些棘手的问题，他一贯谦逊的品格总让人有一种亲近感，即使在一些非原则性的事上吃了亏，他也往往选择宽容。因此，张德恒的人缘特别好，大家十分乐意和张德恒相处，在日常的学习生活中把他当作主心骨，一起学习、谈心或者游玩。

一次期末考试前夕，班里的两个同学发生了一些小矛盾。他们是恋人关系，因为感情出现了一些误解，找到张德恒评理。张德恒了解情况后很替他们着急，马上就要考试了，这个时候可不该闹矛盾。他入情入理细心地说服他们，劝说他们先把个人问题放一放，等考试之后再说。虽然他们互不相让，但出于信任，对张德恒的话还是听了进去，最终化解了矛盾。像这样大大小小的琐事，张德恒几乎每周都会遇到几次，但正是处理这些小事儿，让他对于管理积累了最初的经验。半个世纪后，张德恒面对凤凰网的采访，回忆起大学生涯，感慨地说道："这段经历对我以后的工作生活影响很大，在很多方面影响着我对企业的管理。"

在忙碌而又充实的大学学习生活中，与很多大学生不同，张德恒是一个有家室的大学生，因此他又比其他同学多了一份对家庭的责任感，而这种责任感在学校里也化作他对学业追求的责任感。张德恒深知自己上学不易，上大学更为不易，他要对得起自己，对得起家人，对得起国家的培养。

张德恒始终怀揣着一颗感恩之心，这种感恩之心让他的身边总是聚拢着一大批朋友，而正是这一大批真诚的朋友后来在张德恒最困难的时候毫不犹豫地伸出热情之手，扶助了他，支持了他。张德恒在后来的很多场合或会议上，总是很自豪而又谦虚地讲道："我这人没有什么优点，如果非要跟我学点什么的话，我想我最大的优点就是对朋友真心。真心对待朋友，朋友也会真心对待你。"

北京化工学院有机系当年是五年制，前三年不分科，进行基础知识的学习，等到大四、大五再按照学生所选择的专业进行学习。张德恒选择了有机合成橡胶专业，曾经有人问他，当年为何会选择这个专业？张德恒回答得很干脆："当时国家有机合成橡胶是很薄弱的，而且国防、民用等很多领域都离不开合成橡胶，我要改变中国合成橡胶薄弱的现状！"

明确了研究方向，张德恒学习更加主动也更加努力了，每天除了上课、吃饭、睡觉，在图书馆里总能看到他刻苦攻读的身影。不知不觉之中，大学生涯仅剩下最后一年，忽然有一天，张德恒被叫到了院系办公室。

九、人生面试

学生被院系办公室"请"过去通常有两种情况：第一种是学生惹了什么麻烦，被院系老师请去了；第二种就是学生平时表现出色，有什么好事院系老师也会记得你。显然，张德恒属于第二种情况。

院系老师通知张德恒，过几天国防科工委会到系里挑选优秀学生，并且这次采取面向全北京市公开答辩的形式来面试，让他好好准备准备。张德恒有些惊讶，甚至有点不知所措，不知道究竟该怎样去准备。张德恒忐忑不安，他很想把握住这次机会，毕竟能够进入国防科工委不仅仅是自己的荣耀，更是全家人的荣耀。

20世纪60年代，最好的职业并不是国有企业，也不是事业单位，而是去部队工作。特别是在农村，如果家里出了个参军的，全村人都会感到莫大的光荣。应征入伍那天，胸前戴着大红花，全村人锣鼓喧天地欢送他参军。如果能够被国防科工委录取，自己不但能够去部队工作，而且还有军衔，成为一名军官，更让张德恒兴奋的是如果能够被录取，自己的研究成果将直接用于国防建设，用于制造武器装备，这不但能够实现自己的抱负，还能够报答国家的养育之恩。在张德恒的内心深处，国家为他提供了上学的机会，他由衷地感激国家，他对祖国的真挚感情没有丝毫的做作，没有丝毫的矫情，就是一种发自心底的热爱。

张德恒憧憬着未来，憧憬着被录取后的喜悦，但又担心自己录取不上，不但辜负了老师的期望，也辜负了家人的期望，更会辜负自己五年刻苦钻研的大好时光。一想到这些，张德恒不免有些茫然和惆怅。不过，他很快调整了心态，放下思想包袱，坚定信心，抓紧复习，一定要经受得住祖国和人民的检验，通过当天的答辩。

为了能够充分准备，张德恒把干粮带到了图书馆，一天十几个小时泡在图书馆里，他坚信，机遇面前一定要全力以赴去把握、去争取，即使最终没有把握住机会，未被录取，对自己来说也已经做到了问心无愧，不会因为机遇面前没有好好珍惜而懊恼不已。

为了备战面试，张德恒查阅了大量资料，也咨询了院系负责这项工作的老师，最终了解到：像这样面向全北京市，由全国知名化学专家组成的面试官公开进行答辩面试，从来没有先例。也就是说，张德恒没有经验可以借鉴，一切都得靠自己，不仅仅靠自己这几天临阵磨枪的突击学习，更主要的要靠大学这五年来掌握和积累的知识。面对专家的提问，如果肚子里没有足够的墨水，根本就没有任何机会取得成功。

如此看来，机会永远属于有准备的人。对于有准备的人，平时有足够的知识、经验积累，机会就好比一种水到渠成的自然状态。当机会出现在面前时，他更多显现出的是一种探囊取物的状态。而对没有准备的人，机会仅仅是一个海市蜃楼，可以看得见它的美丽影像，却永远都无法触及它的真容。

第二天就要面试，当天夜里，张德恒在床上辗转反侧，难以入眠。他翻来覆去地思考，明天老师会问自己什么问题？如果自己被录取，将会有一种怎样的人生？张德恒陷入这种不尽的纠结，直到夜很深才迷迷糊糊睡着。

面试当天，张德恒起得很早，因夜里睡不着，他一脸的疲倦，走起路来轻飘飘的，浑身乏力，但还是强打精神吃了两口早饭。当张德恒来到面试的考场时，周围显得出奇的安静，但周围环境越安静，他心里就越不平静。

"张德恒。"当面试官念到他的名字时，紧张的张德恒猛然顿住了，等喊了第二声"张德恒"，他才应声走进去。

刚迈进面试现场，张德恒就被那阵势吓住了。这是一间很大的屋

张德恒：密封胶工业之魂

子，窗户都关闭着，并挂着窗帘，房间中央摆放着一张很长的桌子，七八位面试官依次而坐。这时，张德恒紧张得手心已经浸满了汗水，面试官似乎看出了他的不安，微笑着对张德恒说："不用紧张，我们只是问你一些简单的问题，你先自我介绍一下吧。"

望着各位面试官的微笑，张德恒的心稍微放松了些。当他做完自我介绍，心态已经平静了许多，回答问题也逐渐变得流畅。面试官询问了几个专业问题后，张德恒变得越来越自信，没想到这些化学界的专家问自己的问题并不是特别难，他一一作了回答，有的问题还加以延伸，增加了自己对这些问题的看法。面试官们听着张德恒对这些问题的完美回答，频频点头，显得十分吃惊，惊讶这位学生的知识面竟然如此广博，也惊讶这位学生的化学知识竟然如此扎实。

张德恒信步走出考场，浑身上下顿时轻松了很多，这些天一直压在心里的大石头终于放下了。他突然感到很饿，这时才想起这几天一直没有顾上吃顿饱饭，他自嘲地笑了笑，似乎在告诫自己以后得注意调整心态，不能遇到点儿事就如此紧张。

张德恒情绪放松没多久，又忽然紧张起来。他在想，为什么面试官问自己的问题都那么简单？这些问题书上都有啊，也太简单了，真的就那么简单吗？让他难以置信。其实，张德恒不知道这些问题对于普通的大学生来说已经很不容易，如果没有扎实的化学知识，没有广博的知识储备，这些问题也是很难回答全面的。这次面试，再一次印证了一句老话："机遇是给有准备的人的。"

张德恒被国防科工委录取了，而且是所有被录取的学生当中的第一名。张德恒后来回忆说："我不比别人聪明，但做任何事情都认真去做，学习是这样，工作也是这样。"

张德恒录取后被通知到国防科工委报到，领到了六套军服，一回到学校，全班同学都羡慕死了。后来，张德恒的同窗好友赵仁临回忆说："当时张德恒报到回来后拎了六套衣服，都是部队的新军装，我们那叫一个羡慕。那时候能去部队里面工作，那可是件很了不得的人生大事。"

张德恒被国防科工委提前录取离校，所以他没能参加毕业典礼。很多年之后，张德恒的老同学们提起这件往事，还是显得非常遗憾，毕竟大家一起生活过五年。人非草木，孰能无情，赵仁临直到现在还说："他没有参加毕业聚餐，太遗憾啦！"

第二章　研究所生涯

一、光荣与梦想

1964 年，张德恒 28 岁。古人云：三十而立。而张德恒不到 30 就初战告捷，迎来了自己事业的成功。然而，这仅仅是他迈向辉煌事业的第一步，未来的这一条路，并非铺满了鲜花，闪耀着光环，而是充满了汗水和艰辛……

20 世纪 60 年代，解放军在人们心目中是高大威武的形象，"学军""爱军""建军""援军""拥军"……成为出生在那个年代的人的一个标志性名字，甚至姑娘们找对象也要优选军人。谁家里要是出了一名解放军战士，全村人都会感到荣光，当作头等大事来看待。应征入伍的当天，胸前佩戴一朵大红花，前面有人敲锣打鼓，在众乡亲的簇拥下，沿着村子风风光光走上一圈。如果谁家是军属，院门前会挂上一个"光荣之家"牌子，家人平日里走到大街上都会感觉高人一头。如果村里有人在北京当兵，那就更不得了，北京是首都，那可是毛主席居住的地方，乡长都会特意跑过来慰问，并且逢年过节还要送来一些礼物，这可是全家人都感到无上光荣的事情。

张德恒被国防科工委 927 部队，也就是后来的 621 所录用了，而且录取的时候按照规定，直接授予他中尉军衔。张德恒那时的心里美滋滋的，充满喜悦，这种喜悦又无法用语言表达，用任何话语来描述当时的心情都显得苍白无力。

报到的当天，张德恒发现那年的夏天并没有人们传说的那么炎热，时不时还有一阵阵凉风拂面。汽车驶过，扬起的尘埃也没有令人生畏，看了反而让人感受到了一种现代生活的节奏。树上知了的喧嚣声越听越动听，犹如一曲曲优美的音乐在张德恒的耳边萦绕……

张德恒所在的部队远离北京市区，他不知道汽车在道路上行驶了多久，也搞不清汽车在曲折的道路上驶向哪个方向，总之沿途看到的一切风景都显得那么美丽诱人，都那么让人流连忘返。究竟是景色宜人，还是部队的生活令人向往，张德恒也分辨不清了，但连开车的司机都能看得出张德恒内心的喜悦。

张德恒压抑住内心的激动，毕竟是第一天报到，还是尽量不让自己太过激动的心情过多地表露出来，要遵守纪律按部就班安排好自己未来的生活。新人报到还是走着固定的程序，分配宿舍，分发相关物品，然后找自己的领导报到。

分配到国防科工委的张德恒，已经不再是一名学生，也不单纯是一个高级知识分子，现在他还有一重身份，那就是军人。既然是军人，军训就必不可少，张德恒一进单位还没有分配任何工作，就开始了艰苦而又紧张的军训。来自农村的张德恒，对于军训的强度并不感觉特别大，和在家种地比起来，军训也算不上很苦，但严格是必须的。军训对每一个步骤、每一个环节要求都非常严格，烈日的曝晒让张德恒身上的衣服浸湿了一遍又一遍，树上的知了无休止地鸣叫惹人心情烦躁，飞扬的尘土令人透不过气来……初来乍到时的种种美好感受，也被汗水、雨水冲刷得干干净净。

军训并不是十天半个月就能结束的，一些军事技能的培训也在军训科目之内。学员们每天往来于食堂和操场之间，脸也被烈日晒得黝黑黝黑，对于军事研究所的第一印象也被军训占据了绝大部分。其实，驻地周边的景色十分美丽，环境也非常迷人，虽然生活区都是些普通平房，但生活工作的氛围、战友们的豪迈激情，都十分吸引张德恒，特别是单位的食堂，饭菜价格虽低廉，却十分可口，这也是张德恒军训期间感觉最满意的地方。

紧张的军训终于结束了。对于张德恒来讲，军训生活并不是特别难熬的事，他想的更多的是尽快投入工作，毕竟搞研究才是他的主业。但是，按照当时的惯例，军事单位的入职新人必须经过一年的各种锻炼与考验。军训结束后张德恒又被予以新的安排。

二、意志磨炼

1949 年新中国成立后，各种政治运动此起彼伏，并且随着凝聚力的提升，各种运动的规模也越来越大。生活在那个时代的人，被各种运动吸引着、号召着，纷纷参与各种运动，迸发出无限的激情和斗志。大家的热情持续高涨，军队也没有置身事外，同样陷入了那被激情燃烧的岁月。

张德恒刚刚军训完毕，又一个运动接踵而至，这就是"四清运动"。"四清运动"发生在 20 世纪 60 年代，持续时间达四年之久。

张德恒被单位下放到了最偏远的湖南农村。与他的家乡比较，豫北虽然不是很富有，但绝对算不上赤贫，而此次下放的地点，更加贫困。"新中国成立已经十多年，中国大地竟然还有如此贫穷落后的地方。"张德恒看到现实的一切，心里有种说不出的酸楚，也激发出了一种改天换地的决心。

在下放湖南农村的日子里，张德恒每天很早起床，吃几个黄窝窝头，算是一天的早饭了，然后开始一天的工作。工作内容和张德恒所学的专业知识相差甚远，但又不可不做，做任何事情都非常认真的张德恒，并没有任何怨言，每天只是努力做好自己的本职工作，一有时间他就会翻开自己随身携带的一些书籍，认真地学习、研读。

幸运的是张德恒在偏远农村待的时间并不长，仅仅经过几个月的锻炼，就被调回单位。可是，刚从偏远农村调回单位不久，张德恒又被调走了。"祸兮福所倚，福兮祸所伏。"这次他去的地方是工厂，幸运的是这个工厂和张德恒的研究紧密相关，涉及飞机制造以及飞机的密封材料研究。听到这个消息，憋屈了许久的张德恒兴奋得像个孩子一样一跳三蹦，这正是他最感兴趣的也是最想去的地方。

可是，当张德恒第一次迈进工厂，却发现一个让他很难过的问题：飞机上使用的密封胶全部是苏联品牌，没有一公斤是国产的，而且当时中国密封胶技术也十分落后。这深深刺痛了张德恒的自尊心，不但伤害了他作为一个中国人的自尊，同时也伤害了他作为一个化学系毕业的知识分子的自尊。从那时起，张德恒就暗下决心，以后中国的飞机，一定要用上自己生产的密封胶，一定会使用上最好的中国密封胶。

工厂的生活虽然比在偏远农村强上很多，但吃饭住宿等各方面条件依然是很差的。凡事总是有着两面性，这样的艰苦生活，反而锻造了张德恒坚韧不拔、拼搏进取的品格，也使他在以后的科研攻关上变得更加顽强。在他的眼里没有"还不错"，只有把事物做到"最好"才算满意，无论阻力有多大，他只追求最好。这种工作作风，在他以后的科研及创业生涯当中，也产生了很大的作用和影响。

一年的劳动锻炼即将结束，张德恒也对国家及整个中国工业有了更加清晰的认识。回到单位，张德恒的心里有着一种莫名的感觉，他没有想到中国的化学工业如此落后，没有想到中国还是如此贫穷，也没有想到中国的密封胶竟然完全依赖国外产品。他下定决心，改变，要改变这一切。

三、国防大业

当时 621 所主要服务的对象是国防工业,大部分研究成果也被应用到国防领域,并且每个人都是部队编制,张德恒刚入所的军衔就是中尉。这里每个人入所后的第一节课就是保密教育,而在实际工作当中也始终要求对所有的研究资料进行保密。

为了确保研究成果不泄密,621 所的研究人员都会配发一个保密提包,当天所有的研究资料都要放到保密提包里面,并且每个人都会发一个印章。当天工作结束后,所有研究资料就会放到保密提包里,并且研究所还有专门的保密印章,保密资料包还要盖上保密印章,在门口设有保密室,有专人负责看管这些保密提包。刚刚入职的张德恒就接受了如此严密的保密培训,这对他以后的工作有着深远影响。在一个知识产权保护并不完善的年代,保密工作就显得格外重要,这也保证了张德恒以后创办的企业健康有序发展。

中国航空工业的发展在 20 世纪 60 年代基本上是零,如果说还有些的话,那就是引进苏联的老式战斗机米格-19,在国内进行了模仿生产并命名为歼-6 战斗机。歼-6 是 1958 年年初开始研制的,1960 年投入批生产,1964 年首批歼-6 战斗机交付中国空军使用。它是第一代国产超音速战斗机,曾经是我国空军和海军航空兵装备数量最多、服役时间最长、战果最辉煌的国产喷气飞机。歼-6 生产了近 4000 架,在近 40 年的服役时间里,立下了赫赫战功。1986 年停产,于 2010 年 6 月 12 日退出空军编制序列。而米格-19 是苏联米格设计局研制的最后一种传统后掠翼布局的战斗机,也是世界上第一种进入批量生产的超音速战斗机。它爬升快,加速性和机动性好,火力强,能全天候作战,主要用于空战,争夺制空权,也可实施对地攻击。

但是,伴随着航空工业的快速发展,由米格-19 改进而来的歼-6

战斗机已经不能满足将来空战的需求，我国在 1965 年 9 月全面开展歼-8 战斗机的设计工作，国防科工委下达了研究歼-8 飞机座舱及整体油箱三个密封材料的任务。

四、创新攻关

1964 年，同张德恒一起来到 621 所的这一批人真不少。当时的密封材料组人才济济，各个风华正茂。组长是一位 20 世纪 50 年代毕业于华南工学院，既能干又肯钻研的老大姐，她正值而立之年。在她手下有不少等技术骨干，还有一批很得力的技术工人。这是当时搞研发的基本队伍。后来又陆续来了新的大学毕业生，或从外组外室调入的科研力量。或许谁都没有料想到，这些大学生后来竟会成为这个国家最顶尖的密封胶专家，他们把中国密封胶的技术水准推向了新的高度，也把自己波澜壮阔的人生推向了新的高度。

在 20 世纪 60 年代，密封材料组主要从事军机如歼-7、歼-8、运-7、运-8、导弹等应用的密封材料的研究，那时 621 所是苏联援建的 156 项重点工程之一，苏联专家曾长驻并指导研究工作。但随着中苏关系急转直下，苏联撤走专家，中国从 1960 年起开始走上了独立自主、自力更生研究航空材料的道路。

1960 年，621 所投入了很大的力量摸清 62 式战斗机（即苏联米格-21）的密封胶材料，为研制和仿制歼-7 战斗机做技术准备。密封材料组对米格-21 上用的密封材料进行了仔细的分析研究，包括去 112 厂实地参观考察米格-21 上用的密封材料分布的部位，进行取样分析。同时，对 621 所里译成中文的苏联技术资料，如非金属材料标准和材料工艺说明书等进行熟读和研究，并收集俄文杂志和图书资料上有关密封材料研究的报道资料和有关的试验方法。在一个没有电脑、打印机的年代，这些资料很多都是用打字机或者手抄上去的。为了不遗漏任何一处有价值的资料，大家随身携带笔记本和笔已经成为习惯。但仅仅靠文献资料还是远远不够的。那时，一些国民党军飞机和美国空军飞机经常骚扰中国领空，而这些敌机，为621所研究分析密封材料提供了大量实物样品。

经过几年的不懈努力，621所研究人员基本摸清了米格-21上采用的密封材料，包括у-30M常温硫化的液体聚硫密封胶、у-20A不硫化丁基腻子等。在此基础上，国家提出了国产歼-7用密封材料的研制项目，立下课题进行研究。那时621所科研工作有一套完整的研究程序，大家称为"三阶段20条"。所有立项的题目都遵循程序走，一切都在轨道上行进。课题组一边做材料研究，一边逐步建立相应的测试仪器和设备。全组上下齐心协力，干得热火朝天。

当时，整个三机部集中力量攻克了歼-7的研制任务。621所的XM-1和XM-16密封胶，在112厂用于歼-7整体油箱和座舱密封。1964年，三机部在研制歼-7的基础上，下达了自行研制歼-8的任务。621所九室接受了歼-8用新材料的多项研究课题，其中整体油箱密封材料和工艺研究课题，是与625所合作进行，由621所负责研制材料，625所负责研制适合油箱结构和所用材料的工艺。张德恒荣幸加入了这个研发团队。

在研发过程中，负责歼-8设计的601所提出，用于整体油箱的密封形式从歼-7缝内外双道密封改进为以缝外密封为主，油箱四周采用沟槽密封的缝内密封相结合的新型密封形式，取消了灌胶补充密封，要求在减少密封胶用量的前提下，仍保证密封质量。

这对密封胶提出了更高的要求。歼-7仿米格-21采用缝内缝外双道密封，外加密封完成后，整个油箱要灌一层用溶剂稀释后的XM-1密封胶，这种极为保守的密封工艺使油箱无形中大大超重，直接影响了飞机的载油量和航程，而歼-8的这种密封形式较之歼-7先进，但对单道密封的密封胶必须有与油箱结构能良好黏合的性能才行，而且在长期使用中仍能牢固地与结构成为一体，不因振动、结构变形等而造成密封胶脱落，致使油液渗漏。

课题组成员都对此创新既有压力，又感到是一种责任。为满足设计提出的要求，他们在配方的选材上做了大量工作，特别是对能与聚硫密封胶（当时命名为 XM-15）相容的树脂在选择上做了许多筛选试验。为了考验密封胶与油箱结构的黏合性能，他们又设计了简易的铝合金角材铆接在一平板上，涂上缝外胶，再经硫化后，按设计要求进行振动试验和密封试验，取得了满意的结果，这样终于心中有数了。

当时主管非金属的副总工程师了解到 621 所的研究进展，他心中有了底，认为有可能代替缝内外双道密封的歼-7 整体油箱用的XM-1。他与生产歼-7 的 112 厂有关部门联系后，在 1965 年利用生产线上的歼-7 2 号油箱，采用缝外涂 XM-15 密封胶，硫化后按歼-7 设计要求进行了密封试验、耐油试验和相应的其他地面试验，获得了满意的结果，为歼-7整体油箱的密封革新创造了条件。此后，歼-7 生产中的整体油箱密封，在歼-8 生产之前就改用了 XM-15 缝外单道密封形式。

与此同时，专题组还开展了试验方法的研究。1965 年，XM-15在歼-7 整体油箱上成功试用后，专题组完成了 XM-15 技术总结，编制了技术标准、工艺说明书和生产说明书等一系列技术文件，并推广到沈阳油漆厂进行批量生产。这标志着基本完成了歼-8 整体油箱用 XM-15 密封胶的研制，成功进入产业化阶段。

20 世纪 60 年代，是一个政治动荡的年代，又是一个激情迸发的年代。中国人在国际封锁、没有外援，国内政治运动此起彼伏的复杂环境下，以"敢教日月换新天"的勇气和魄力，自力更生，艰苦奋斗，创造出了一个又一个奇迹。那时 621 所研制的 XM-1、XM-16、XM-15、XM-17 等都是自力更生的成果，是完全有自主知识产权的材料。

五、经历"文革"

正当张德恒摩拳擦掌准备大干一番事业的时候，一场席卷全国的运动打乱了他的人生计划，同时也打破了 621 所的宁静。1966 年，"文化大革命"的洪流迅速席卷全国，621 所也毫不例外地卷入了这场政治运动当中。1966 年 6 月 10 日，621 所第一张问责所领导的大字报张贴了出来，"文化大革命"在 621 所也拉开了序幕。作为时代中的一分子，即使对政治运动不感兴趣的张德恒，也难以挣脱命运的摆布，卷入运动的激流之中。

"文化大革命"爆发之后，621 所内部很快分成两派，一派是具有强烈情绪的"东方红"组织，另一派较为保守，也成立了战校（新战校）组织。张德恒是坚定的战校成员，运动初期在群众组织中积极参加各种活动，深陷在试图证明自己是最革命的这一观念之中。

如果从张德恒的成长轨迹来看，他内心深处始终有着一股强烈的爱国主义情愫。小时候因为家里穷上不起学，是国家给了他上学的机会，上初中、高中、大学都是靠着国家补助一路走来的。因此，在"文化大革命"初期，在"爱党、爱国、爱社会主义、热爱伟大领袖毛主席"时代洪流的席卷下，张德恒作为一名要求上进的青年，参与其中也是再正常不过的事情了。但过了没多久，张德恒敏锐地觉察到，自己不能整天被各种政治运动折腾、左右，这样持续下去，还干不干事业了？经过冷静思考，张德恒不再积极地参与其中。

不过，经历了太多的运动，张德恒也学会了用自己的处世方法来抵御这场运动。平常在单位，他总泡在实验室中，如果有人问起为什么不积极参加运动，他就回答说为了保卫祖国，他要用实际行动为中国的战斗机研制出更加优异的密封胶产品。空闲的时候，张德恒也有办法来躲避研究所内部的争斗，就找借口拜访他的老同学，也在北京工作的大学室友赵仁临。赵仁临的工作单位受群众组织冲击和社会影响并不大，工作环境还是很平静的。张德恒经常去找赵仁临，一方面他们单位食堂的饭菜很可口，另一方面张德恒就可以避开参加各种运动和会议了。

"文革"还在如火如荼地进行中，张德恒却没有一刻闲着，一些正常的国防科研项目还在按计划实施，各种密封胶研制工作也在有条不紊地推进。1967年，112厂第一架歼-8机开铆在即，当时歼-7机已装备部队，飞机的整体油箱密封出现一些问题，空军部队要求621所对问题油箱的密封进行修补。

张德恒得到反馈，需要研究一种修补胶来处理现役飞机油箱密封出现的问题。于是，课题组迅速设立了修补密封胶的课题，由张德恒和郭玉瑛负责在1968—1969年开展专用于与聚硫密封胶有很好相容性的修补胶的研究。

在课题研究过程中，张德恒和郭玉瑛带了修补胶到空军基地对歼-7油箱进行修理。在部队地勤人员配合下，张德恒和郭玉瑛检查发现油箱下部某处有油渗出，但并非真正的漏源。为找出真实漏源，就要对飞机油箱进行全面检查。他们在油箱下部的各个铆钉和缝隙处涂上肥皂水，然后对油箱充压，发现有肥皂水冒泡处，就是漏源。确定了漏源点后，做上标记，要放掉油箱中的燃油，再打开油箱口盖，爬到机翼上，从打开的口盖那里对油箱内部进行仔细检查。他们找到渗漏处，擦干净剩油，在密封胶上进行打磨，形成粗糙的表面，便于和修补胶结合，并用溶剂清洗需涂胶的部位，再将修补胶在现场调配好，逐步涂到渗漏处。这是一项很难操作的工作，因为油箱的空间很不宽敞，还要在机翼上爬上爬下。

张德恒让郭玉瑛在地面配合他做些辅助工作，繁重的任务就落在张德恒一个人身上。在现场进行修补，需要有一定的经验，还要耐心细致，他的眼睛看准后，再用涂胶工具沾上调配好的胶，在微弱的灯光照明下，在不宽敞的空间，凭着用手触摸的感觉把胶涂到渗漏处，而后进行常规的硫化。完成这道工序后，他又进行气密性和油密性试验，确认无渗漏，才长长舒了一口气，这一次终于圆满完成了任务。在执行这次艰巨复杂的任务中，张德恒表现出的临阵不乱、工作认真负责的态度，吃苦耐劳的精神和在协作配合中对同事的关心，赢得了所有人的尊敬。

六、岁月年轮

在研究所度过 20 年的时光，张德恒的生活并不是一成不变、单调乏味的。尽管那时研究所的条件比较艰苦，甚至刚工作时办公桌都是两人一张，但这些并没有动摇张德恒和他的同事们追求事业的信念，阻碍他们热爱生活的梦想，他们总是苦中取乐，充满了革命的理想主义、浪漫主义的情怀。

群山环绕的研究所，自然环境优美静谧。特别到了春天，每逢周末，张德恒总会约上几个要好的朋友一起去爬山，远离各种喧嚣，融入大自然的怀抱。爬山，一方面愉悦心情，另一方面也锻炼了身体。

每次组织登山，张德恒和同事通常吃过早饭后，从二食堂旁边向西爬，山并不是很高，也算不上陡峭，约莫一个小时就可以登上山顶。在山顶稍稍停留，他会对着大山深处呼喊几声，倾听群山阵阵回音，感受着大自然的雄浑伟岸。

上山看峰，下山看景。上山和下山的路是不一样的，下山的第一站是樱桃沟，这里是一派宁静的田园风光。下一站经过一片干枯的河床就到了碧云寺和卧佛寺。中国革命伟大的先行者孙中山先生的衣冠冢就在碧云寺；在卧佛寺，一尊大佛侧卧在大殿里，面对着无数来来往往虔诚的朝拜者。张德恒和同事们会在此驻足逗留，环顾四周的如画景色，尤其在国庆期间，满山遍野的红叶宛若盛开的二月花。大家陶醉在这迷人的大自然中，流连忘返。继续往下行，直奔香山公园。这里有著名的"鬼见愁"、双清别墅等景观，张德恒和同事攀爬连绵的群山已经将近一天，这时候深感力不从心，疲惫至极，无心眷恋那里的一草一木了，于是大家心满意足地踏上了归路。

这丰富多彩的一天，这欢欣怡悦的一天，永远刻录在了张德恒和同事们的心灵深处，定格在了研究所生涯的记忆片断中。直到某一天翻开历史的老照片，这些画面会像一个放映机，把当时的场景画面再现在眼前，照片不仅记录下当年纯朴、纯真而美丽的生活，更留下了大家对那段青春芳华的美好回忆。

七、志同道合

20 年科研所生涯，练就了张德恒和同事们从事科研一丝不苟的严谨作风，他们对待工作中出现的任何差错和失误，就像眼睛里容不得沙子，毫不留情面。而生活与事业上的志同道合，又让他们迸发出火一般的热情。

当时，我国国防工业基础比较薄弱，这就更需要科研工作者艰苦奋斗、精益求精。无数个日夜，张德恒和同事泡在实验室里，无论外面风吹雨打，无论政治运动风起云涌，他们都会全身心地投入密封胶的研究当中。而工作之余，这群志同道合的战友又会展现出一副完全不同的形象。

一到周末，张德恒和一些同事常常会到双职工家里"蹭饭"。在那个物质并不是很充裕的年代，说是"蹭饭"其实大家手里会带上各种食材，更多的时候只是蹭一个能做饭的地方而已。大家一起开开心心包饺子，虽然包出来的饺子形态各异，放在一锅就是大杂烩，但大家谁也不在意这些。当时聚餐地点多选在江振经和谭光志家，或丁明兰和杨利东家，他们两家好客、热情，大家相处得也都很好。即便那时吃到嘴里的饺子基本上没有什么肉，也并不妨碍大家幸福的笑容始终挂在脸上。

　　　　张德恒：密封胶工业之魂

的确，物质生活条件艰苦，总是可以克服的。他们拥有的崇高理想，拥有的为之奋斗终生的事业，这份宝贵的精神财富，却是永远弥足珍贵的。有这么一群志同道合的人在一起，幸福不需要任何前提！

第三章　艰难创业

一、返豫还乡

每一次社会变革，都会带来一些机遇，也会带来一些阵痛。能够投身变革去适应变革的，后来大多成了成功人士；面对变革故步自封的，最终被社会抛弃淘汰。成功与失败往往只在那一瞬间，关键是我们能否把握住成功的机会。

1983年的中国，改革开放刚刚起步，整个中华大地在百废待兴中显露出勃勃生机。国家的工作重心也转向了经济领域，对国防工业的投入有所减少，但在国民经济领域投入了更多的资金。长年工作在国防领域的很多高级知识分子都转向民用领域，有的被地方政府挖过去担任技术类官员，当时社会尊重知识、尊重人才超过了以往任何一个时期。因此，国防工业领域的知识分子成了各地争抢的对象，有些民营企业更是高薪聘请高级人才担任企业的总工，并将知识型人才的薪酬待遇提高了数倍甚至十几倍。

张德恒离开家乡已经24年了，人生当中能有几个24年？除了大女儿张燕红一直待在自己身边上学，儿子、小女儿一直待在河南新乡农村老家，一想到这里张德恒心里就涌起一种莫名的酸楚。

对于家庭，他一直感到很内疚，而且随着时间的流逝，这种内疚感愈加强烈。作为一个儿子，张德恒这些年没有陪伴在父母身边，中国一直以来就有"父母在，不远游"的传统；作为一个父亲，自己对儿女们的关心很少，特别是对儿子关心得太少。自己一直在北京工作，一个月几十块钱的工资根本不够全家人吃穿用，很多时候都是妻子靠着在家种地卖菜的钱来维持家里的生活开销。为了能够为家里补贴些零用钱，张德恒的妻子在家养鸡，下的蛋自己舍不得吃，除了给张德恒的父母吃外，这些鸡蛋大多积攒了起来，然后她让儿子张式泰带着一篮鸡蛋到路边去卖，一个鸡蛋可以卖一毛钱，那个时候张式泰刚 10 岁。张德恒甚至不知道自己的妻子是怎样含辛茹苦把几个孩子拉扯大的，既要种地又要带孩子，他感觉自己亏欠妻子很多很多。

当时中国的户籍制度是十分严格的，农村户口的人，想去一趟城市都是需要到派出所开证明的。同一个城市，农村户口变更成城市户口是十分困难的，跨省调户口那更是天方夜谭，想要从河南新乡老家把户口迁到北京则是难如登天。张德恒作为一名国家高级技术人才，那个时候户口无论迁往哪里都是很容易的事，但自己家人的户口迁移就不是很容易办理了。那些年，张德恒与家人长期两地生活，一直为家人的户口问题而烦恼，也多次努力想把家人的户口迁入北京，但一直没有成功。直到 1983 年初，张德恒突然接到通知，说他家人的北京户口问题很快就有结果了。张德恒明白，这是当时北京市吸引高级知识分子留京的一项政策，但此时张德恒心里另有想法：他要回郑还乡！

是什么动摇了张德恒与家人在京团圆的梦想？原来是他所热爱的事业出现了危机——621 所的研究经费越来越紧张了。改革开放初期，一切都是以经济建设为中心，国家对军事方面的投入突然锐减，很多企业的研究经费更是减少了 50%，而剩下的研究经费基本投入了重点项目。张德恒研究的领域是密封胶工业，主要应用于军用飞机，但由于不属于重点研究领域，研究经费更是少得可怜，他所热爱的事业遭遇到了前所未有的危机。张德恒显得很无奈，又很沮丧，他的很多研究项目还没有付诸实施，他要拓宽密封胶的应用领域、拓展密封胶的综合性能等一系列的梦想还没有实现，资金却成了"拦路虎"，将这些梦想扼杀在摇篮中。张德恒考虑了很久，去意彷徨，似乎知道下一步自己该怎么走，但似乎又对怎么走好下一步有些犹豫不定。

经过"文革"的十年浩劫，整个中国都处在一种百业待兴的萌动状态，很多建设几乎是从头开始，很多研究几乎是刚刚起步，国家对知识分子的需求达到了求贤若渴的地步。郑州，这个地处中原的城市，虽然作为省会城市仅有30年的历史，而且经过"文革"的十年动乱，郑州的经济发展几乎陷入停滞，但改革开放后一切都焕发了勃勃生机，一切都朝着美好的方向发展。然而，众所周知，一个城市的发展最离不开的是人，是人才，郑州的发展更离不开人才，于是引进一批高级人才成为郑州发展的首要任务。当目标确定了之后，一切复杂事情的解决方案都会显得明确简单：引进人才，引进优秀人才，积极引进优秀人才！于是郑州人出发了，去北京，去上海，招募优秀人才，只要是有可能引进过来的，他们不会放过任何人。

中原机械厂厂长焦虑地在办公室来来回回走动着，市里让引进优秀人才，可作为一个机械厂上哪儿去引进人才？厂长一根香烟接着一根香烟地抽，绞尽脑汁思索着他想要的答案。厂长已经开过好多次会议了，让大家想办法引进人才。可是作为一家效益并不好的企业，那些高级人才又有几个愿意来机械厂呢？厂长叫来了车间吕主任，想问问他有没有什么高招引进优秀人才，也好让机械厂的效益有所提高，大家的日子好过一些。

吕主任也是实在没有办法，有办法的话早就告诉厂长了。这时，厂长问道："你家有没有亲戚在北京、上海？"吕主任想了又想，回答说："确实有一个亲戚，但是这个亲戚是做化工领域研究的，和咱们机械厂根本没有任何关系。"厂长就像是抓到了一根救命稻草，紧紧握住吕主任的手兴奋地说道："要千方百计找到你这位亲戚，看看有没有什么优

张德恒:密封胶工业之魂

秀人才能够推荐。"

既然厂长都开口了,吕主任也不好再说什么,只是要求让许安民和他一起去。许安民是厂供销科的科长,平时和外人接触较多,见多识广,说话办事也很有一套。厂长不假思索地对吕主任说:"带谁都可以,但无论如何得给我带回来一个高级人才!哪怕回来做管理呢,前提必须是优秀的高级知识分子。"

1983 年初的北京,恰逢改革开放浪潮席卷全国,各行各业思想大解放,喊出了"要把十年动乱造成的损失夺回来"的口号,干劲也是热火朝天。甚至连城中的小商小贩,也像雨后的嫩草,从大街小巷的胡同里冒出来。但是,621 所却依然沉湎于往日的平静。由于国家把工作的重心转移到了经济领域,所以对军工领域的投入锐减,张德恒研发的很多项目都申请不到经费,他显得很无奈。这是他做了将近 20 年的事业,而且还有很多事情要继续做,他非常珍惜这项职业,只要让他继续从事密封胶研究,其他什么都能够放弃,但现在所里实在拿不出太多的经费让他来做研究。张德恒思考问题时总习惯抽烟,这段时间他更是烟量大增,常常是一根接着一根地抽。

正当张德恒百无聊赖闲得发慌的时候,突然有一天江苏连云港的一家化工企业老板慕名找到张德恒。他们急于从北京引进一位高级化工人才,千方百计终于找到了张德恒,可张德恒却不假思索地回绝了,甚至连这家企业的名称都没有问一句就拒绝了。可是过了些天,这位老板又找到了张德恒,可以看出他对张德恒是有一定了解的。这位老板开出的价码是在连云港为张德恒提供一套别墅,并把张德恒家人的户口全都迁到连云港,而且提供让张德恒想都不敢想的薪水,工作上也不用张德恒亲自做什么,只需要管理一下企业的研究人员。然而,考虑到这家企业虽然能够提供优厚的待遇、充足的研究经费,但他们的研究领域毕竟不是密封胶,而张德恒只想一心一意研究密封胶,所以他又一次毫无惋惜地谢绝了这位老板的好意。

恰逢此时，吕主任带着许安民也来到了北京。他们虽然到过北京，但是要想找到 621 所确实难为他们了，毕竟当时通信不发达，更没有手机可以导航，远距离的沟通联系只能靠一种方式——电报。电报是按字收费的，所以发送电报的时候一定要简洁，这就很难清楚地描述出一个具体地名。他们四处打听，得知 621 所属于一个军事单位，普通人一般很难知道地址，等他们费了很大周折找到 621 所时，夜幕已经降临了。

在 20 世纪 80 年代，一个单位的人员到另一个单位办事情，有一件事是必须要做的，那就是开介绍信。吕主任和许安民拿着单位的介绍信，千辛万苦地找到在 621 所工作的吕主任的姨父。虽然有亲戚关系，但听完二人的来意后吕主任的姨父有些面露难色。

说好听点这是从 621 所引进高级人才，说直白了就是来挖墙脚的。但又碍于亲戚的情面，吕主任的姨父只能对吕主任和许安民说："你们找找张德恒，他也是你们河南人，老家在新乡，你们试试行不行，不行的话我也没办法。"张德恒那时已是 621 所第九研究室的主要科研领导和研究骨干，作为项目的科研带头人，已经攻克多项国家级难题，他所研究的密封胶在当时我国的歼-8 战机上使用，并且已经成功研制出 XM-21A、XM-2113、XM-38 等密封材料，当时在国内已经是最顶尖专家。

吕主任和许安民了解到这些后喜出望外："没想到我们将要引进的竟然是一位国内顶尖专家，而且还是河南老乡！"这让他们非常兴奋，如果能够把张德恒引进过来，那整个郑州市的其他单位还不得羡慕死！但吕主任和许安民冷静下来想了想，又感到特别失落。他们一个机械厂，一个生产机械设备的小型国有企业怎么可能引进一位在橡胶合成方面造诣深厚的专家呢？研究方向相差得太远了！而且，连他们自己都怀疑他们的这个小庙能否装得下张德恒这尊"真神"。可是他们也不管那么多了，先找到张德恒聊聊再说。

张德恒的办公室位于一排小平房里最不显眼的一间，吕主任和许安民找到了正坐在办公室为研究经费发愁的张德恒。突然听到敲门声，张德恒一时没有回过神来，等听到第二次敲门声反应过来的时候，张德恒才发现两位"不速之客"已经推门进来了。张德恒并不认识吕主任和许安民，等听到他们两人自我介绍和来找自己的原因后，张德恒心里并不感兴趣，更不想调到他们单位，毕竟他是研究密封胶的，密封胶才是他的专长，调到机械厂又能做什么？这不是瞎胡闹吗？与他的研究方向简直就是风马牛不相及！但碍于老乡的情面，张德恒还是客气地请他们坐下来聊了很久，至于去机械厂工作张德恒却一直缄口不言，尽量回避这种不靠谱的事。

张德恒把他们送出门外后心里格外失落，他简直不知道自己该何去何从了。留在621所缺少研究经费，自己的事业难以持续，在北京举目无亲，事业又遇到了瓶颈，张德恒百般无奈，又百般惆怅。不过遇到这件事也让他从迷茫中看到了一丝光亮：如果自己家乡有一家能让自己继续从事密封胶研发的企业就好了。

吕主任和许安民一回到郑州就立刻向厂长汇报了张德恒的情况，厂长听到后显得异常兴奋，马上把情况向郑州市中原区领导做了汇报。区里给许安民下达了死任务，无论如何一定要把张德恒引进过来，并且区政府可以竭尽全力为张德恒提供研究经费，虽然不是很多，但中原区需要这样的人才，需要他从事密封胶领域的研究。接到指示，许安民马上收拾自己的行李再次赶赴北京。

许安民又找到了张德恒，告诉他不光厂里，连区里甚至市里的领导都非常重视张德恒的情况，表示会尽一切可能、想尽一切办法把张德恒引进到郑州。等他到郑州后，可以做行政工作，如果对行政工作不感兴趣，也可以继续从事密封胶方面的研究，而且会配备相应的人员和提供必要的科研经费，并且郑州距离新乡老家也是比较近的。听到这些，张德恒有点心动了。与许安民长谈了几次后，他感到他们是真心实意希望自己到郑州的。但张德恒没有立刻答应许安民，只是说让他再想想，他要听听所里的意见，还要听所里的安排。

1983年初，所里安排张德恒去上海参加全国密封胶方面的会议。621所是国内研制密封材料的权威部门，密封胶专业会议离开了621所根本讨论不出什么结果。作为621所第九研究室的顶级专家，张德恒每年都要参加很多这样的重要会议。这本来是一次很平常的会议，可谁都没有想到的是，这次会议竟然改变了张德恒的命运，也改变了中国密封胶行业的命运。

在这次会议行将结束的时候，一个外国专家走到张德恒的面前炫耀地说："你们中国民用密封胶全是国外进口的，你们国家自己是生产不出建筑用密封胶的。"这句话刺痛了张德恒的心，深深地伤害了张德恒的自尊，也深深伤害了张德恒作为一个中国人的民族自尊，更深深伤害了张德恒作为一个密封胶研制专家的自尊。张德恒盯着外国专家骄横霸道的双眼暗自发誓：我一定要研发生产出中国自有的密封胶品牌，一定要研制出比国外发达国家更加优异的密封胶品牌，一定要为我们中国人争这口气！

会议一开完，张德恒就返回621所，会上那无声较量的场景依然萦绕在他的眼前，他还在想着那个外国专家对自己说的那句刻骨铭心的话，还在想着自己一定要研制出国产的建筑用密封胶，一定要研制出比国外更加先进的密封胶产品。正在这时，许安民又出现在了张德恒的办公室，把郑州市中原区能满足张德恒的一切要求都说了一遍，张德恒正在琢磨怎样可以更快更好地研制民用建筑用密封胶，听到许安民说的中原区政府的表态，张德恒这次终于点头同意了。

接下来张德恒思考了良久。如果直接向所里提出调动，所领导肯定不会同意。作为一个技术骨干，跨省调到地方去，这在621所还没有先例，更何况张德恒已经在621所担任领导职务，在这里工作了将近20年，所里的一切情况都已经很熟悉，想让所领导放人，那简直比登天还难。这可急坏了许安民，这是厂里领导和区里领导都下达的硬任务，不把张德恒带回去是无法交差的。张德恒思来想去终于想出了一个办法，便对许安民说："直接找人事部门的负责同志进行对接，不经过所里领导。"

但是，那时的人事调动工作手续还是非常复杂的，无奈之中许安民就一趟一趟地郑州北京来回跑。621所负责人事的领导得知张德恒要调动工作，就每天不厌其烦地给张德恒做思想工作，但张德恒心里很明白，所里思想工作做得再好，拿不出相应的研究经费让他继续密封胶的研究也是枉然。这就好比给你画了一张很大的饼，告诉你将来会给你这么大的饼，可是没人能告诉你眼前的饥荒该怎么渡过。正值科研芳华盛年的张德恒一刻也不想等，他决定要回去，回去他可以继续从事他喜爱的研究，可以一家人团聚，也可以照顾自己的父母，毕竟他们也都上了年纪了。621所人事部门的领导发现张德恒去意已定，苦口婆心也难以动摇他坚定的信念，即使留得住人也难以留住心，而且也实在受不了许安民每个月来所里一趟和他们磨，最后也就不再挽留了，所里就为张德恒办理了调动手续，放人。

二、辞官从研

郑州，地处中原腹地，是河南省省会，可对于张德恒来说却是一个陌生的城市。虽然他的家乡新乡距离郑州仅80公里，但张德恒在621所时只去过一次郑州，对这座城市的景观风情几乎没有留下什么印象。

那一次，河南三门峡水电站邀请张德恒去解决水坝页扇的防腐问题，张德恒就住在郑州黄委会的招待所，住了十多天，白天黑夜除了工作还是工作，根本没有闲暇时间逛逛街。这是张德恒唯一一次来郑州，这里对于他来说是人地生疏，甚至同学也没有一个。多年后，张德恒回想当年只身来郑州工作的情景，不由得也为自己当时的决绝而骄傲。是什么信念支撑张德恒到郑州创业？答案只有一个——研发生产出世界一流的民用密封胶产品！

1983年4月，张德恒作为郑州市引进的高级技术人才，受到了省、市有关领导的高度重视。刚刚经历过十年浩劫，军队当中的高级技术人才受到的冲击最小，再加上张德恒丰富的履历，郑州市科委见到来郑创业的张德恒如获至宝。当然，20世纪80年代也是一个重视知识、尊重人才的年代，全国上下、各行各业对知识的尊重超过以往的任何一个时期。郑州作为一个内陆城市，当时的高级知识分子还是不多的，郑州要发展，优秀人才更是太少。

郑州市领导和张德恒交谈了多次，十分关心他生活安置上有什么困难，工作上有什么打算，并说组织上会动员力量出面帮他妥善解决一切问题。张德恒对个人生活的标准一向看得很淡，是个对生活很容易满足的人，对于工作他的想法也很纯粹，就是希望能够为他从事密封胶研究创造些条件。他的梦想是要建立一个覆盖多种材料领域的密封胶研究生产基地，研制生产出世界上性能最好的民用密封胶，打破国外的垄断，创建中国自己的民族品牌，让世界了解中国的密封胶，让中国人民用上最好的密封胶。

郑州市领导有着崇高的思想追求和强烈的事业心，他们了解到张德恒的想法十分兴奋，没想到他们引进的不仅是一个国家级的优秀人才，而且还是一个有理想、有抱负的爱国专家。市领导深深地被张德恒的态度感动了，虽然当时全国经济状况和人们生活有所好转，但还远远达不到富裕的程度。即便如此，市领导也下定决心，无论如何一定支持张德恒研制密封胶，研发生产出属于中国的密封胶品牌。

当然，做研究工作固然十分重要，可郑州市把张德恒调动过来的主要目的是让他担任领导职务的。20世纪80年代流行"专家型领导"一说，在干部任用上倡导革命化、年轻化、知识化、专业化，从中央转业到地方又有专业背景的张德恒的仕途之路可谓前程似锦。因此，省、市领导决定让张德恒担任郑州市中原区区长。张德恒知道市里的任命后真是左右为难，这和自己来郑州的初衷相差太远，自己根本就没有打算做行政官员。这也难怪，作为一个和密封胶打了半辈子交道的专家，突然让他去搞行政工作，这是很难适应的，无论如何他都不同意这项任命。

张德恒赶紧去找市领导，诚恳地说明自己不适合做行政职务的理由。他深知自己的特长是从事密封胶研发，做行政工作并非自己所擅长，也毫无兴趣，可市领导不容商量，直接否决了张德恒的请求。这下让张德恒为难了，他发现很多事情和自己想象的不一样，理想与现实、主观与客观的差距，让他始料不及。

张德恒缓缓地走出了市委办公大楼，显得心事重重。虽说若他答应做区长的话，一家人户口迁到郑州就会非常容易和顺利，可以弥补他长年在外对家人的亏欠。但是他也很清楚，当官不是他的初心。中国不缺行政官员，但缺技术专家，但如果他不做密封胶研究，中国就少了一个优秀的密封胶专家，就少了一个未来的世界级密封胶品牌。他最终还是决定：无论如何自己也不能担任区长这个职务。

第二天，张德恒又跑到了市委办公室，并且谈的还是同样的话题，坚持的还是那个态度：自己不能担任这个区长，也不适合做行政职务，作为一个科研人员，自己的岗位应该在实验室，自己应该做自己最擅长的事情。

张德恒多年养成了一个性格特点，就是对于自己追求的目标特别专注，并且不为外界所干扰。上学的时候，很多政治运动都没有打乱张德恒的学习计划；工作的时候，十年"文革"动乱对621所也有很大的冲击，但张德恒都能够置身事外，专注自己的研究。现在回想起张德恒之所以能够取得事业上的成功，这应当就是其中的因素之一。

张德恒不厌其烦地跑市委办公室，唯一的目的就是辞官。但当时技术人员到政府任职，在全国几乎形成一股浪潮。面对张德恒一次次的辞官，不少人劝他不要"一根筋"，可他就是"不开窍"。无奈之下，市委领导只好妥协，答应张德恒如果能够找到一位优秀的专家来顶替他做区长，他就可以不再担任区长这个职务了。

张德恒虽然很无奈，但令他感到欣慰的是，总算找到了摆脱区长这个职务的办法了。下一步张德恒就得好好思考一下，在自己认识的人当中谁适合接替自己。思来想去，一个熟悉的面孔渐渐浮现在张德恒的脑海里——此人也是一个知名专家，在西安飞机制造厂工作。张德恒在621所的时候经常出差，一些飞机使用的密封材料大多需要张德恒研制的密封胶，张德恒到西安的时候，曾和这个人打过多次交道，联系方式和地址都是现成的，于是张德恒就立刻联系上了他。

张德恒是一个不会说谎的人，就把事情的来龙去脉一五一十地告诉了这位专家。与张德恒想象的一样，这位专家爽快地答应了张德恒的请求。可当张德恒把情况报告给市委的时候，市委又给了张德恒新的任命。

这回市委的任命是张德恒担任中原区科技局局长，并且明确告诉张德恒，这个局长必须担任，担任局长的同时他可以继续自己的密封胶研究。但怎样搞密封胶研究，张德恒得自己想办法。

市委已经退让一步，张德恒再拒绝就显得不近人情了，只得无奈答应了市委的要求。但是，一个新局长的到来必然导致旧局长的离去。张德恒的上任使得原来的局长被任命为局党委书记，为打消彼此的顾虑，他找到了这位书记，诚恳地对他说："我要求只负责管理人事方面的事情，其他的事情完全听局党委书记的。"为什么要管理人事，张德恒有自己的打算，这样他就可以"利用职务之便"招兵买马，网罗技术人才潜心研究密封胶。30年后，张德恒对自己当初的这个决定还是津津乐道的，当然这都是后来的事情了。

三、白手起家

　　为了更好地开展研究工作，张德恒把自己的密封胶研究计划向市里做了详细的汇报，得到了市里领导的大力支持，他那颗一直悬着的心总算是踏实了下来。从"天时、地利、人和"来看，张德恒认为，自己首先已得到了"人和"。于是他满怀信心地询问市委领导，能够拨给自己多少资金支持，但得到的答复是"自筹资金"。从事研究工作没有资金怎么行？更何况张德恒是想创办全国第一家民用密封胶企业，没有资金支持那将会寸步难行！不过，虽然市委没有拿出资金支持，但他们对张德恒承诺在政策上会给予他最大的支持，这多多少少也让张德恒感到一些欣慰。

　　研究所是一定要创建的，无论遇到多大的困难张德恒都要花大气力筹建好研究所，去生产销售民用密封胶。张德恒的这个信念毫不动摇，但他又是两手空空，实在拿不出资金从事自己的研究。张德恒在郑州人生地不熟，资金的掣肘让他再次陷入深深的苦恼。

　　人在最困难的时候，往往也就是离成功不远的时候。连续的日思夜想，终于有一天，神情恍惚的张德恒突然开了窍："为什么不能向科技局借点呢？自己作为科技局的局长，借几千块钱应该不是难事儿。"在科技局里借钱当然可以，但是必须在两年内还清所有的钱。张德恒心里有数，用不了两年时间他就可以把这些钱全部还清，他对此深信不疑，很快就办理了各种借款的手续。

　　张德恒向科技局借了 2000 元钱，在当时这已经是一笔不小的数目了，要知道他一个月的工资不过 70 多元。看到手里的 2000 元钱，张德恒激动得不得了，这是他的启动资金。有了这笔钱，张德恒就可以购买设备，开始生产了。但刚刚开心了不到两分钟，张德恒又冷静了下来，资金是有了，厂房到哪里去弄呢？张德恒的想法是要创办一个集科研销售于一体的企业，用自己的技术成果来赚取利润，以获得的利润再继续自己的研究，推动我国密封胶技术进一步发展。但是，当张德恒详细研究了1983年创办企业的相关政策后发现，当时的国家政策和相关法律，明确规定研究机构是不能够以营利为目的的，也就是说是不允许经营的。如果张德恒仅仅是创办一个密封胶研究所，那么这个研究所的生存就是一个很大的问题。虽然市里有政策上的支持，但张德恒深知研究所要生存发展，如果缺少足够资金的保障，没有形成持续的造血功能，那是万万行不通的。因此，研究所研发出来的产品必须成为商品，必须能够维持自身的发展。但要做到这一点，研究所就不能单独存在，必须挂靠在一家企业名下来进行研发生产。张德恒想明白了，既然目标和实施的路径已明确，下一步就是寻找合适的单位了。

经过与市里有关部门协调沟通，张德恒选择了把研究所挂靠在中原机械厂。挂靠在机械厂有很多的便利，首先，当时的机械厂有空闲的厂房，可以安置相应的机械设备和实验仪器；其次，他对机械厂算是知根知底，毕竟他来到郑州和机械厂也是有着一种特殊的关联的；最后，当时机械厂地处郑州市中原区，与科技局有一定的业务往来。

上级领导很支持张德恒的想法，这让张德恒勇气倍增。他立刻去找机械厂领导，当机械厂听到张德恒要把密封胶研究开发放到厂里时，大家都很兴奋。那时机械厂的效益并不太好，而密封胶在当时却是一个"香饽饽"，市场潜力很大，这样一来不但可以提高企业的经济效益，也可以拓宽产品销售领域，这对于机械厂来说是件天大的好事。机械厂厂区虽然破旧，但是提供一块研究密封胶的地方还是有的，而且厂里也有几百号工人，与张德恒一起做密封胶根本不缺人手。

厂长是非常同意张德恒把研究所挂靠在机械厂的，但张德恒不是那种含糊的人，他不喜欢寄人篱下的感觉。亲兄弟也要明算账，张德恒当时就对机械厂的厂长提出了研究所自主经营、独立核算的建议，要求机械厂为他的研究所配置一个财务人员，做密封胶研究所占用的厂房他会按照当时的折旧费全部清算给机械厂，并且会支付给机械厂相关的其他费用。等张德恒把这一切都交代明白了，双方就签订了协议，成立了中原机械厂密封胶中试车间。

中国自古就有"千金易得，一将难求"的说法，这也是早期的人才观。直到今天，在纵横捭阖的商战中，人才争夺战依然是企业竞争中一个至关重要的方面。如何引进人才，如何使用人才，决定着企业的兴衰成败，一个公司的发展壮大取决于人。虽然张德恒的创业始于20世纪80年代，但是那时他已十分明白人才的重要性。

中国有十几亿人，最不缺的就是人，而最缺的也是人。中国的人口优势，并没有转化为人才优势，这就是摆在大多数管理者面前的一个问题，而这个问题也困扰着张德恒。

张德恒向机械厂厂长申请抽调几个人，厂长一听说需要添置人员，一口答应了张德恒的请求。作为一家国有企业，郑州中原机械厂也存在冗员过多、人浮于事的现象，人均利润率并不高，效益也并非特别好，厂长当然希望独立核算的张德恒能够多要几个人。他答应给张德恒十几个人帮他研究密封胶，但被张德恒一口回绝了。研究密封胶需要化工方面的人才，而机械厂员工大多是做机械设备出身的，隔行如隔山。张德恒创业之路刚刚起步，手里的钱大多是借来的，除去买设备的钱，给员工发工资，甚至连买原材料的钱都不够。张德恒对厂长说，他要两个助手就足够了，等需要人手的时候再向机械厂申请也来得及。厂长见张德恒态度如此坚定，不得已也就同意了张德恒的要求。当时张德恒只要了三个人：胡舒鸿、陈延平、连惠英。胡舒鸿、陈延平协助张德恒做技术攻关，虽然他们俩对密封胶的认识仅仅停留在"密封胶"这三个字上面，但张德恒有信心和他们一起开创出一片新的天地，这一点张德恒是深信不疑的，胡舒鸿、陈延平更是深信不疑。

连惠英主要负责财务工作。张德恒与机械厂合作之初就已经和厂长约定，他创建的密封胶车间是自负盈亏的。虽说是自负盈亏，但密封胶生产创造的效益却是划到机械厂里的。对于机械厂厂长来说，效益不好的机械厂有这样一个新的盈利项目，绝对是一个利好的消息。

张德恒有了研究助手，有了独立核算的财务，有了研发生产的厂房，研究所人、财、物方面的问题就基本解决了。在人才挑选上张德恒是十分满意的，不过后来发生的一些事情，也让张德恒始料未及，对他的打击也是巨大的，但这都是十几年以后的事情了。

事业草创之初，虽然包括张德恒在内也仅有四个人，但作为从无到有、从零起步的这支团队的"缔造者"，张德恒像一部播种机，把一粒粒种子深深耕进中原这片热土，倾尽全部心血浇灌培育出一支独立自主、制胜市场的铁军，开创出一片充满希望的蓝海。

创业潮水激荡着张德恒奋进的心，他怀揣着梦想，执着追求、坚毅笃定。人生事业新的一页马上就要掀开了，张德恒充满期待，期待梦想成真。当张德恒立志要组建密封胶生产基地的时候，就暗下决心一定要建立起最好的密封胶生产企业，一定要生产出最好的密封胶。这是张德恒创业初期的一个梦想，也是一直支撑他奋勇拼搏的一个梦想。

"工欲善其事，必先利其器。"解决了资金、厂房、人员的问题，下一个问题便是设备了。张德恒多年来形成一种习惯，东西要么不买，要买就买最好的，而且这种习惯伴随张德恒一生，始终左右着他的决策。回顾公司30多年的发展历程，张德恒每一次购买设备，购买汽车，购买办公用品都遵循着这个原则，哪怕是建房子，他也要建最好的房子。这就是张德恒，一个很简单而纯粹的张德恒，他不但要把密封胶做到最好，他还要把一切都做到最好。张德恒是个完美主义者，在他的眼里没有"妥协"二字，他走的每一步都在追求完美，但他执着而不执拗，坚韧而不固执，开放而不浮躁，这就是张德恒的风格，也是他的处世哲学。他总是能够把人们聚拢到他的身边，总是能够给人们以信心，用他的信心感染别人，让别人也充满了自信。

张德恒从事密封胶研究已经长达20年之久，很多设备他是如数家珍，再熟悉不过了。一些必要的实验设备张德恒很早已购置好，虽然价格不菲，但只要他认准了，是舍得去花这些钱的。基本的实验设备配置齐全后，最重要的设备——生产装置必须要去购买了。

张德恒找来胡舒鸿、陈延平共同商量购买生产设备的事情。当时正值改革开放初期，商品信息相对闭塞，但张德恒曾经在621所工作过，他知道那时很多设备都是从上海购买的。当时上海轻工业在全国名列前茅，在上海通常能够买到质量很不错的设备。于是，他们就商定去上海购买生产密封胶所需要的三辊研磨机。

如今互联网发达，如果打算到一家外地企业考察设备，我们可以预先从网上查询相关资料，并通过电话、电子邮件和企业取得联系，进行咨询，非常便捷高效。但在20世纪80年代初，如果想要去外地购买一台设备，必须坐火车实地考察过才能够决定。如果让一个生产设备的外行人去购买设备的话，是根本无法确定相关设备的。张德恒必须亲自出马到这些厂家看看，究竟谁家的设备最好，有哪些设备更符合自己的标准和要求。张德恒买了两张火车票，同陈延平一起踏上了去上海的列车。

绿皮车现在已经渐渐淡出了人们的视线，那些曾经坐过绿皮车长途跋涉的人，对过往的坐车经历往往只能用糟糕来形容。而绿皮车对于当时的人们来说，已经是十分棒的交通工具了。车厢里是没有空调的，如果运气好赶上比较新的火车，车厢里会有小风扇，这在闷笼式的车厢里还是比较凉爽的，但在炎热的夏季，从车窗外吹过来的也是滚滚热浪。如今从郑州到上海乘坐高铁仅需要六个小时；当时却需要十六七个小时。张德恒和陈延平上火车前就自己带着吃的和喝的，虽然很简单，但对于漫长的旅途来说足够充饥了。两人坐了十六七个小时的火车，一路风尘赶到了上海。

张德恒虽然以前到上海出过差，但也仅仅限于公务而已。来上海之前，张德恒也做了不少"功课"，通过各种渠道查阅了相关厂家的地址，只要是略微相关的厂家，他都仔细地记在了笔记本里。但真正到了上海，遇到的困难就太多了。首先便是住宿的问题，当时是没有什么快捷酒店的，而上海的大多数酒店他们也实在住不起，所借的2000元主要是购买原材料用的，而张德恒的工资不到80元，根本不够花费的。张德恒在上海的街头转悠了好久，才找到一个很小、很简陋的旅馆，住一晚上不到3元钱。张德恒和陈延平住进了这家旅馆，吃的饭也是最便宜的，他们实在拿不出多余的钱来感受大上海的生活。

第二天一早，张德恒和陈延平起床便去找这些设备厂家，按照笔记本上面记录的地址，张德恒、陈延平二人转了好几趟车，才找到那个并不是很大的厂家。张德恒是满怀希望来上海的，但希望越大往往失望就越大，到了厂里一了解，这个厂家根本就不生产他们所需要的设备，无奈只能继续寻找。张德恒把笔记本上记录的厂家几乎找遍了，还是没有找到他们需要的设备。张德恒有些不解了，上海这么大，真就没有厂家生产他们所需要的设备吗？张德恒的笔记本上只剩下一家厂家没有走到了，再没有的话，他们真是不知道该到哪里去购买设备了。抱着一线希望，张德恒找到了这家工厂，也见到了这家工厂的供销科科长，但这里再一次让张德恒失望了，还是没有他们所需要的设备。望着脸上挂满焦虑的神情，转身准备离开的张德恒，这位供销科科长对他说了一句："你们不妨去福建永春看看。"倍感失望的张德恒决定去福建永春碰碰运气，看看能否找到他们需要的生产设备。

福建省永春县轻工机械厂（简称永春县轻机厂）始建于1954年，虽然身处永春县，但却是那时轻工部的定点生产厂家。查询到厂家的地址后，张德恒和陈延平没在上海做任何停留，就立刻马不停蹄地赶往福建永春。这次终于没有让他们失望，在永春县轻机厂找到了他们需要的机械设备——三辊研磨机。谈妥了价格后，他们就交了定金，等货到郑州后，他们再付剩余的款项。购买生产设备虽然用了十几天，行程数千里，但总算不虚此行，找到了他心仪的机器，距离密封胶的投产仅有一步之遥了。

回到了郑州，张德恒立刻开始投入密封胶的研发工作。现在人员基本配置齐全了，设备也购买得差不多了，至于产品的配方，作为国内首批研究密封胶的专家，张德恒心里是有十足的把握的。以前研制的密封胶产品在飞机上都能够使用，而现在只是在建筑门窗上使用，说得过分些是大材小用，张德恒需要做的就是改进配方，使生产的密封胶达到相关要求。可是，当他着手从事配方改进时，又遇到了一个难题：从哪里得到原材料？

"巧妇难为无米之炊。"用这句话来形容当时的张德恒一点都不夸张，现在购买了设备，也配置了人员，生产民用密封胶的研究思路也是十分清晰的，市里、区里相关部门领导也都支持张德恒的研究工作，但他没有原材料，确切地说是没有钱买原材料！张德恒一个月不到80元的工资，仅仅够养家，虽然工作了将近20年，但也没有什么积蓄，他创业的时候向科技局借的钱，也花得差不多了，已经没有多余的资金来购买原材料。

张德恒找相关部门去协调资金的问题，也是无功而返。他没有想到原材料问题会成为一只最大的"拦路虎"，以前在621所工作的时候，由于是军工单位，他需要什么材料仅需要打个报告，就能够在第一时间找来国内外最好的原材料，供他研究使用。张德恒整天为原材料的问题发愁，如果没有原材料的话，是无法启动密封胶研究的，怎么办？

张德恒找遍了他所能找到的企业，没有一家企业有符合他需要的原材料。这也难怪，中空玻璃引入国内的时间是20世纪80年代初，国内使用的幕墙建筑、使用的中空玻璃基本上是国外进口产品，对于一种新产品，不要说原材料，即便是成品在国内也是很难找到的。现在问题摆在了张德恒面前，首先是已经没钱购买原材料了，其次是即便有钱也买不到所需要的原材料。

张德恒回到郑州后一直忙着筹划密封胶的研究，也没有顾上和同学、朋友取得联系，实在没有办法搞定原材料的问题，他只好抽出时间四处打探，想从以前在621所的老同事以及同学那里了解密封胶所需要的原材料生产厂家。但是几番打听，还是一无所获。一个偶然的机会，张德恒从一位同学那儿打听到他的老同学郝会臣在焦作一家化工厂当领导，他马上想到，郝会臣的工厂是否生产或者了解一些密封胶产品或原材料的情况呢？

高等学府一直被认为是象牙塔，而大学生以前也一直被认为是天之骄子。20世纪50年代考入大学的青年学子用天之骄子来形容一点不为过，在北京化工学院上大学的河南老乡是屈指可数的，郝会臣是张德恒为数不多老乡当中的一个，并且曾经还是一个系的，大学毕业后虽然没有怎么见过面，但同学之间的情谊是十分深厚的。

张德恒了解到郝会臣在焦作一个化工厂做领导，并且有可能生产与他研究相关的密封胶原材料，他顿时喜出望外，连夜就赶往焦作，去找郝会臣。

久别重逢的老同学相见，张德恒和郝会臣心情格外激动，分别后各自的情况几天几夜也唠不完。郝会臣所在的工厂是当地一家非常大的国有企业，效益并不是很好。可当郝会臣了解到张德恒需要密封胶的生产原料时，就一口答应为张德恒提供原料，并且先不收取任何费用，等张德恒的产品卖出去挣钱之后再要货款。这就是老同学之间的信任，不过郝会臣也是十分了解张德恒的，他相信张德恒所研发的密封胶有着广阔的市场前景，这一点张德恒对自己信心十足，郝会臣同样深信不疑。

张德恒做事很专注，大学毕业后就专注于密封胶的研究，并且一向刻苦用功的张德恒所走的每一步都踏踏实实，而且对研究的事情特别用心，也注意观察一切新事物。张德恒在621所的时候，有一次做低温拉伸试验，试验的产品是他研制的新型密封胶，用在我国最新型的歼击机上面。张德恒在低温下拉伸密封胶的时候，发现密封胶条顺着合金铝整齐地拉了下来，他感到有点惊讶，按道理粘结好的密封胶不应该出现这种情况，在低温下出现这种情况是不正常的，如果飞机在高空低温当中出现密封胶材料脱粘的情况，后果不堪设想。张德恒就根据出现的情况进行思考和研究，经过多次试验，他发现不是密封胶的问题，而是合金铝表面的氧化膜过厚，导致密封胶将氧化膜粘了下来，从而使得密封胶和合金铝出现整齐脱粘的情况。张德恒走的每一步都是经过认真的试验与思索，并始终保持着做事认真、勤于思考的习惯，这也是他日后取得事业成功的一个重要因素。

每一代拓荒者的人生选择都暗含着时代的底色，在改革开放初期，百业待兴，创业难免会遇到很多挫折。虽然环境和条件十分艰难，但在这个过程只要心中坚定信念，坚持梦想，再艰苦的条件也就变得不重要了，你就会千方百计充满激情地克服一切困难，而最不容易走的路，往往是正确的路。张德恒历经曲折找到了生产厂房，找到了研发助手，找到了所需要的设备，找到了生产密封胶所需要的原材料，终于万事俱备，新的一页马上就要开启。他坚信，这不仅仅是自己创办研究所的开始，更是中国密封胶时代的开始。

在 20 世纪 80 年代，中空玻璃开始在我国建筑上得到推广和发展，但是中空玻璃密封胶还完全依靠从国外进口。为了把建筑密封胶产业做大做强，更好地造福国内百姓，张德恒认真准备了相关材料，并且做了一份详细的报告。在郑州，张德恒还有另外一个身份：中原区科技局局长。1983 年 5 月，他以科技局局长的身份，郑重地把这些材料递交到了郑州市委市政府。在一个重视知识技术的年代，张德恒的报告很快得到了答复："尽快研制出民用聚硫密封剂。"一个新的时代正在向张德恒招手，而这个时代正是张德恒开创的。

密封胶在当时主要用于中空玻璃，以及一些门窗嵌缝，而这种技术在 20 世纪 80 年代初在国内才刚兴起，张德恒便抢占了新技术制高点，成为中国密封胶产业的先行者。

四、艰辛创业

张德恒找来了胡舒鸿和陈延平，想先让他们了解什么是建筑密封胶。当时在国内，密封胶对于绝大多数人来说还都是一个新名词。张德恒利用自己的业余时间对胡舒鸿和陈延平进行了简单的科普和培训，但在实际研制密封胶的过程中，一切研发的工作还需要张德恒亲自来做。密封胶生产设备二人之前也没有见过，需要张德恒亲手教他们认识设备。总之，设备安装、生产、研发、测试、销售等一切工作都离不开张德恒亲力亲为，都需要他手把手来教。

张德恒研制建筑用聚硫密封胶心里是有底的，可以说是轻车熟路的事情。他根据以前研发 XM-38 的相关技术经验，准备在 XM-38 的基础上来研发民用聚硫密封胶。张德恒认为，用军用航空技术来研制民用密封胶是不会有太大问题的，毕竟军用航空技术的使用条件更加苛刻，密封胶在两万米高空都能够承受住考验，那么应用在建筑门窗中就更不会有什么问题了。

张德恒对 XM-38 是再熟悉不过了，自己研制设计的配方，只需要稍加更改就可以用到民用建筑上。张德恒也找来一些国外生产的密封胶，进行对比试验。张德恒做事特别认真，并且在事情没有做好之前他很少休息，既然他已经认定了要生产民用密封胶，就会竭尽全力来完成。现在设备都配置齐全了，密封胶生产的人手显然是不够的，张德恒再一次来到机械厂厂长办公室，要人。这次张德恒需要更多的人员来生产密封胶。

正如前面所提到的，机械厂虽然效益不是很好，但人员不仅仅富余，而且还富余不少。机械厂厂长听了张德恒的请求，不假思索就答应了为生产密封胶配置更多人员。这下子张德恒的密封胶生产车间又多了几个员工，他们分别是许安民、段爱娟、程小平。许安民以前在机械厂负责供销科，张德恒想让他负责聚硫密封胶的销售工作；段爱娟那时候刚刚20岁，人勤快而且爱钻研，在来张德恒密封胶生产车间之前，她还作为模特出现在央视播放的机械厂形象广告当中。他们在机械厂都是很优秀的员工，但是只让他们生产密封胶就有点大材小用，太屈才了。与大多数人一样，他们以前都没有听说过聚硫密封胶，更不知道聚硫密封胶应用在什么地方，在一个有块塑料布都可以挡窗户的地方，密封胶对他们来说还是太陌生了。

密封胶生产的每一道工序张德恒都得首先示范给他们看，让他们了解熟悉之后再教他们去做。三辊研磨机虽然不是什么精密设备，但是对于那些从来没有接触过这样设备的人来说，还是很复杂的机械。张德恒要做的不仅仅是教会他们怎样操作机器，他还要埋头搞研究，虽然有XM-38作为基础，但现在只有张德恒一个人既懂科研又懂设备，这是远远不够的，必须尽快教会他们使用三辊研磨机，尽快教会他们研制聚硫密封胶的一些基本原理。但是，这些徒弟没有化工专业的基础，甚至连一些基本的化学知识都需要张德恒一点点地从头教他们怎样理解，怎么认识。张德恒耐心教完他们之后，只能用零星的时间继续搞研究，通宵达旦在实验室进行相关实验。

张德恒在621所的时候，虽然研究设备不是国际最先进的，但在国内是无出其右的。在20世纪六七十年代，国防军工是国家首要发展的领域，所以一切都以军工为主。张德恒研制的密封胶大部分都用在军用飞机上，所使用的研究设备是国内最先进的，所使用的原材料也是国内最优质的，甚至是国际最优质的。那时，张德恒完全不用为设备和原材料发愁。但张德恒来到郑州后，一切都得靠自己来搞定，设备还好说，生产聚硫密封胶所需要的原料却一直很让张德恒犯难，先是"巧妇难为无米之炊"，接下来又让张德恒头痛的是原材料性能稳定性差，这将大大影响到生产的聚硫密封胶的性能。张德恒即使知识再渊博，经验再丰富，也不可能解决原材料性能不稳定的问题。他按照以前XM-38的配方改进的聚硫密封胶，生产出来的颜色和在 621 所的时候相差太远了，本来基胶部分应该是很纯正的乳白色，但张德恒在工厂里生产出来的聚硫密封胶的基胶发灰，这样的产品首先从外观上就没办法与国外产品进行竞争。如果仅仅是外观方面的差异也勉强可以接受，但性能上的差异就更令张德恒感到困惑了。他们生产出来的聚硫密封胶和 XM-38 的性能有着巨大差异，不但固化时间比较快，而且还容易出现混胶不均匀的情况，这样会大大影响聚硫胶的性能。张德恒一次次做着实验，一次次努力调整配方，但效果都不理想，一连七天张德恒几乎都没有睡过觉。

张德恒的夫人姚桂琴在回忆这段时光的时候，眼里噙着泪水说："如果知道他回来工作这么辛苦，说什么也不让他从北京回来。"张德恒所研制的聚硫胶是双组分的，由基胶和固化剂组成，但只有一台设备——三辊研磨机，因此每次张德恒做完一个配方的基胶后，要把设备擦拭干净再生产固化剂。他不但要不断更改配方，还要一遍一遍地清洁设备。张德恒一连七天连轴转，每天工作到夜里两三点，白天六七点就又去车间实验室研究配方，甚至在擦拭设备的时候他心里还在思考下一个配方怎么调整。

一天，张德恒刚刚生产完一批基胶，正在擦拭设备的时候，由于心里放不下配方问题，再加上过度疲惫，右手食指一下子卷到三辊研磨机里面，食指的第一节瞬间变得血肉模糊，白骨都露了出来。这时，在一旁工作的同事急忙赶来，赶紧关掉研磨机。十指连心，张德恒顿时疼得牙关紧咬，眼泪直在眼圈里打转，汗水浸湿了满是血渍的衣衫。同事帮张德恒简单包扎了一下，大家都劝他赶紧去医院，但张德恒非要坚持做完这个配方实验。

张德恒好不容易生产完胶料，强撑着身体回到家里，妻子姚桂琴看到张德恒手上衣服上尽是鲜血，顿时急了，她看在眼里，痛在心里。顾不上问明缘由，赶紧要送他去医院。

这时天已经黑了，但看到张德恒痛苦的样子，姚桂琴就找来许安民，让许安民骑自行车带着张德恒去医院看病。到了医院，医生一看伤情，不假思索地说："这段手指已经不行了，得把这段手指截掉。"听到医生这么说，张德恒连忙急切地请求医生："不行，我是做技术的，将来还靠这双手吃饭啊！医生要不请你给我缝一下，把血止住，看看能不能长好。"医生对张德恒说："好是肯定好不了了，你如果非要坚持这样，那就只能试试吧。"张德恒的手指包扎好之后，许安民骑自行车带着他回到了家里。

第二天早上6点多，张德恒又出现在车间，他在回家的当天晚上，又想到了一个调整配方的方法，要试验一下效果。即使创新之路是这样苦这般累，甚至洒下一路鲜血和汗水，也毫不动摇他搞国产密封胶的信念。

五、一封家信

"兵者，国之大事，死生之地，存亡之道，不可不察也。"古人两千多年前的这句话，很好地概括了战争对于一个国家的影响。抗美援朝战争后，中国还打了两三次战争，两次小规模的和一次较大规模的。一次是中印边境自卫反击战，一次是珍宝岛自卫反击战，较大规模的是中越边境自卫反击战，而这三次战争对我们影响最大的是中越边境自卫反击战，对张德恒的影响也是最大的，因为张德恒唯一的儿子张式泰，亲身经历了战争的残酷……

张德恒一共有三个子女，一个儿子两个女儿。儿子张式泰，大女儿张燕红，小女儿张燕玲，由于张德恒一直在北京工作，儿子张式泰一直和母亲在新乡老家长大。张德恒虽然在北京工作时是密封胶的技术带头人，但工资依然很少，每个月除去留下少量的钱吃饭，其余的钱全都邮寄给了家里。张德恒的兄弟姐妹较多，家里的生活是十分艰苦的，张式泰很小的时候就帮家里做家务，等上小学的时候，张式泰已经能够帮家里做农活了。10岁的时候他就拿着家里攒的鸡蛋到村子附近的工厂门口叫卖。炎热的夏天，张式泰有时候虽然口渴难耐，但还是舍不得去买一根两分钱的冰棍儿。张式泰小学到高中一直在新乡老家上学。上小学的时候还正赶上"文革"，全国陷入一片混乱，学校更是成为运动的中心，张德恒一年到头很少回家。等张式泰高中毕业的时候，张德恒决定让张式泰去当兵，到部队去历练一下。虽然那时"文革"已经结束了，一切都百业待兴，欣欣向荣，但人们对于参军的热情还是丝毫不减。张式泰听从了张德恒的安排，去部队当了兵。征兵的时候去什么地方驻扎是不确定的，并且每个部队每年所征的兵也不是固定在一个区域，张式泰所在的部队驻扎在杭州，每天除了艰苦的训练，和平日里也没有什么两样。张德恒去厦门购买三辊研磨机的时候曾路过杭州，就到部队探望了张式泰，令张德恒感到困惑的是这时的军营到处弥漫着一股紧张的气息。张德恒没太在意，也没在杭州停留太久，就赶赴福建购买设备了。

然而，就在张德恒离开的第三天，张式泰所在的部队接到了命令，要求他们开赴中越边境。那时中越边境自卫反击战虽然大规模的战役已经结束，但中越边境每天都有零星的战斗，为了起到锻炼队伍的目的，张式泰的部队被调往了前线。出发前，部队要求所有人都理光头发，以便在前线受伤了好进行包扎，并且每一个人都必须写遗书，张式泰也不例外。等一切都准备好了，张式泰和他的战友在夜里十二点钟乘坐开往边境的火车出发了。他们乘坐的火车并非现在的载客火车，而是载货型的火车，为了做好保密工作，在开往边境的两天里，所有人必须在车厢里吃喝拉撒睡。

漫长的两天熬过去之后，张式泰和他的战友们出现在中越边境线上。按照部队的规定是不许和家里联系的，张式泰当时不到20岁，正值青春芳华，一腔热血，每一次任务都冲在最前面。但是，边境线上的闷热潮湿也确实令来自中原地区的张式泰深感不适。

在一次往前线运送弹药的过程中，身强体壮的张式泰，一直冲在队伍的最前面。突然，一发炮弹打了过来，"轰"的一声巨响，就在张式泰身边爆炸了。排山倒海般的一股热浪，夹杂着碎肉和碎石块向张式泰压了过来，他感到身体一震，顿时倒了下去……等张式泰缓过神来才发现，一个弹片深深扎进了他随身背的军用水壶中，毫厘之差，他险些血洒战场了。水壶被炸漏了，但张式泰毫发无损。

儿子张式泰在前线浴血奋战的时候，张德恒正在全身心投入研制我国第一个民用建筑用聚硫密封胶。

研发民用建筑用聚硫密封胶虽然可以通过 XM-38 的配方改良实现，但局限于原材料质量和设备的短板，张德恒始终无法生产出自己满意的产品。而这时张德恒得知儿子已奔赴前线，心里有种说不出的感觉。一方面为自己的儿子保家卫国而骄傲，另一方面也担心儿子的安危。同时，张德恒的妻子姚桂琴身体一直不是很好，儿子出征前线这件事决不能告诉妻子，让她忧心。

前线战事不是特别紧张的时候，张式泰就抽时间写封家信以报平安。张德恒每次收到儿子的信都特别开心，这说明儿子在前线是安全的，但张德恒又特别为难，不知道该怎么给妻子姚桂琴念这封信。由于姚桂琴从小家里比较穷，没有上过学，识字不多，所以张德恒就拿着儿子的信，佯装照着信上的内容来读给她听。其实，张德恒根本没有照着信上的内容读，而是现编现改"蒙骗"妻子，他只是为了不让妻子担心儿子的安危。

全家人都瞒着姚桂琴张式泰上前线的消息，包括张德恒的两个女儿。姚桂琴思念儿子，有时候就让两个女儿反复来念张式泰写的信，虽然她们也没有提及张式泰上前线的事情，但是姚桂琴慢慢发现同一封信，张德恒念的和两个女儿念的完全不一样。这时，姚桂琴就开始怀疑自己的儿子是不是出了什么事情，每天晚上总是一个人默默地流泪。每逢这时张德恒总是安慰妻子说儿子在部队很好，不会有事情的。

张德恒虽然每天都安慰自己的妻子，但他自己心里也是十分纠结。毕竟儿子小时候一直不在自己的身边，本身就对儿子有一种愧疚感，现在儿子又在前线，万一……张德恒虽然嘴上不说什么，但心里整天犹如十五个水桶打水——七上八下，一直十分思念儿子。

当时我国义务兵一般服役时间是三年。由于张式泰所在部队是去前线轮战，并没有发生特别大的战役，但张式泰所在的连队有 27 位战友牺牲在了边境线上，幸运的是张式泰安全退役了。当张式泰回到家里，看到父母因为担心自己而面容消瘦、身体羸弱的样子，不禁泪流而下。

六、第一桶金

通过反复试验，张德恒发现如果按照以前研制 XM-38 的方法来进行试验的话，原材料质量、设备精密度根本达不到要求，生产出来的密封胶也会有很大的偏差。在这样的研发条件和生存环境下就该自暴自弃、甘于落后？张德恒的工作作风是要么不做，要做就做到最好。他反复告诫他的同事："人总是要有一点精神，在工作岗位上，干就干一流，争就争第一，这是我们义不容辞的责任。"

经过多次配方试验的失败，张德恒开始考虑通过其他办法来提高密封胶的性能：既然照搬以前的生产工艺及配方所生产的产品质量有问题，那么就根据现有的原材料质量，立足现有的生产设备和生产条件，靠优化工艺方法，来研制生产更符合实际的聚硫密封胶。

张德恒对购买的原材料性能进行了细致的检验，并且详细记录下这些原材料的一些性能，他要把这些原材料的性能综合起来，使生产出来的产品性能达到最优。研究思路是有了，但路走起来并不顺畅。虽然张德恒身边的一些同事已经和他并肩作战研制密封胶有一段时间了，但由于他们没有一个人有化学功底，很多研究方面的问题，只能靠张德恒琢磨钻研，查阅相关资料，这给他的研制工作带来了很大的阻力。张德恒只能利用时间提高效率，一边研制，一边生产，一边查阅资料，虽然身体已经严重透支，但一定要研制出我国自有品牌、性能一流的"争气胶"的信念，始终驱动着张德恒背负重压，不断前行。

经过几个月的不懈努力，张德恒终于研制出了性能令人满意的密封胶产品。张德恒找来许安民，对许安民说："老许，我负责生产研发，你负责销售。"许安民听到这话真有点蒙了，他以前是搞机械设备的，跟着张德恒一起搞生产倒还可以，而让他去销售密封胶，把这些黏黏的胶卖给谁呢？他也是刚刚听说过有聚硫密封胶这玩意儿，但用到什么地方都还没有完全弄明白，让他去卖这东西真就有点为难了。

于是，许安民对张德恒说："这东西谁会用呢？再说了这东西这么贵，谁会买呢？"张德恒确实也感到有点为难了，他只知道自己生产的密封胶是现在国内最需要的产品，可以打破外国企业的垄断，但是让作为技术出身的张德恒去找销路，确实也不是他的长项。

张德恒仔细思考了很久，猛然省悟，还是应该从自己最熟悉的领域突破。以前在 621 所的时候，张德恒交流最多的单位就是一些飞机制造厂，中国的沈飞、西飞、成飞等，对他来说都是再熟悉不过的单位了。张德恒一年中有可能大半年都待在这些企业当中，张德恒人缘比较好，和这些单位的人都十分熟识，他们也愿意和张德恒交往。

1983 年，有不少军工企业的国家拨款都下降很多，一些军工企业为了解决经费问题，也纷纷设立了许多民用项目，而这些项目当中就有一些属于建筑业领域。沈阳黎明门窗厂就是一家军工企业的下属企业，张德恒在 621 所的时候，经常去沈阳出差，沈阳黎明门窗厂也使用 621 所生产的聚硫密封胶。

当张德恒正在为密封胶的销路问题发愁时，黎明门窗厂就映入了他的眼帘。张德恒对一筹莫展的许安民说："不妨去沈阳黎明门窗厂试试。"有了销路，许安民顿时喜出望外，张德恒决定亲自带许安民去一趟沈阳，毕竟许安民对沈阳黎明门窗厂一点都不熟悉，张德恒也想借此机会顺便了解一下国内聚硫密封胶的市场情况。

赴沈开辟销路一经决定，张德恒和许安民立刻就买了当晚的火车票赶往沈阳。买原材料都是赊的账，张德恒和许安民只能带些干粮在火车上吃，虽然条件艰苦些，但密封胶的销路问题总算看到了一线希望。

他们带着机械厂盖好公章的介绍信来到了沈阳黎明门窗厂，张德恒在621所的时候经常来这里，这里负责采购和负责技术的人员都和张德恒相熟，这样一来他们总算可以松口气了，最起码事情成功了一半。张德恒找到黎明门窗厂的供销科科长，说明了缘由。该供销科科长知道张德恒以前是从事航空密封材料研究的，顿时对张德恒肃然起敬。在一个尊重知识的年代，张德恒的名字本身就是一张名片，只要是张德恒生产出来的东西，就会被人们认可，就会被人们接受。张德恒就有这样的人格魅力，一个多年从事航空密封技术研究的专家做民用密封胶本身就是一个产品品质的保证，大多数人认为能用在飞机火箭上的密封胶，用到门窗上根本不会有什么问题，而事实证明这种判断是正确的。黎明门窗厂对张德恒研制的密封胶充满了兴趣，之前黎明门窗厂的密封胶大都是用进口产品，不仅价格昂贵，而且出了什么问题他们也没办法找到售后服务人员，这些问题一直困扰着黎明门窗厂的技术人员。他们听说张德恒研发出了民用建筑密封胶，顿时喜出望外，同意试用张德恒研制的产品。张德恒和许安民见目的达到了，悬在心里的石头一下子卸了下来。

一回到郑州，张德恒没顾上休息就直接投入生产。他要尽快生产出一批样品，供沈阳黎明门窗厂试用。经过几天几夜的工作，张德恒为黎明门窗厂赶制出了一批聚硫密封胶。毕竟是作为商品销售的，必须有一个牌号。张德恒思索了许久，做出决定："既然是1983年研制的，那就叫'83'吧。"张德恒当年还有很多研究项目，既然是从无到有的产品，编号就以0开始，他们研制的是密封胶，就取"密封"拼音的第一个字母"MF"。聚硫密封胶产品"MF-830"，成为他们研发并投入商用的第一个产品。

MF-830 赶制出一批成品后，张德恒让许安民亲自带着这些样品到黎明门窗厂去试验，许安民立即动身赶赴沈阳。双组分一般是由基胶和固化剂组成，使用前不能长期和空气接触，但由于当时的包装条件较差，以及所使用的原材料没有国外进口的原材料性能稳定，等许安民带着这些 MF-830 赶到沈阳的时候，发现这些 MF-830 有很多已经固化了，这样的话根本就没有办法使用，拿去让人家试验不是自找没趣嘛，许安民就带着 MF-830 直接返回了郑州。许安民把这些固化的 MF-830 拿给张德恒看，张德恒一看就着急了："这怎么行呢，一定是哪个地方出了什么问题。"张德恒拿着固化的 MF-830 连夜进行了检测，发现问题不在配方上，还是原材料不稳定导致的。而当时的生产设备也是气密性较差，在密封胶生产过程中容易进入水汽，从而影响聚硫密封胶的使用效果。张德恒找到了问题的原因所在，就连夜查找相关资料，想办法来解决这个问题。张德恒经过多次的试验，总算使 MF-830 的性能和质量更加稳定了。

张德恒按照改进的配方，又生产出一批 MF-830 双组分聚硫密封胶，这时许安民对张德恒研制的改进型密封胶还是有些怀疑。张德恒对许安民说："老许，这次你就放心地拿过去让他们试用吧，绝对没有问题。"许安民看到张德恒如此自信，半信半疑地带着新研制的 MF-830 再次赶赴沈阳，让沈阳黎明门窗厂试用。

许安民来到沈阳黎明门窗厂的车间，把张德恒研发生产的 MF-830 拿给厂工程师试用，工程师望着许安民，那眼神似乎在说："能行吗？"许安民心里也没有底，嘴上却表现得很硬，对这位工程师说："不信就试试看吧。"

沈阳黎明门窗厂试验过后，发现 MF-830 和国外的同类产品没有什么差别，但就不知道 MF-830 的性能有没有国外的产品稳定了。于是，许安民就待在沈阳黎明门窗厂，耐心等待刚打上的聚硫密封胶固化，让黎明门窗厂的工程师测定密封胶的性能。等待期间，许安民如坐针毡，他心里是没有底的，他信任张德恒，相信张德恒的技术研发实力，他也相信他自己，相信自己能够把密封胶卖出去，但他不怎么相信这个MF-830。他暗自道："这个东西这么贵，两公斤MF-830就是自己一个月的工资了，谁会用这么贵重的东西糊到墙上呢，傻子才用呢！"许安民实在想不通，在沈阳黎明门窗厂待了将近半个月，测试结果终于出来了：MF-830性能十分优良，和国外同类产品性能相当，但价格仅仅是国外产品的二分之一。许安民难以掩饰一脸的兴奋，带着这样的结果兴高采烈地回到了郑州。

小批量的MF-830试用成功，大大鼓舞了张德恒和他的同事们。大家都信心满满地准备做出一番更大的事业，但仅仅通过企业的试用是远远不够的，一个产品如果想要实现规模销售，必须通过政府相关部门的产品鉴定。张德恒当时兼任郑州市中原区科技局局长，对于产品鉴定的一些流程是比较熟悉的。张德恒就按照相关程序，研制出相关样品，撰写鉴定申请表，让郑州市科委对MF-830进行产品鉴定。一旦产品通过了鉴定，那么MF-830作为国内建筑领域第一款性能稳定的双组分聚硫密封胶就可以正式投放市场，并且意味着我国打破了国外同类企业对国内建筑用聚硫密封胶的垄断。在20世纪80年代的国内市场，一公斤聚硫密封胶的价格是30元，相当于普通工人一个月的工资，是十分昂贵的。按照购买力来折算的话，一公斤聚硫密封胶现在的价格是3000元，即使现在装修房子，使用3000元一公斤的胶也太奢侈了。但有些大型建筑又必须使用建筑用聚硫密封胶，不然建筑质量无法保障。这就使得研制生产出国产优质聚硫密封胶，满足建筑业需求，变得十分迫切。

1983年11月，没有出现任何意外和波折，张德恒研制的MF-830顺利通过了郑州市科委的鉴定，中国有了第一代优质建筑用双组分聚硫密封胶！这也标志着我国打破了国外胶类厂家的垄断，中国建筑可以用上民族品牌，再也不用花费大量外汇去购买洋货了，将为国家节约大量宝贵的外汇资源。

不畏创业艰辛，始终坚守信念，做人不图虚名，做事潜心专注，终于让张德恒和他的同事们拨云见日，初尝硕果，开创民用密封胶先河的梦想成真。鉴定会上，面对业内专家对国产双组分聚硫密封胶的认可，张德恒抑制不住内心的激动，激情地说道："树立一个目标，不管别人理解不理解，国家没有就必须填补国内空白！"

沈阳黎明门窗厂得知张德恒研制的 MF-830 通过了鉴定之后，也十分兴奋。企业可以在使用密封胶上节约大量资金，并且不用再进口国外产品。1983 年年底，沈阳黎明门窗厂向张德恒订购了价值 12 万元的 MF-830 双组分聚硫密封胶。这是张德恒和他的同事们获得创业的第一桶金。张德恒向科技局借的 2000 元钱，原打算两年内还清的，但仅仅用了六个月的时间就还清了。

那么，这 12 万元是一个什么概念呢？根据上海交通大学金融系某教授的算法，如果按照购买力来计算，1983 年的 1 万元折合到现在大约相当于 225 万元，12 万元折合到现在就相当于 2700 万元。一个刚刚成立不到一年的公司，半年的销售额达到 2700 万元，即使放到今天来说也是一个非常了不起的奇迹，而这个奇迹的创造者就是张德恒。

由于当时的物价比较低，原材料的价格还是比较低廉的，张德恒通过第一笔订单，为国家节约外汇 3 万美元。现在企业经营中 3 万美元的确算不上一笔很大的数目，但是如果放到一个员工月工资不到 90 元的年代，这可就是一笔巨款了。张德恒通过这一单订购的 MF-830 所获得的利润在 10 万元左右，赚得的是纯粹的真金白银。这就是科技的力量，这就是科技的价值，这就是创新的力量，这也是创新的价值。

张德恒赢得了改善研究生产环境的第一桶金，也赢得了引进更多优秀人才的资金，他深深懂得，搞技术创新，人才是第一要素。人才是企业发展的动力，更是技术创新的保证。

七、培育人才

企业间竞争的本质是人才的竞争，国家间竞争的本质也是人才竞争。"二战"时期，战事尚未完全结束，美苏之间就已经对德国的优秀科学家展开了争夺，最终美国先行一步，通过强大的国家综合实力和富有竞争力的人才竞争理念，抢夺了德国大多数一流科学家，这为后来美苏争霸中美国的科技领先奠定了基础。人才的争夺战近年来也在频频上演，美国从瑞典争夺到一个 20 多岁的研究生，解决了地球资源卫星的一个关键问题；欧洲一电子公司不惜以 200 万美元重金挖取美国"硅谷"一位电子专家，未果，干脆花 3000 万美元购置此人与整个公司；英国为了买下纽约银行一位管理人员，出薪高于撒切尔；日本为了开拓尖端技术，聘请一名外国优秀人才，其效果相当于派 20 名本国学者出国进修。

美国经济学家舒尔茨曾估算，物力投资增加 4.5 倍，利润相应增加 3.5 倍；而人力投资增加 3.5 倍，利润将增加 17.5 倍。人是各种生产要素中最活跃、最富有创造力的要素，高素质的核心员工更是如此。企业核心员工占到企业总人数的 20%~30%，他们集中了企业 80%~90% 的技术和管理，创造了企业 80% 以上的财富和利润，他们是企业的核心和代表，是企业的灵魂和骨干。

张德恒需要一批专业人才。他深深地明白，创造一番宏伟事业，仅凭他个人是远远不够的。一个人的力量可以使得企业变得更好，但不足以支撑起一个企业的持续发展。张德恒现在缺的就是做研发的优秀人才，他从 20 多年的密封胶研发经验中悟出一个道理，如果想要取得成功，必须引进优秀人才。张德恒在 621 所的时候，621 所基本上每一个人都是国内最优秀大学毕业的高才生，都是行业当中的佼佼者，都是能够独立研发密封胶的一流人才。但现在搞研发，仅仅只有张德恒一个人是专门从事研发工作的，虽然大家都很努力，但在密封胶的研发方面，这些伙伴还有很长的路要走，所以，必须引进人才，必须引进一流人才。对于打造可持续的核心竞争力——技术创新能力，张德恒态度从未如此坚决过。

事业要持续发展，就要不拘一格吸纳人才。引进的人才不能局限于专业，也不能局限于眼前，张德恒不是特别看重学历出身，他有自己独特的人才观。他的择才标准不局限于专业，更不局限于学历，并且人才引进以后，张德恒会给予人才充分的信任和充足的施展空间。

他在获得优秀人才上有两个方法：一种是引进人才，另外一种是自我培养。见效最快的是直接引进人才，来之能战，战之能胜，并且可以有针对性地引进自己最需要的人才。但是，见效最快往往失效也快，直接引进的人才，对企业的忠诚度和认可度往往较低，能够被你挖来，也有可能被别人挖走。当然，如果是自己打算到某个地区，正好该地区有企业需要你，这样也是一种很不错的选择。

另外一种方式就是自我培养人才。这种方法较慢，但是人才培养出来后效果最好。能够作为培养对象的人，往往知根知底，而且对企业相对忠诚，但漫长的培养期需要企业付出较大的代价，并且需要系统的培养计划。

张德恒现在急需人才，他也认真考虑了怎样来引进人才。经过良久的思索之后，他决定既要自我积极培养人才，也需要大力引进人才，这样两者相结合，一方面可以尽快解决自身发展急需的人才，另一方面作为长久打算，自己培养一批专业技术人才。但如果靠企业自我培养的话，他现在有这个精力和实力专门培养密封胶研发人才吗？毕竟身边的同事对密封胶没有任何概念。他在 621 所的时候，也曾带过几个徒弟，这些徒弟大多出自国内一流名牌高校，都是化学专业出身，培养起来相对容易一些，但现在整个密封胶生产车间仅他一个人懂技术，平时的主要精力还要放在生产上，此外还要抓原材料采购，晚上回到家里还要查阅相关资料，研究配方，他实在没有更多的精力了。

　　人在困惑的时候，往往能够被逼出好点子。这时一个想法闪现在张德恒的脑海中：为何不派自己的员工到 621 所学习一年呢？621 所的人都是自己的老熟人，而且现在 621 所研究密封胶的骨干力量都是自己从前的老部下，这点面子他们总还是会给的。张德恒拿定了主意，不再做任何耽搁，第二天就要实施。

　　张德恒来到了车间，看着自己身边的这几位同事，选谁合适呢？首先，年龄稍大的不能选。人到中年万事忙，中年人的家庭是上有老人，下有子女，没有过多的精力去学习。其次，文化层次太低的不能选。虽然他的这些同事没有一个是大学毕业的，但即使这样，也需要一个学历相对较高的、有一定知识基础的人，这样学习起来或许会进度快一点。基于这两点，张德恒已经有了适合的人选了，她很年轻，二十出头，并且是高中毕业。当然那个时候的高中毕业已经很不错了。

　　选中的人就是段爱娟。张德恒决定让段爱娟去 621 所学习一段时间，他征询了段爱娟的意见，段爱娟也非常珍惜这个学习的机会，不假思索就同意了。于是，张德恒当天就和 621 所的同事联系并进行了沟通，把他的想法给老同事们说了。张德恒在 621 所待了 20 年，而且又是核心骨干，现在的主要技术负责人都是张德恒以前的手下或学生，没有太费周折，这件事就定了下来。

　　"这是大哈单位来的人。"段爱娟刚来到 621 所时别人都这么称呼她。她感到很奇怪，"大哈"是谁呢？段爱娟慢慢地搞明白了，原来"大哈"指的是张德恒。张德恒在 621 所的时候，除了密封胶，对其他事情并不感兴趣，也不会过多关注，除了自己的科研，对其他事物一概不管，做任何事情的前提都是不影响自己的科研事业。这就是张德恒对科研的专注，对事业的专注。

　　段爱娟在 621 所跟着张德恒以前的同事们学习密封胶的研制，很多东西都是从头开始做起，很多东西以前听都没有听说过，但为了对自己负责，对单位负责，段爱娟做什么事情都特别认真。每当遇到不懂的事情，她一方面问621所的专家，另一方面查阅大量资料，这种严谨的态度使得段爱娟在不到一年的时间里已经基本掌握了聚硫密封胶的相关工艺流程。621所的专家们对段爱娟也十分照顾，耐心地向她传授经验，大家都知道她是张德恒介绍过来的，张德恒在621所的时候人缘是极好的。当然，张德恒对待工作是十分严苛的，在621所是这样，在郑州也是这样。但每当张德恒批评别人的时候，他又总能把你批评得心服口服，因此大家接受张德恒的批评也毫无怨言，批评也是工作经验提高的一部分。

段爱娟在北京学习了不到一年的时间，就回到了郑州。张德恒实在没有办法给段爱娟提供更多的时间让她去进修，这里有太多的工作需要段爱娟来做。段爱娟回到郑州后，张德恒肩上的担子就减轻了许多，虽然还是张德恒来研制配方，但段爱娟在生产上已经能够独当一面。张德恒研制好配方之后，段爱娟基本都能够独立把密封胶生产出来，张德恒就能够抽出更多的时间和精力来改进工艺和配方，提高产品质量了。

八、寻觅人才

张德恒对段爱娟取得的培训成效十分满意，这一方面是段爱娟努力的结果，另一方面和621所的科研环境有关，这两者相结合使段爱娟用了不到一年的时间，就掌握了聚硫密封胶的相关技术，这是十分了不起的。但是，张德恒心中明白，如果仅仅停留在MF-830上，满足现状，故步自封，这样的产品早晚会被市场淘汰。他必须持续创新，必须不断改进，必须做到与时俱进，生产出市场最需要的产品，这才是企业可持续发展的根本。张德恒刚来到郑州的时候就已经在内心深处立下宏愿：要创建一个涵盖聚硫密封胶、硅酮密封胶、聚氨酯密封胶、丁基密封胶的综合型企业。但现在只是"万里长征"刚刚迈出的第一步,才刚研制出聚硫密封胶,而且性能、质量还不是令人十分满意,所以今后发展的道路依然漫长而充满荆棘。此刻,他深深地感受到了"路漫漫其修远兮"的真正含义。

张德恒的密封胶生产车间是独立核算的。虽然挂靠在机械厂,但张德恒创业伊始就已经和机械厂声明,自己要独立核算,使用机械厂的厂房会给机械厂折旧费,一切涉及机械厂的任何相关问题,都独立核算。这也是张德恒向机械厂要人、要专门会计的主要原因。

张德恒研制 MF-830 成功之后,订单并不是如雪片般涌来,在 20 世纪 80 年代初期,密封胶在建筑上的使用还是凤毛麟角的,他很清楚现实的处境。仅仅靠密封胶来养活车间十几个人是比较困难的,张德恒必须一方面尽可能地去开源,另一方面尽可能地去节流,只有这样才能生存,未来才有希望。

张德恒既然决定要引进人才,那么与他最亲密的人莫过于他的大学同学和 621 所的同事了,引进人才这是两条最佳途径。如果引进自己的同学,他们都是化工专业出身的,本身就有着扎实的基本功;如果引进自己的同事,又多是专门从事密封材料研究的,来了同样可以独当一面。张德恒思索了很久,一个熟悉的身影闪现在他的脑海里——杜道礼。杜道礼是张德恒以前在 621 所的同事,虽说是同事,但平常接触并不多,他们研究工作完全不是一个方向。张德恒在 621 所研究的是密封胶,而杜道礼在 621 所的车间工作,主要负责飞机刹车片的研制生产。

张德恒决定把杜道礼引进过来。尽管杜道礼不是做密封胶研究的,但张德恒眼下主要考虑的还是生存问题,他生产的 MF-830 双组分聚硫密封胶虽然利润较高,但作为一个新产品,订单并不是连续不断的,虽然靠沈阳黎明门窗厂的单子赚了些钱,但除去给国家上缴的,企业剩下的资金并不多。张德恒可不想因为资金链出现问题,使自己的研究半途而废。而刹车片却是很多汽车都需要用的,生产刹车片的设备又不是特别复杂，市场还是很大的，如果杜道礼能够过来，那完全可以给他一套设备，让他生产刹车片，用刹车片赚的钱来供养密封胶的研制。张德恒拿定了主意，就决定立即去趟 621 所。

张德恒的到来，让 621 所的老同事们都十分开心，大家都有说不完的话。可是一向念旧的张德恒真顾不上和大家叙旧，他的目标很明确，就是尽快去找杜道礼。不巧的是，杜道礼因为在 621 所工资待遇并不是很高，又与妻子长期分居两地，不久前已申请调回了镇江老家。

张德恒不甘心无功而返，便又不辞辛苦直接赶往镇江。两人一见面张德恒才知道，原来杜道礼回到镇江后已改行做起了地质勘探。张德恒为他丢掉本行而深感惋惜，就反复劝说杜道礼和他一起在郑州干一番事业。杜道礼是一个能力很强、事业心也很强的人，经过张德恒一番苦口婆心的劝说，自己的心思已经动摇了一大半。虽然在老家镇江的工作非常稳定安逸，但杜道礼想在事业上有更好发展的志向并未泯灭。张德恒还答应杜道礼把他的老婆孩子一起调往郑州，杜道礼听后满心欢喜，一口应允了张德恒的盛情邀请。不过，好事总是多磨。当张德恒了解到杜道礼不是干部身份，全家调动十分困难时，这下真把张德恒着急坏了。

那时，正值 1984 年隆冬，镇江虽然没有北方的千里冰封，却也是寒气逼人。张德恒为了杜道礼转干一事，每天冒着严寒奔走在各个单位。真是"三军易得，一将难求"。张德恒为了得到杜道礼这个人才，在镇江整整待了一个月，人也一天天消瘦下去。杜道礼单位的领导看到他这样坚持，也十分感动。经过多方的努力，终于把转干的事办成了，杜道礼举家迁往了郑州。

杜道礼来到郑州以后，张德恒立即为他配备了相关的设备，让他继续从事老本行刹车片的生产。由于刹车片的制作工艺并不是特别复杂，杜道礼生产的刹车片很快就投放市场了。

杜道礼引进过来了，但关键的密封胶研制人才还是没有着落，必须尽快引进一个内行专家。张德恒无意中听说，在 621 所工作的王铁成干得并不是很顺心，于是他有了新的目标。

20世纪80年代，住房问题和现在一样困扰着许多人。虽然那时候都是福利分房，但能否分到房子还要看级别、工龄。

王铁成就没有分到房子，他已经四十好几了，因为房子的问题一直很是苦恼。张德恒听说这种情况后，顿时喜出望外："王铁成是十分优秀的人才，如果能把他引进来，那自己平时的负担就减轻不少，这样一来，自己的工作也就轻松许多。"张德恒没再多想，即刻动身再次前往北京。

张德恒再次来到621所，直接找到了王铁成，言辞恳切地对他说："来我们单位吧，我挣钱了就盖房分给你房子。"王铁成和张德恒以前也是认识的，几句暖心的话说到了他的心窝里，让他头疼的问题终于可以得到解决。王铁成毫不犹豫地答应了张德恒的请求，但让张德恒无奈的事情又随之而来。

"人可以调走，但必须再调走一人。"这是621所相关领导的态度。为什么会这样呢？为何调走一个人还要带走一个呢？原来621所也有他们的难处，改革开放以后，全国都在大搞经济建设，国家把工作重心放到了经济建设上，对于军工企业的支持力度大不如前。一些无法军转民的军工企业，日子就过得特别艰难，国家财政拨款就那么多，你养活的人越多，你的生存就越是艰难。621所的领导之所以同意调走王铁成就是这个原因，让张德恒再带走一个也是这个原因，"调一个搭一个"，这样既解决了企业的难处，也为员工找到了出路，安排了工作，是个两全其美的事情。这对于张德恒来说的确也是件好事，毕竟自己从事的科研还处在发展初期，虽然资金方面会困难一些，但只要有了人，什么困难都是可以克服的。在张德恒的心里，人才是企业发展的核心竞争力，事业的活力来源于人才。技术要靠人来创新，产品也要靠人来研发，市场同样要靠人来开拓。但是，张德恒也十分明白，人与人也是不同的，人与人才也是不同的，他需要引进的是人才，但是人家既然能在621所里工作，工作能力自然是不容小觑的。和王铁成一起调过来的就是黄振华，他俩都在北京621所二十一室工作，所以彼此很熟悉。就这样，张德恒的科研工作队伍又注入了新的血液。

为了壮大人才队伍，张德恒还想方设法从当地网罗人才。张宝仁在郑州第二砂轮厂工作，主要生产金刚石，张德恒把张宝仁也引进了过来，让张宝仁继续做他的金刚石业务，从而又增加一项业务。张德恒眼下考虑的至关重要的问题就是事业生存与发展，让自己开发的项目活下来，让自己的研究能够继续下去。

20世纪80年代初期，电子产业在我国刚刚兴起，利润十分可观。张德恒认准电子元件拥有很大的市场潜力，决定拿出一部分资金投资电子元件。张德恒认真估算了一下费用，大概需要十几万元，这在当时的中国绝对是一个庞大的数字。不过好在张德恒手里已经有了一些资金，而密封胶方面暂时不需要扩大再生产，也不需要购买新的试验设备，他经过认真调研之后，投资14万元，创办了一个电子元件商店，并且准备把电子元件商店获得的利润用到密封胶的研究上。张德恒的眼光没有错，投资了14万元的电子元件商店，第二年就获得利润6万多元，为以后研究密封胶提供了新的资金来源。

张德恒在密封胶生产车间继续开展研究，他对引进的这些人才也是十分满意的，金刚石和刹车片都开始赢利了，虽然利润并不是很高，销量也有限，但总算还有一些盈余。

张德恒继续攻关提升MF-830的各项性能，但一些问题始终无法得到圆满解决。MF-830是双组分聚硫密封胶，由基胶和固化剂构成，混合后才能够固化，但张德恒研制的MF-830双组分聚硫密封胶往往放不了几个月就开始固化了，等到客户打开包装的时候，MF-830的基胶已经固化了，客户只能退货。这个问题一直困扰着张德恒，他只能不断地调整配方。其实张德恒也明白，配方并没有什么问题，主要原因还是出在生产设备上，限于当时的工业水平，三辊研磨机还无法达到真空搅拌的地步，所以他没有其他的解决办法，只能一遍一遍地调整配方，用配方去适应机械设备。总围绕着配方改进，终归不是个办法，能不能采用新的思路解决这个难题？自己的思想是不是被束缚了呢？张德恒在不断思考的同时，也在考虑应当引进新鲜血液，引进具有最新知识的大学毕业生。

但是，张德恒的密封胶生产车间是十分简陋的。在20世纪80年代初，大学生是社会骄子，大学毕业后工作是已经分配好的，而且各个单位都在争抢大学生，即便是中专生，也受到很多企业青睐。张德恒想引进大学毕业生，难度不是一般的大，但苍天不负苦心人，张德恒偶然发现了一个机会。

张德恒了解到，在河南南阳市方城县有一个大学毕业生小张，毕业后分到了老家方城。对于20世纪80年代的大学生来说，幸福和烦恼是同时存在的，虽然大学毕业生的工作都是靠分配的，但如果分配的工作单位不是很理想，仅靠个人的力量是很难调动的。小张也有着大学生毕业后的荣耀与自豪，个人也是很有能力的，他当然想留在大城市，获得更多的人生机会。张德恒知道后亲自赶往南阳，并承诺只要小张来自己的车间，会想尽办法把他的户口调到郑州。户籍制度直到现在也是十分严格的，在20世纪80年代初更是严格，甚至农业户口都不能随意进入城区。如果你的户口能落到一个很不错的城市，那么将来不光孩子上学的问题可以解决，城市的一些福利也能享受，这是大多数人梦寐以求的事情。小张听到张德恒能帮助他解决户籍问题，很是开心，二话没说就直接答应了下来。但又窘迫地提出，能不能把他的妻子也一起迁到郑州去，并安排相关的工作。张德恒对夫妻两地生活有切身的感受，没有任何犹豫就一口答应了下来，毕竟千金易得，一将难求。虽然张德恒深知办理户口问题并不是轻而易举的，但为了能把小张引进过来，什么条件都是可以谈的，大活人岂能让尿憋死。即便户口再难办，张德恒也会想方设法去尝试，也要千方百计招揽到有用的人才。

九、成立研究所

1984 年，MF-830 项目获得了郑州市科委一等奖，这是情理之中又是意料之外的事情。之所以在情理之中，是因为当时以张德恒的个人能力，以及他多年从事密封胶的研究经验来看，获得一项市级的科技奖并不难，他在 621 所工作时拿到过许多国家级的奖项。意料之外是因为张德恒当时只是一门心思研制密封胶，千方百计满足市场需求，根本没有考虑拿奖，并且还是一等奖，这确实出乎他的意料。

虽然张德恒研制的 MF-830 获得了客户的认可，也获得了政府有关部门的认可，但有一件事情是必须做的，那就是产品必须通过"中试"。就在张德恒的 MF-830 项目获得郑州市科委一等奖的同时，河南省科委下达了开展 MF-830 中试项目的通知。

在此之前，张德恒的产品虽然已经通过了客户的各项检验，也通过了有关部门的技术鉴定，但这仅仅是小范围的生产，要使 MF-830 能够量产，就必须取得中试合格。在一项科研成果实现产业化的过程中，每一个步骤都是不可缺少的：在确定一个项目前，第一步要进行试验；第二步是"小试"，也就是根据试验效果进行放大；第三步是"中试"，就是根据小试结果继续放大。中试成功后基本就可以量产了。

而产品的"小试"和"中试"，是两个完全不同的概念。"小试"的可控性更强一些，未知因素会少一些；而"中试"就要批量生产，对原材料、工艺、设备的要求很高，因而是一个漫长的过程。

张德恒按照现有的配方进行批量生产，MF-830 的性能还不能够完全达到张德恒的要求，只能用一批原材料，修改一次配方，试验一次密封胶，通过这种方式来提高密封胶的相关性能。好在当时国内的聚硫密封胶应用市场尚未打开，社会需求量不是很大，很多地方还用不到聚硫密封胶，所以，张德恒通过小范围生产的 MF-830 暂时是能够满足市场需求的。但张德恒也明白，伴随着改革开放的深入进行，人民生活水平的提高，市场对聚硫密封胶的需求会出现井喷式增长，他必须抓紧时间通过中试项目。

那时，张德恒的密封胶生产车间仅有 13 个工作人员，他每天也得亲自参与设备的擦拭清洗等琐碎的工作，同时还要操心密封胶的销售以及扩大再生产购买设备等紧要的事，这都是需要张德恒亲力亲为通盘考虑的。即使在这样的条件下，张德恒和他的同事们当年一共生产了 13 吨密封胶，获得了 17 万元的利润，经济效益名列郑州市中原区之首。

产品盈利能力强，张德恒也积累了进一步发展的资金。接下来，他要考虑的就是让自己的研究领域进一步扩大，研究项目数量进一步增加。但他们从事的密封胶生产还仅仅是郑州中原机械厂下面的一个车间，虽然有一个聚硫密封剂研究室，但以这样的机构设置，以现有的人员配置，是很难去深化研究项目的。张德恒在琢磨和考虑，应该建立一个研究所了。

张德恒虽然不善言谈，但有着中原人的朴实与忠厚，与同事间的关系也是十分融洽的，当然作为一个技术型人才，省里对张德恒也十分重视。有了这样的基础，张德恒下定决心，一定要把现在的聚硫密封剂研究室变成一个研究所，让承载着他的初心和梦想的密封胶研究所，成为国内第一个涵盖聚硫、硅酮、丁基、聚氨酯的研究中心。他要用勤劳的双手让民用密封胶产业深深扎根在中国的大地上，用辛勤的汗水浇灌出国产密封胶产品的绚烂之花。张德恒把自己的想法向市领导做了报告，在一个尊重知识的年代，知识分子是幸福的，他的请求很快得到了答复，市里对张德恒的想法非常支持。这样，张德恒下一步要干的一件大事就是集中精力把现有的聚硫密封剂研究室升级为研究所。

其实，创建研究所并不复杂。张德恒有多年从事科研工作的经历，这让他深切感受到国内科技体制存在的种种弊端，那就是科研与生产严重脱节，科技和经济形成"两张皮"。"研究所，研究锁，研究出来的成果锁起来"成为当时科研院所一种普遍现象，而所谓的科技成果大多还停留在样品、礼品、展品阶段，根本产生不了经济效益。张德恒办所坚持的就是这样一个观点："研究所不光要提供技术成果，更要将科技成果转化为现实生产力，这才是科研人员的真正使命。"因此，他设计的研究所，组织形态和研发内容与通常科研机构存在着本质的差别。他的研究所不光要有实验室，而且要有自己的工厂、车间；不仅拥有从事专业研究的技术人才，而且拥有一支开发市场的营销队伍。

经过精心筹备，张德恒的人员配置已基本到位，设备、实验仪器也都已齐备，成立研究所万事俱备，只欠东风，只需要通过一些审批程序就可以完成了。张德恒做任何事情都特别认真，并且做什么事情都经过深思熟虑，一旦认准了的事情，他就会坚持不懈地做下去；一旦决定要做什么事情，他就会马上动手去做，这也是张德恒事业取得成功的一个重要原因。

与张德恒有交往的人几乎都这样评价他：很多人比他聪明，知识也比他渊博，但之所以没有取得成功，主要是因为没有像张德恒那样真抓实干。正因为很多事情仅停留在脑海里，而没有真正地去实施，没有真正地去完成，没有真正地做好，所以到头来理想永远不可能成为现实。张德恒从决定要成立研究所的那一刻起，就已经开始按照自己的设计实施每一步的行动计划，他亲自去办理各种手续，去找相关部门盖各种审批章，百折不回头，不达目的誓不罢休。

功夫不负有心人，张德恒的研究所——郑州市中原应用技术研究所（以下简称郑州中原研究所）成立了，张德恒任所长。研究所真的创建起来了，这让张德恒由衷感到，距自己的理想更近一步了。张德恒朝思暮想的研究平台，终于从一个密封胶研发车间破茧成蝶，成为国内专门从事密封胶应用技术开发的研究所，开始了新的征程，迎来了灿烂的明天。

研究所成立后，张德恒的工作更加繁忙，研究所依然隶属于郑州中原机械厂，但张德恒要干的工作更多了。尽管大事小情一件接着一件，但有一点张德恒始终没有放松，那就是对人才的培养。他深知，科研力量的建设，现有的人力资源不能仅仅停留在眼前，需要进行各方面的深造，面对改革开放的新形势，知识更新的速度甚至可以用"爆炸"来形容，必须跟上时代步伐。张德恒决定再选拔一批人去入学深造，通过严格选拔，他先后派送三位员工去入学进修，为将来密封胶的研究培育后备人才。

故步自封意味着止步不前，无论做事还是做人，若故步自封、满足现状，那距离失败也就不远了。成就一番事业，唯有持续不断创新。社会是进步的，一切事物都在发展变化之中，只要踏着时代的节奏，迈开创新的脚步，我们就能成为时代的弄潮儿。

张德恒的 MF-830 经过不断改进、完善，性能有了很大提升。1985年，河南省科委下达了对 MF-830 深入研究的任务，要求研制出防霉系列、防腐系列以及电焊系列等产品。研究所的事业如日中天、蒸蒸日上，产品销售额也逐年增加，这让张德恒十分欣慰，也让机械厂的领导十分欣喜。虽然研究所是独立核算单位，但密封胶取得的可观盈利也是算在机械厂名下的，机械厂也有了更多额外的收入。让市委领导更开心的是，张德恒研发的项目正在填补一个个国内空白，正在打破一项项国外垄断。

20世纪80年代，中国改革开放浪潮涌动，一些地区高档建筑拔地而起，这些建筑使用的中空玻璃和玻璃幕墙基本上都用的是国外生产的密封胶产品，需要花费国家大量外汇进口。因此，打破国外密封胶一统天下的格局，建材市场迫切需要国内加快研发中空玻璃密封胶。

1985年，河南省科委给张德恒下达"中空玻璃密封剂研究"课题。中空玻璃由美国人于1865年发明，是一种良好的隔热、隔音、美观适用、可降低建筑物自重的新型建筑材料，它是用两片或三片玻璃，使用高强度高气密性复合粘结剂，将玻璃片与内含干燥剂的铝合金框架粘结制成的高效能隔音隔热玻璃。中空玻璃多种性能优越于普通双层玻璃，因此得到了世界各国的广泛认可。其主要材料是玻璃、铝间隔条、弯角栓、丁基胶、聚硫胶、干燥剂。

中空玻璃有很多优点，但由于我国建材工业一直较为落后，化学工业也长期落后于西方发达国家，直到20世纪80年代，中空玻璃才开始在我国获得应用。

平板玻璃在我国很早就已经能够生产，但中空玻璃的生产要相对复杂得多。中空玻璃的生产不仅仅是生产一块玻璃那么简单，还需要铝间隔条、干燥剂、密封胶等，而这当中最难研制的就是密封胶。虽然我国20世纪80年代已经开始在一些高档建筑当中使用中空玻璃，但当时使用的基本上都是从国外进口的密封胶产品。从国外购买密封胶不仅需要花费国家大量外汇，更主要的是产品服务得不到保障，如果在使用当中出现什么问题，国外生产厂家是不会因为国内企业购买的这几桶密封胶而从欧洲飞到中国来处理这些问题的。更为受限的是，产品供应得不到保证。由于路途遥远，交货时间相差很大，这对于连续生产的国内厂家来说很受束缚，而且20世纪80年代我国经济基础还较为薄弱，外汇是十分稀缺的。因此，国家迫切希望国内研发能够早日打破国外密封胶企业的垄断，而这时候张德恒创办的郑州中原研究所，作为国内为数不多的专门研究密封胶的单位，自然而然就举起了民族密封胶的旗帜，承担起研制中空玻璃密封胶的重任！

十、分房纠纷

曾经有一位多年从事人事工作的老总说过："一个员工到一家企业工作，要么为了学本事，要么为了赚钱。"这句话听起来不无道理，但在20世纪80年代却不是完全正确的。

20世纪80年代，我国还处于计划经济阶段，最幸运的工作就是去工厂当工人。当时人们争先恐后、挤破脑袋都想进入国有大型工厂，进了工厂就拿到了所谓的"铁饭碗"，最起码是衣食无忧。如果工作到一定的年限，遇上单位福利分房，还能够解决自己的住房问题，即便没有分房，单位宿舍也是可以常住的。中国自古以来就是一个农耕民族，长期的定居习惯使得人们对房产的看重高于其他任何一个民族。一些游牧民族可以随着季节的变化进行不断地迁徙，而农耕民族就要在一个地方长期耕作，这样的习惯一直持续到现在。如果你没有自家的房子，就会有强烈的不安全感，孩子的养育和父母的赡养，以及你自己的养老等问题就会让你感到十分困扰。

张德恒是经历过艰苦创业的人，深知"事业用人，待遇留人"的道理。他心里十分清楚，如果想留住人才，想吸引人才，优厚的福利待遇十分必要，"人往高处走，水往低处流"这个常识大家都在遵循。

张德恒在北京工作了近 20 年，尽管早已成为国内知名专家，但他始终没有解决家人的户口问题和住房问题，当时他的一些同事也都是因为这两个令人挠头的问题而另谋他就，所以张德恒对住房问题有着切身的体会。张德恒已经搬来郑州将近两年了，但还是住在单位宿舍里。对于这些，他并不在乎，因为他有着更高的目标追求，但他曾承诺过那些跟着他来创业、来做研究的人，答应为他们解决住房问题。

张德恒也想通过解决住房问题，帮助他们除去后顾之忧，让他们全身心投入密封胶的研制。经过了两年的快速发展，张德恒现在已有充足的资金来完成这一项工作，凭借研究出来的 MF-830，研究所已获得了丰厚的利润。

虽然有了雄厚的资金基础，张德恒并没有把这些用到自己身上一分。他还是住在单位宿舍，还是穿着以前在 621 所购置的衣服，无论从穿戴还是食、住、行，他依然保持着朴素的作风，这就是一个人品质的体现。

但是，建职工楼并不是有钱就能够建立起来的。其间有很多复杂的工作要做，需要报有关领导批地，需要通过有关部门的审批……张德恒做事有时候是比较"执拗"的，无论什么事情，不做便罢，一旦下定决心要做，那就一定要做得最好。建设职工楼也是这样，张德恒既然决定盖房子，他就要盖一栋郑州市最好的职工楼。他做事情不喜欢太将就，而正是因为很多人做事太随意，没有那种严苛的精神，以至于一事无成，没有做出任何成就来。

按照当时国家的政策标准，黄河以南建设的住宅是不配置暖气的，但张德恒建设的职工楼是天然气、暖气都配置齐全的，这在郑州市乃至整个河南省都是凤毛麟角。而且，房间面积比较宽敞。当时很多单位的职工住房基本上没有客厅，房间很小，最大的面积也就60多平方米。但张德恒建的职工楼，无论是所选用的材料还是房型，都是经过他认真规划的。他不想让自己员工的住宿条件太差，既然要建那就建设最好的，让别人都羡慕自己员工的住房，这样不但能够减少科研人员的流动性，还能够吸引来更多的优秀人才。张德恒建的这栋职工楼，一共三个单元，是多层建筑，宽大的楼道和其他住房狭窄阴暗的楼道形成了鲜明对比。在楼房建设过程中，他每天都会到建设工地转一圈，看看职工楼建设的进展情况，脸上总是洋溢着自豪和喜悦，在盖职工楼上他倾注了很多的心血。

职工楼历经一年终于建成了。竣工当天，张德恒专门过去，在楼里面转了一圈，他要确保他的员工住上最舒适的房子。当房子刚刚开始兴建的时候，张德恒和员工们都是满怀期待的，毕竟房子是一个大事。员工们万万没有想到，仅仅跟了张德恒两年多就能分到房子，这在很多单位是想都不敢想的事，即便是工作了20年的老员工也不一定能够分到房子，而张德恒竟然做到了，仅仅用了两年时间就解决了员工的住房问题。员工们一个个充满了斗志，也充满了感恩，他们向往着即将过上的美好生活，憧憬着研究所的未来会更加美好。然而，让张德恒意外的事情还是发生了。

郑州中原研究所的所有员工除了张德恒分到了一个最大的房子外，其他员工都没有分到房子。虽然房子是研究所建设的，但作为科技局的领导，也作为机械厂的一分子，张德恒在房子分配上却没有多大的话语权。张德恒建设的这个房子确实太好了，在 20 世纪 80 年代初期，市长、市委书记住的房子都没有张德恒为职工建设的房子好。房子还在建设时，市里领导看了张德恒建设的房子，专门对张德恒说："你建的房子比我们住的房子都好啊。"作为一个专注于密封胶研究的专家，张德恒当时仅仅把这当成一句玩笑话，并没有放到心上，但现在张德恒发现自己为员工建设的房子，员工竟然没有能够住上，一部分被区里划走了，一部分被机械厂划走了，让他感到憋屈的是，他的员工竟然没有分到一套。对待涉及员工切身利益的事情这样不公平，张德恒愤怒了！

张德恒找到了机械厂领导去理论，厂领导直接对张德恒说："你也是厂里的一分子，有你的房子不就完了吗？"张德恒为建好这栋房子倾注了大量心血，也花费了他这两年生产销售密封胶所赚取的很大一部分利润，虽然这些钱是研究所的钱，但这都是张德恒和他的员工一公斤一公斤的密封胶挣来的，是他们不分寒暑努力工作换来的。研究所里的员工听说为他们建设的房子被人分走之后，失落之余更多的是愤怒，但作为员工他们的这种失落只能向张德恒去倾诉，他们愤怒的苦果只能自己去品尝。

张德恒决定拒绝接收分给自己的房子，在他的这些员工没有住上房子的时候，他是不会独自去要房子的。张德恒一次次去向有关领导反映这些情况，但他的反映一次次石沉大海。他不忍心让自己的员工没有房子住，所以他要为员工建设最好的住房，但建好了房子之后，他发现自己的员工还是住不上，痛苦、愤怒在心中百味交杂，不甘心却又无可奈何。

这一天，张德恒再次来到了机械厂领导的办公室，苦苦相劝厂里负责分房的领导要考虑全面，要兼顾到自己员工的利益，但张德恒得到的答复还是那套说辞："已经给你张德恒分了房子了，其他员工分不分房子又不关你什么事情。"张德恒的研究所虽然是独立核算，但无论怎么说还是挂靠在机械厂名下的，机械厂是研究所的直接上级。

张德恒这时忽然发现，把研究所挂靠在机械厂并不是一个十分明智的选择。但是，这在当时也是无奈之举，按照当时我国的相关规定，研究机构不能够搞营利性经营，张德恒因此才把密封胶研究所挂靠在机械厂。有句古话说得好，叫作"打江山容易，坐江山难，共患难容易，共富贵难"，张德恒的研究所刚刚起步，遇到的头一桩涉及员工利益的大事——职工楼的分配，就已经出现了如此巨大的分歧。更让张德恒感到难过的是这些跟随他创业的员工，还在眼巴巴地期待着张德恒为他们争取的结果。房子对谁来说都是大事，张德恒意识到，现在房子分配方案已经出来了，更改是不可能了，他只能做最后的争取，但他扯破脸皮所做的最后争取依然是没有任何的结果。张德恒对机械厂完全心灰意冷了，他艰难地做出了最后的决定：离开！

十一、二次创业

1986 年的夏天特别炎热，走在郑州的街道上，有一种被蒸烤的感觉。树上的知了不停歇地"吱吱"叫着，酷热的太阳炙烤着路面，车子开过去，地面马上升腾起一阵阵尘土。往前方望去，能看到大气中的水汽慢慢升起，透过水汽看向远方的物体都有点变形。

张德恒坐在郑州市科委宽敞的办公室里，心里也如这偌大的房间一般感觉空荡荡的，有一种莫名的失落感。张德恒来郑州的这三年，心血和精力都倾注在了密封胶的研究和生产上，一下子选择离开，他的心里确实不是滋味。郑州市科委并不是一个特别繁忙的机构，日常工作也很少，基本没有什么急办的事情要做。一个为密封胶研究奋斗了半辈子的人，一下子做起行政工作，还真的感觉不适应、不舒服，张德恒虽然坐在了办公室里，但脑袋里装着的还是密封胶配方的事情。张德恒来来回回蹑着步子，虽然这两天他没有去密封胶研究所，没有去机械厂，但他的心一直留在了车间，留在了研究所，留在了从事研究工作的岗位上。

行政工作的枯燥无味令人感到有些压抑，张德恒在办公室待了仅仅三天时间，对他来说简直是度日如年，十分漫长。张德恒无法忍受这种活法的煎熬，他要继续从事自己喜爱的密封胶研究。但是，这次张德恒决定要靠自身力量，带着自己的研究团队来实现事业的理想。

张德恒再次来到了机械厂去找厂长，这次没再提分房子的事情，而是坚决地提出，要把密封胶研究所从机械厂分离出去。厂长听到张德恒的这个意见之后，很是吃惊，他虽然想到张德恒在分房问题上有不满情绪，但万万没有料到张德恒会跟他摊牌，提出离开机械厂，他也十分清楚整个机械厂的效益都没有张德恒的密封胶车间的效益好。厂长在办公室不停地蹑着步子，一边来回走着，一边摇着头，屋里的风扇飞快地转动着，虽说是在炎热的夏季，办公室里却是凉爽的，但厂长的汗水还是浸透了衣服。厂长苦口婆心一遍遍地给张德恒做着思想工作，并且承诺张德恒以后在任何工作方面都会给予密封胶车间全力支持。但为时已晚，张德恒既然决心已下，他就不打算改变自己的决定。张德恒满脑子的想法都是把密封胶研究做下去，并把中国密封胶产业做大做强。张德恒大步走出了厂长办公室，几天来一直闷在心口的石头，突然没有了，他走在街道上，清风拂面，感到一种发自内心的清凉。

20世纪八九十年代，创办一家企业是十分困难的，要想从一家企业中分离一家企业同样十分不易。张德恒的想法毫无意外遭到了机械厂所有领导的一致反对，张德恒对于他们来说太重要了，在他们眼里张德恒就是效益的保证。过去他们对密封胶不是很了解，但经过这两年的发展，他们虽然对密封胶依然不是很了解，可他们明白，密封胶是很有发展前景和市场潜力的，密封胶给他们带来的不仅仅是效益，还有荣誉，仅仅张德恒研制的 MF-830 就为机械厂带来许多荣誉。所以，他们把张德恒和他的密封胶生产车间当作一个会下金蛋的鸡，是绝不会轻易放手的。

张德恒来到了密封胶生产车间，大家已经知道了张德恒数次为他们争取房子，虽然毫无结果，但大家依然十分信任他。张德恒看着这二三十个人，心里有一种别样的滋味。望着大家的眼神，张德恒知道，他们都在期待着张德恒带领他们进行下一步的行动。张德恒嘴角动了动，最终把从机械厂分出去的想法咽了回去，因为现在还不是说的时候，他还没有十足的把握能够成功。

张德恒再次回到厂长办公室，这时房间里已经坐满了机械厂的相关领导。这次厂长没有急着表态，极力反对张德恒把研究所分出去的还是几位副厂长。分家不分家对他们来说并不重要，厂里最不缺的就是人，他们关心的仅仅是自己的既得利益。而张德恒很清楚，如果留在机械厂，不仅仅是各种利益的分配问题，更为重要也是他最为关心的是，他们会制约研究所的健康成长，并且会遏制张德恒的研究思路和发展思路。他们都是搞机械出身的，由他们来主导密封胶的生产研究，外行领导内行，其结局只能是越管越糟糕。张德恒想通了，这次决不会让步，并且坚决要出去。厂长办公室的争吵声越来越大，大家争吵的情绪越来越激烈，他们用尽了各种办法都没能说服张德恒留下，眼看着这个会下金蛋的鸡就要飞走了，最后他们做出一个决定："走可以，但是账户里面的现金一分都不能带走！"

机械厂领导们的心里很明白，密封胶车间账户里还有好几十万元的现金，这在当时绝对是个天文数字，当时张德恒一年的工资才1000元，好几十万元就是张德恒好几百年的工资。可当张德恒听到他们提出这个条件时，不但没有生气，反而有种发自内心的喜悦："争来争去，原来就是为了这几十万块钱啊。"张德恒丝毫没有和他们讨价还价，一口就答应了他们的条件，但他有一个前提，那就是已购置的那些机械设备他要带走。这些机械设备在当时也值不了多少钱，并且张德恒走了，机械厂也没有打算继续生产密封胶,他们没有这方面的技术,也缺少这方面的人才,张德恒的这个条件自然得到了厂里的肯定答复。

于是,张德恒把研究所的所有人都召集在一起,他凝重地注视着大家说道:"我已经打算从机械厂分出去了,大家有谁愿意继续跟着我从事密封胶研究生产的咱们就继续干,愿意留在机械厂的也决不勉强。"但同时张德恒也明确地告诉大家:现在研究所账上没有一分钱,大家的工资待遇需要等到密封胶挣钱了再发。张德恒是一个技术出身的工程师,讲不出那种气壮山河、豪迈激昂的言语,大家听了他的这番话虽然感到十分意外,但是出于对张德恒的信任和尊重,依然愿意继续追随。许安民当时就对张德恒表示:"你让我们干啥我们就干啥,钱咱们可以一起慢慢挣。"大部分员工都愿意继续跟着张德恒从事密封胶的研究生产。可是由于受到体制约束,一部分工人属于机械厂的员工,一时半会儿是无法离开的,张德恒根本没有办法带走。

张德恒除了带走一些设备外,基本上算是净身出户,没有任何现金。幸好库房里还有一些原材料,这样可以利用这些原材料来进行周转。张德恒眼下最迫切的是需要找到一个合适的厂房,来继续进行密封胶生产。

张德恒研究生产密封胶的设备并不多,生产设备仅有一台三辊研磨机而已,其他的实验设备也很少,所以只需找一个占地面积不大的厂房就可以进行生产。但就是这么一个不大的厂房,让张德恒犯了难。

张德恒来到郑州只有三年,对郑州的熟悉程度也仅仅局限于这三年,办公环境是可以将就的,给张桌子就可以办公,但是厂房是需要地方的。他思来想去还是找不到合适的地方,无奈只好把这一情况向市里有关领导进行了汇报。市里领导以前不大清楚密封胶的市场潜力,但看到张德恒这三年来在实践中创造的奇迹,他们清楚地认识到密封胶工业的发展前景十分光明。张德恒把密封胶研究生产遇到的困难汇报过之后,市里马上答应先帮他们找一个落脚点,等一切工作都准备就绪了,可以为他们批一块地，让他们拥有自己的生产车间和实验室。眼下一时半会儿也找不到合适的地点，只能暂时找一个落脚点了。

郑州市中原区位于郑州市的西边，区政府就坐落于桐柏路段。现在的桐柏路已经是郑州市比较繁华的一条主干道了，但在20世纪80年代，桐柏路基本上算是郑州市的郊区，出了桐柏路就是农田了。当时郑州市连接东西最主要的道路就是中原路，张德恒办公的地点就在中原路和桐柏路交叉口。在交叉口的西北角，有一个不大的院子，里面有两栋楼，就是区委办公的地方。张德恒就在其中一栋楼里工作，在这栋楼里工作的还有区委、区政府的一些干部。

紧挨着区委办公楼的南边，有一个不大的小棚子，是区里的停车场。当时的停车场和现在的停车场完全不是一个概念，所谓的停车场就是简单搭一个棚子，里面存放自行车，也没有什么机动车。由于区委工作人员并不多，所以棚子也没有搭建得很大。那时郑州市政规模是很小的，而且很多人不骑车上班，平常车棚里空空如也，也没有存放什么东西。

发现这一切，让张德恒眼前一亮。既然一时半会儿找不到合适的厂房，把这个车棚改造利用一下，完全可以当作厂房来使用，张德恒工作的地方还有两间小屋子，也可以用来做办公室和实验室。张德恒一脸的兴奋，立刻把自己的想法向有关领导汇报。对这样因陋就简又没有占用什么地方的好主意，区领导爽快答应了张德恒的请求，张德恒总算找到了一个"厂房"和实验室。

厂房找到后，张德恒筹建生产和科研工作总算完成了一大半，落实了生产的地方、办公的地方、实验的地方，但人员从哪里来？以前和张德恒一起生产的工人大都来自机械厂，而且人事关系也大都在机械厂，一时无法全部过来。招聘新工人的话，刚从机械厂分离出来，密封胶研究所的所有资金都留给了机械厂，实在没钱养得起这么多工人。张德恒思索了很久，既然工人不好找，那就只好用自己人，妻子姚桂琴可以过来当工人，密封胶的配方研发需要有很高技术含量，但密封胶的生产并不是特别的复杂，对一个普通工人来说完全可以胜任。

姚桂琴听到张德恒想让她去生产密封胶，顿时慌了神。张德恒在北京工作那些年，姚桂琴带着三个孩子在家务农，吃了很多苦，但这些姚桂琴都不怕，让她去生产密封胶却感觉有点为难了。张德恒看到妻子姚桂琴为难的样子，就对姚桂琴说："你在家用铁锹和过稀泥没有？要是做过的话，那密封胶你就能生产。"姚桂琴听了张德恒说的，虽然半信半疑，但为了丈夫的事业还是同意去试试，与她一起去车间工作的还有黄振华的妻子。

郑州作为一个中部城市，夏季的炎热如果用一个字来形容的话，"燥"是十分确切的。"燥"在《现代汉语词典》里的释义是：缺少水分；干燥。郑州夏季的燥首先就是干燥，炎热的太阳把地表仅有的一丝清凉也蒸发掉了，灰尘伴随着路面一点点的风吹草动而躁动起来。张德恒找到的临时生产车间，是由一个简易车棚改造成的，在炎热的夏天长时间在里面劳作，实在是非常难熬。张德恒白天不搞研究的时候，就和车棚里的工人们一起来生产，有时候一干就是一整天。年逾40岁的张德恒没有任何的怨言，白天汗水把他的衣服都浸湿了，晚上做研究实验、写工作报告的时候再把衣服给晾干。

郑州的冬季也是寒风刺骨，由于大部分房屋都没有暖气，冬天室温常常下降到零下十摄氏度左右，而车间并没有任何取暖设备，并且四面透风，北风袭来时即使穿着军大衣，都感觉到难以抵御严寒。但是，车间里的工人们穿着棉袄干起工作太不方便，大家就会把棉袄脱了，外面穿一个单衣，投入生产。每逢这种时候，张德恒也主动加入他们的行列，无论天气多么寒冷，他都要来到车间，脱下棉衣，卷起袖子，陪同大家一起紧张地进行生产。大家没有职位高低的区别，也没有年龄大小的区分，都在认真做着自己分内的工作。

"好酒不怕巷子深。"这在如今已经成为营销课程里的反面教材，但如果这个地区只有一家卖酒的，那即使巷子再深也藏不住酒的诱人香味。张德恒生产的密封胶很多是从军工技术转化为民用的，而他作为国内密封胶领域最知名的专家，他所研究生产的密封胶是不愁卖的。就是在这个由简陋车棚改造成的密封胶生产车间里，一桶桶民用密封胶产品销往各地，并最终享誉全国。

十二、奠基未来

张德恒的郑州中原研究所虽然人数不多，但设置的各个科室是十分齐全的，有中试车间、研究室、推广应用室等。但伴随着业务量的增加，一些科室并不能完全发挥出应有的作用，并且一些研究室的管理人员日常工作也不饱和，张德恒决定对一些机构进行适当的调整，以适应研究所的发展。改革开放后，中国社会经济发生了日新月异的变化，唯一不变的就是改变。张德恒一直在各个领域进行着新产品应用研发与研究方法的创新，在科研方面他是专家，但在管理方面，他却没有太多的经验。不过，张德恒始终深信两点：第一点就是用好人才，要想方设法地为员工创造条件，解决他们的后顾之忧；第二点就是集思广益，他知道自己在管理方面还是一个初学者，重要的事项他都要汇集大家的建议，然后再做出决策。

刚刚从机械厂分出来没多久，张德恒就做出了一个重要决定：调整部门架构。以前研究所的部门架构经过一段时间的运行，已经显现出不适应科研生产实际的要求，所以必须调整。张德恒十分清楚，如果企业的发展不能够适应市场的需求，等待企业的唯一结果就是淘汰。张德恒召集所里的中高层领导，把自己的想法告诉了大家，让大家共同拿出解决方案。经过几天的讨论，最终的结果出炉了，张德恒决定将中试车间和推广应用室合并，由中试车间统一负责产供销等工作。

当时研究所规模并不大，人员也不多，研究所的客户也十分集中，而且并不是总有订单，生产和销售分设两个部门，一来会带来部分人员闲置的情况，二来在本来就不大的研究所内设置过多部门也不利于日常沟通，只有把相关部门精简合并，使两个部门形成"1+1>2"的协同效应，这样才能更好地发挥出部门优势，又能避免人力资源的浪费。张德恒于1986年6月19日正式下达红头文件《关于中试车间和推广应用室合并的决定》，这也是张德恒在所里下达的第一个重要文件。任命黄振华为中试车间第一主任，许安民为中试车间主任，张梅枝为中试车间副主任，他们各自分工不同，黄振华主要负责生产，张梅枝配合黄振华负责车间的生产工作。

随着业务量的不断增大，张德恒在管理方面付出的精力也越来越多。他深知自己在管理方面经验不足，为了尽最大可能减少在决策中出现失误的可能性，1986年6月21日，张德恒又下发了另外一个重要文件——郑州市中原应用技术研究所第四号红头文件《关于建立所务委员会的通知》。这份文件的主要内容就是要建立一个所务委员会，为张德恒的日常工作决策提供必要的建议与意见。所委会的建立，充分调动了大家的积极性，让员工都踊跃参与到研究所的决策中来，并且实施管理民主、群策群力，增强了研究所全员的凝聚力。张德恒在1986年能够提出并践行所务民主的概念，从另外一个角度也表现了他睿智的一面。中原应用技术研究所所务委员会共由13名成员组成，主任由张德恒来兼任，成员有张宝仁、王铁成、杜道礼、黄振华、黄国杰、冯生一、张国祥、潘福田、王云杰、连惠英、许安民、曾丽丽，当时中原研究所是隶属于郑州市中原区管理的，张德恒将第四号文件同时报送到了郑州市中原区政府办公室、组织部、人事局等部门。

张德恒在郑州中原研究所建所初期下发的两个重要文件，为研究所未来事业走向兴旺发达奠定了坚实的基础。第一个文件提高了研究所的运行效率，而第二个文件为研究所健康快速发展提供了决策保证。

张德恒用了不到三个月的时间，使郑州中原研究所又积累起了足够的资金，他要为研究所下一步的发展进行谋划了。一直在这个简易车棚里搞生产不是个长久之计，他想要做的就是要有一个属于研究所的车间，以及属于研究所的科研实验室和办公室，只有这样，研究所才能走上一个良性发展轨道，人才才能引进来，才能留得住。研究所一旦有了自己的地盘，还可以再建一栋家属楼，而且这一次一定要建设一栋更好的家属楼，让自己的员工住上最好的房子。

张德恒白天忙着科研，忙着和大家一起在车间生产，晚上就起草规划征地的相关事宜，有时候一忙就是通宵达旦。对于年近五旬的张德恒来说，体力已经严重透支了，但对密封胶事业的执着追求，使张德恒总是夜以继日地工作，靠的就是这样一种精神的驱动。而在其他方面，张德恒却并没有过于在意，他一门心思想把密封胶做好，把研究所做起来，只要能做好，让他做什么事情都行。张德恒对于生活标准的要求更低了，只要衣服干干净净就可以了，即便上面有几个补丁，即便已经穿了好多年，也毫不在意，他也从来不会把心思放在这些小事情上。

从不讲究穿衣的张德恒还有一个小故事。有一次，张德恒去北京找老同学办事，他们都工作 20 多年了，又是名牌大学毕业的高才生，所以张德恒的同学也基本上都是各个单位的主要负责人了。当张德恒走到大门口的时候，门卫说什么都不让张德恒进去。门卫用质疑的眼光上下打量着张德恒，他过于朴素的着装，实在无法和那位要找的领导联系到一起。无奈之下，张德恒只得在大门口等了好久，等门卫去说明情况后才放张德恒进去。但对于密封胶的研究，张德恒却是一丝不苟，事必躬亲，任何材料都要经过他的严格检验筛选，任何生产流程他都要做到精益求精。在科研态度上，张德恒在每一个细节上都严苛认真，对出现的任何问题和差错都绝不容忍。

张德恒召集所委会成员共同商讨建设新研究生产基地这件大事，大家把各自的想法详细阐述了一遍，并达成一致的意见，首要的问题就是要有一块建设用地来建设研究所。张德恒搞技术研究是顶级的专家，但去市里审批土地不是他的专长，张德恒与密封胶打交道是日日夜夜，但和行政官员沟通交流却少之又少。张德恒也深感解决处理征地问题是自己的短板，而且研究所里还有很多事务需要自己亲力亲为。

于是，张德恒决定成立一个专门小组，具体负责生产基地的征地工作，等土地批下来了，就可以尽快着手进行工程建设。张德恒有个习惯，只要是认准的事情，他就会立即去做，不再犹豫不决，不会前怕狼后怕虎，当然行动之前他已经进行过周密细致的思考了。经过酝酿研究，张德恒下发了郑州中原研究所第五号红头文件《关于成立科研所征地小组的决定》，科研所征地小组由王云杰、冯生一、黄国杰组成，代表研究所全权处理征地的有关事宜。

征地和基建工作本就不是张德恒擅长的，并且所里的员工也基本上不擅长这方面的工作，但在张德恒熟悉的人中有一个人深谙此行，他就是黄国杰。

那时黄国杰的父亲在土地局工作，黄国杰从小受父亲的影响，对于基建和土地征用等方面的业务轻车熟路，虽说他不是专家，但对相关工作的流程门儿清，让黄国杰来负责征地和基建工作是再合适不过了，而当时张德恒把黄国杰招入研究所也是花费了很多周折。

黄国杰是一家企业的技术工人。在20世纪80年代中期，具备什么样的学历就做什么样的工作，这些都有严格的规定。例如，大学毕业可以在领导层任职，中专毕业勉强也可以担任管理职务，但技校毕业不能直接担任管理职务。张德恒要为研究所征地，并且后期还需要找一个能够负责研究所建设的人，黄国杰是再合适不过的人选了。

计划经济时代什么事都得计划着来，人员调动是件难事，人员自下而上升迁更是件难事。张德恒心里有一幅蓝图，研究所建设的规模会不断扩大，未来事业发展了，还会建设更多、更大的生产车间。让黄国杰来全权负责工程建设工作，无论从眼下还是着眼于未来，他都是最合适的人选。身为当时中原区为数不多的高级知识分子，张德恒为人又特别大方豪爽，在和别人的交往当中宁可自己吃亏，也不会做任何对不起朋友、对不起别人的事情。他虽然到郑州只有短短几年，但已经积累了相当多的人脉，可这种人脉并不是普通的工作关系，而是融入了很深厚的朋友交情。张德恒很快就把黄国杰调入了研究所，不久黄国杰就担任了管理层的工作。把黄国杰调进研究所已经让很多人略显不满了，还让一个技术工人担任管理层工作，更让研究所的很多员工看不过去了，一场不大不小的风波随之而至，令他始料不及。

郑州中原研究所虽然条件简陋了些，但无论是效益还是员工福利待遇，都远远高于周边的一些企业。这就好比挤公交效应，当你好不容易挤上了公交车，你就不希望别人再挤上已拥挤不堪的公交车了。如果这时候有人挤了上来，而且司机还给了他一个座位，其他站着的乘客能乐意吗？黄国杰调入研究所并且担任管理者，这就让很多人感到简直无法理解。

一天，张德恒正在办公室里聚精会神地从事产品性能改进的研究，猛然抬头一看，很多老员工已经走进了自己的办公室，他们脸上都挂着十分不满的神情，并且带头来找张德恒的还是研究所的一位领导。张德恒问明他们的来意后，感觉又可气又好笑，就让他们都先坐下，耐心地给他们做思想工作。张德恒首先就问道："你们有没有人懂得如何做基建？有没有人懂得如何征地？"这些人面面相觑，默不作声。张德恒接着又问道："如果你们中间有谁能做好征地工作和基建工作，我现在就立刻任命他为副所长。"在座的还是没有人说话。张德恒本以为已经说服了大家，但劝他们回到自己岗位工作的时候，他们又不愿意离开。无论张德恒如何给他们做工作，他们都一百个不同意黄国杰进入研究所的管理层，提出的理由就是黄国杰的条件不符合国家规定。

张德恒心里十分清楚，如果在用人这件事上没有坚持住，研究所的基本建设就是一个很大的问题，并且在以后的各项工作当中遇到的阻力会更大。

张德恒从在场的人摆出的这个阵势可以看得出来，一时半会儿很难说服他们了。于是张德恒话锋一转，对在场的人说："如果黄国杰无法任命的话，我这个所长也不当了，我去深圳去，那里很多人早就想让我去了。"在研究所里，张德恒是灵魂，是研究所的根基所在，缺了谁都可以，唯独缺不了张德恒。这番话让在场的人顿时吃了一惊，最终妥协，同意了张德恒对黄国杰的任命，基建和征地的工作才得以顺利实施。

张德恒倾尽全部心血打造的一支独立自主的技术和管理团队，从无到有，从弱到强，经过前期的艰苦创业，终于初具规模了。郑州市中原应用技术研究所已有正式编制的职工40人，其中工程技术人员就占了19名，实验工人17名，由此可见张德恒对于科研的高度重视。他高瞻远瞩、追求技术创新的理念已植入每一位员工的内心，化为一种无形的力量，从而锻造了一群有技术、敢攻关、能创新的人。正是有这样一支队伍，研究所才会持续发展壮大，不断在奋斗中崛起，在中原大地上创造一个又一个技术神话。

技术出身的张德恒，自始至终对于科研的痴心不改，任何情况下他技术创新的初心从没有丝毫的动摇。直到他已年迈，投入技术开发的力度也是相当大的。在一些科研薄弱领域，张德恒会专门成立一个部门，即使这个部门研发的产品多年没有形成效益，但他依然会不遗余力地进行科研投入，这一方面是对科研规律的尊重，另一方面也是对研究所未来的发展负责。

现在的华山路已经成为郑州市西区最繁华的路段之一。华山路并不是郑州市的主干道，而且全长也不过数公里，但万达广场就坐落在华山路上，周边又有几座高档写字楼以及颇为时尚的商场，显示出深厚的现代气息。可是，谁曾想到过1986年的华山路，却是一片荒凉草地，到处是高高的沙岗，杳无人烟。征地小组在黄国杰的带领下，确实没有辜负张德恒的期望，最终在这里解决了征地难题。

当然，这也和张德恒的努力不无关系。之所以这么说，是因为早在1985年，张德恒的郑州中原研究所就已经实现效益 28 万元，放眼整个郑州市，也没有几家企业能够实现如此多的利润，如果按人均实现利润来算的话，在整个河南省也是名列前茅的。因此，郑州市有关领导对郑州中原研究所是另眼相待、非常重视的，并且市领导要求张德恒带领他的研究所在五年内实现盈利翻一番的目标。当年，市领导就答复张德恒要为其提供一块土地，用于研究所建设，当时的郑州市胡市长亲自要求给郑州中原研究所在华山路北段的东侧征地 5.15 亩。虽然市领导批准了这块土地，但也遇到了一点小麻烦，当地的村民无论如何也不愿意离开那片杂草丛生的土地，就这样僵持了几个月都没有结果，这才有了后来组建征地小组并请求市政府变更征地位置的事。

1986 年 9 月，郑州市领导同意了张德恒变更征地位置的请求，并且河南省科委还专门给研究所划拨 10 万元，用于筹建研究基地的事宜，张德恒又自筹了 15 万元。张德恒做事要么不做，如果做就要做到最好，他一定要建设一个一流的密封胶研究生产基地，一定要把中国的密封胶打造成世界一流的产品，一定要让郑州中原研究所的密封胶响彻全球。郑州市政府不仅在资金上予以支持，对于建设研究所的相关配套费用，还批准了免征相关费用，期待着张德恒尽快把郑州中原研究所建设成一个集科研、生产、经营为一体的一流研究所。

有些事情表面上看似简单，但办起来并非一帆风顺，其中有很多艰辛也是现在的人们难以理解的。经过张德恒的不懈努力，市里给张德恒批了两个地块，一个毗邻建设路，一个是现在的华山路 94 号。如果从经营企业的角度来看，建设路是当年郑州市的主干道，在紧邻主干道的地方建所，非常有利于企业的经营活动，而当时的华山路 94 号则没有任何优势，地理位置很不显眼，并且交通也十分不方便。张德恒在选择这两个地块的时候，也着实动了不少脑筋，他托人找来了当时郑州市的防空地图。在 20 世纪六七十年代，国家要求各地大量兴建防空洞，很多城市的地下都有错综复杂的防空网络。郑州中原研究所虽然效益很好，但几乎所有的费用都是依靠企业自身能力创造出来的，紧邻建设路的这个地块，地下正好是防空洞，如果选择这个地块搞基本建设的话，需要花费很多人力、物力、财力去把防空洞填上，然后再打地基搞基建，这是张德恒难以承受的。因此，最后张德恒选择了现在的华山路94号。

20世纪80年代末期，中空玻璃产业在大江南北方兴未艾，一些国内企业也都开始自行加工中空玻璃。那时，我国没有自动打胶机的生产厂家，几乎所有加工生产中空玻璃的厂家的设备都是从国外进口的，所使用的密封胶也基本上是国外进口产品。由于当时企业普遍对中空玻璃了解不多，在生产过程中出现问题后，只能请国外的维修人员来修理，常常要花费巨额资金，而且还会受到种种刁难。而且，一些外商卖给中国企业打胶机的时候，往往要求必须使用国外密封胶，使用国产密封胶不予质保。由此可见，张德恒当时面对的密封胶市场环境十分恶劣。

密封胶用于中空玻璃虽然时间已经很长了，但在国内还是一个新兴事物，国内中空玻璃用密封胶市场主要被国外企业垄断。河南省科委已要求郑州中原研究所抓紧时间研制出中空玻璃用国产密封胶，打破国外企业的垄断。作为研制密封胶的一流专家，张德恒并没有花费太多的时间就已经研制出了国际一流水准的中空玻璃用聚硫密封胶，不过仅仅是实验室小规模的生产。如果要放大至中试，形成产业化生产，首先摆在张德恒面前的是如何把产品销售出去，如何让中空玻璃厂家使用国产密封胶的问题。

那时国内北方生产中空玻璃的企业并不多，主要集中在南方的深圳、上海等地，而且规模都不大。不大的规模却要花费巨额外汇，进口一台打胶机，那么这台打胶机对于这个企业绝对是个宝贝。郑州中原研究所为了送货方便，购置了一台五十铃小货车，与现在满大街跑的都是品牌汽车不可同日而语，在20世纪80年代，一辆日产的五十铃小货车绝对算得上是一辆豪车，并且在整个郑州市中原区都十分罕见。因此，这辆车不仅仅承担了单位的送货任务，有时候还要借给其他单位作为接待用车，并且车辆使用都有详细的文件进行规范。例如，"外单位用车市内每小时收费 5 元，市外每公里 0.4 元"，如果你因私开着这辆五十铃货车跑上一天，那你这个月就算是白干了，甚至搭上你一个月的工资都不够。本单位用车也有着详细的记录，司机要见派车单出车，擅自用车扣除当月 50% 的奖金，等等。现在来看这些规定有些多余，甚至好笑，但也说明了那时郑州中原研究所制度建设的完善，以及生产运输设备的优异。

当时一公斤中空玻璃用密封胶大概 30 元，一吨货就是 30000 元，张德恒一个月的工资才 103 元。物流配送在 20 世纪 80 年代末还是一个相对陌生的业务，虽然也有配货站，但管理落后使得配送货物的丢失率出奇高。张德恒可不愿意拿着价值这么高的货物让配货站发，因此无论路途多么遥远，基本上都是靠单位这辆五十铃小货车来发送货物。当时研究所的主要客户基本都集中在东北地区，若要实现更好的发展，就必须开拓新的市场，但南方的几个城市迟迟打不开局面，张德恒决定亲自到南方几个城市的市场转一转。

坐了两天两夜的火车，张德恒来到广东。虽然他在 621 所工作的时候到过南方几次，但改革开放后的广东发展变化确实惊人。张德恒走访了几家相对比较知名的玻璃加工厂，当厂长了解到张德恒是密封胶研究的专家时，对他十分客气友好，但听到张德恒使用国产密封胶来制作中空玻璃时，对方的脸上满是怀疑的表情。他们从没有听说过哪家企业加工中空玻璃使用国产密封胶，而且打胶机基本上全是进口的，万一打胶机用坏了，这损失可是太大了。但是，张德恒很有信心，他对于自己研制的产品还是有十分的把握。虽然对方对张德恒使用的"宝贝疙瘩"有些不放心，但最终还是答应他试一试再说。

张德恒又连夜乘火车赶回郑州，把研制的中空玻璃密封胶封装好，准备派车拉到广东去。研究所大大小小的事情都需要张德恒来定夺，他决定派段爱娟跟着车子过去。段爱娟曾在 621 所学习培训过，现在已经成为密封胶研究生产方面的骨干，一旦试机过程中出现什么问题，也能够现场解决。

段爱娟与司机开着五十铃货车拉着一桶胶赶往广东了，当时的社会治安并不是很好，并且也没有现在这样的高速公路。他们饿了就在路边买点东西吃，晚上累了就在车上睡一会儿，就这样一路几乎没有怎么停歇，赶到了广东。

当段爱娟一路风尘来到一家玻璃厂的时候，厂里的工程师说什么都不让试机。他们的设备是从德国进口的汉高打胶机，德国汉高也是生产密封胶的，购置打胶机的时候就有附加条款：如果使用汉高以外的产品进行生产，出现任何机械问题一律不予质保。

段爱娟磨破了嘴皮子，说尽了好话，但对方就是坚决不同意。他们冷淡地说道："国产密封胶的技术完全不可靠，真要是把打胶机损坏了，这个责任谁来负？"段爱娟想到风尘仆仆来到广东，却连个试机的机会都没有争取到，回去怎么向大家交代？她也是豁出去了，最后答应他们："如果使用郑州中原研究所生产的密封胶出现了堵胶的现象，我负责给清理干净，如果把打胶机给弄坏了，郑州中原研究所原价赔偿。"段爱娟的真诚打动了他们，一个弱女子这样敢于担当让他们再难以拒绝，终于同意试用了。可当段爱娟打开密封胶后，她大吃一惊，陷入了深深的失望。

中空玻璃用密封胶一般是双组分，使用前需要把 A、B 组分混合后才能使用，一般情况下 A 组分是基胶，B 组分是固化剂，B 组分对包装的密封性能要求是很高的，固化剂遇到空气中的水分后，会与空气中的水分发生反应，使其自然固化。段爱娟这次带过去的密封胶，经过一路的颠簸，其密封性能本来就受到一定的影响，加上南方地区湿热的气候条件，使得 B 组分与空气中的水汽接触较多，等她打开密封胶的时候，

B 组分已经有部分固化了。玻璃加工厂的工程师看到这种情况，再次拒绝了试机的请求，段爱娟和司机无奈只得赶回郑州。

张德恒得知这种情况后，认真分析了发生固化的原因，并考虑从两个方面进行改进。首先，选用更加优质的包装桶来包装中空玻璃用密封胶的 B 组分。其次，对 B 组分的配方进行改进，使其适应南方的湿热气候。但这都是理论，提出来容易，真正做起来又是需要一番周折。张德恒反复对比了不同配方下 B 组分的相关性能，并且少量购买了一些进口产品，进行产品性能对比，在研究室里对比的结果是令张德恒满意的，但国内包装桶的气密性能实在太差，根本无法满足要求。配方他有办法调整，张德恒用了不到一个月的时间就解决了配方的问题，但包装桶实在是无能为力，无奈之下他只好在包装桶上额外密封一圈胶布，来提高其密封性能。一切工作都准备好之后，张德恒意识到这次再让段爱娟一个技术人员去，恐怕中空玻璃厂家是不会答应使用他研制的产品的，他决定这次亲自跑一趟广东。

他乘坐着五十铃小货车，差不多花费了三天时间再次来到广东，张德恒见到了该玻璃加工厂的负责人，向他们保证说："如果这次还是不行，那就再也不打扰你们了，如果我们研制的密封胶能行的话，可为玻璃加工厂每桶胶节省数千元。"在 20 世纪 80 年代，数千元也是一笔不少的数目。受利润的诱惑，厂长不再犹豫，打算让张德恒试一试。

张德恒没有让人失望，中国自主研制生产的密封胶在国外打胶机上成功进行了打胶，从此摆脱了国外中空玻璃用密封胶对中国的垄断，同时也为国家节约了大量外汇，而突破垄断坚冰的人，就是张德恒。

生活是一部没有剧本的剧本，人人都是生活的主角，又都是生活的配角，在你的世界里，你就是生活的主角，在众人的世界里，你有可能是主角，但更有可能是配角。可在密封胶的世界里，张德恒俨然成了主角，为中国的密封胶产业，为中国的中空玻璃应用领域，书写着一段又一段传奇，创造出一个又一个神话。

郑州中原研究所基建工程正在紧张进行当中，虽然征地时遇到些难题，但基本上已经解决了。研究所经过创业初期的艰难，已渐入佳境。国内生产密封胶的厂家本来就凤毛麟角，而能在进口打胶机上使用的国产密封胶品牌更是绝无仅有，研究所正朝着一个新纪元阔步迈进，大家信心满满，前景一片光明。但有一件事像一座沉重的大山，始终压在张德恒的心头，一直没有得到解决。每到夜晚，张德恒看着自己的员工忙碌的身影，这件心事就更加难以释怀。他决定必须尽快解决好这件事，无论多难他也要解决好。

解决职工的住房这件大事一直是张德恒的一个心病。看着这些整天忙碌的员工们，顾不上改善家居环境，有的甚至还租住在郑州市周边的村庄里，张德恒心里便涌起一种说不出来的酸楚。张德恒深深懂得，做出好的密封胶产品是靠人的，做成一个好的企业是靠人的，管理好一个好的企业同样也是靠人的。只有解决了员工生活的难题，企业的难题才会更好地解决。张德恒也同样明白，他的使命不仅仅是为国家生产出最优质的密封胶产品，还有一个使命，就是要让每一位研究生产密封胶的员工都过上好日子。

以郑州中原研究所的经济实力，建设一栋职工楼是不够的，研究所正在兴建之中，同时再建设一栋职工楼，确实有一定的压力。但是，张德恒明白，无论多大的压力，都必须去做，职工住房问题若是没有解决好，那科研人员的流动性会更大，对企业的发展将更加不利，这是一件刻不容缓的大事。

1987年11月10日，张德恒起草了一份文件《关于兴建宿舍大楼的报告》给中原区计统物价局。在报告递交上去之前，张德恒已通过各种途径筹集到了20万元的资金用于新宿舍楼的建设，并且张德恒在报告中期望能在1987年12月份动工建设新的职工宿舍大楼。报告很快得到了回复，既不需要征地，可以直接在研究所地块里建设，也不需要国家拨付资金，一切资金由研究所自筹，哪会有不批准的道理。

张德恒平常埋头密封胶的研究，顾不上过问杂七杂八的生活琐事，但这次他对建设职工宿舍提出了明确的要求："要么不建，既然建设，就要建郑州市最好的职工楼。"但出乎张德恒意料之外的事情还在后面呢。

土地是现成的，资金也筹集了，剩下的事情就是开工建设了。建房子不是张德恒的专长，但他一直关注着这个事情，几乎每天都会抽出时间去工地转一转，看一看。看看建设中的研究所，看看建设中的职工楼，看着工程建设一天天变化，张德恒心里有一种由衷的欣慰。但建房子没有张德恒想象的那么简单，很多问题还是接踵而至。按照张德恒建房子的要求，所有的建筑材料都用最好的，因此资金缺口越来越大，等建设到一大半的时候，资金紧缺成了一个大问题。基建工程资金绝大部分来源于密封胶的销售所得，但并不是总有密封胶的订单，生产也不是连续的，有订单就生产，没有订单就做研究工作，但建设研究所和建设职工楼已经花费了几乎所有的资金。本以为随着密封胶销售的不断扩大，资金会源源不断地入账，但不巧的是最需要资金的时候订单并不是很多，入不敷出，建设职工楼的资金链快断了。

虽然研究所在政策方面一直得到市政府的支持，但建所之初立下的规矩就是自主经营、自负盈亏，而建设职工楼是企业内部的事情，钱是很难让政府拨款的，资金的问题确实让张德恒感到头疼，全体员工对职工楼都是热切期待，张德恒有些犯难了。

在当时，很多单位的职工楼都采取集资方式兴建，职工分到房子后，集资款就相当于购房款了。但张德恒不乐于让员工集资，当初酝酿建设的时候也没有让大家集资建房的想法，之前兴建的那一栋楼完全是靠研究所自有资金建设的。可在这个时候，同时兴建研究所和职工楼确实很有压力。张德恒和研究所里的相关人员思索了很久，最后一致的意见还是集资建设，等研究所有充足资金后，集资的款项都会退还给大家，并且根据资金占用的时间，按照银行利息一并退还给大家。就这样，建设研究所和职工楼有了新的资金来源。

1989年新的职工大楼建好了，按照当时国家规定，黄河以南的建筑是不允许安装暖气的，郑州位于黄河边上，冬季的寒冷让很多人难以忍受。张德恒建设的这栋职工楼里面安装了暖气，由于当时没有市政供暖，张德恒一步到位，同时建设了锅炉房。烧煤不卫生，也影响环境美观，职工楼供暖就选择使用煤气。这些居住条件，在20世纪80年代的郑州算得上是超豪华了，当时人均住房面积也就几平方米而已，而张德恒建设的职工楼大部分都是三居室和两居室，即使是当时的区长、局长，也都住不上这么好的房子。窗明几净的职工楼让张德恒感到十分满意和自豪，让员工们看了心花怒放，但问题也是接踵而至。

经过五六年的发展，郑州中原研究所已经初具规模，在国内密封胶业界产生了巨大影响。人才济济，兵强马壮，让张德恒看到了研究所未来发展的希望，但分房也着实让他犯难，职工楼有三居室、两居室、一居室，不可能让所有员工都满意。张德恒心里明白，分房难以实现绝对的公平，肯定会有一些职工不满意。一些老员工，特别是那些没有住房的老职工，这次分房应该给予一定的照顾，而那些刚来到单位，对于住房需求不是那么迫切的职工，可以分到一居室。张德恒已经拟定好所有分到房子的员工名单，尽管因为房子面积大小的问题，所里的职工也经常发生争吵，但他顶住了这些压力。让他没预料到的是，因为房子又引发了一场更大的风暴。

张德恒经常需要外出考察市场和参加各种密封胶研讨会。一天，他正在深圳参加一个产品交流会，突然接到一个电话，说研究所被税务局的工作人员给查封了，正常的研究生产已经难以进行。张德恒得知后，乘坐当天晚上的火车从深圳赶回郑州。

张德恒仔细了解了事情的来龙去脉：原来是一些员工对分房不满，编造了一套谎话，说郑州中原研究所偷税漏税，并且金额巨大。作为从国防科工委出来的张德恒，对工作一向是一丝不苟，并且对自己和企业要求极其严格，无论经营多么困难，各种税金从来没有迟缴过，偷税漏税更是无稽之谈。但既然有人举报，并且税务部门已经介入调查，张德恒深信清者自清，让事实澄清真相。

在税务局工作人员开始调查时，张德恒很有耐心，也坐得住，他以为查一段时间查不到问题也就自然没事了，但让他深感郁闷的是他们查来查去，没查出来什么问题，却每天还要到研究所来反复查账调查，已经严重影响到正常的工作秩序，这样下去不是办法。张德恒是研究密封胶的专家，但和这些政府部门的人打交道，确实不是他擅长的，看着研究生产一天天耽误下去，真有点"秀才遇到兵，有理说不清"之感，无奈他只能是靠在一边忍气吞声。幸运的是张德恒的人缘特别好，有什么困难大家都乐于去帮他，助他渡过难关。

经过大家的共同努力，这次查税风波总算是告一段落。这件事之后，张德恒并没有追究和处罚谣言的始作俑者，他还和以前一样，对所有员工都一视同仁。通过这件事情，研究所上上下下的向心力和凝聚力反而更强了。

无论是春光明媚，还是风雨如晦，张德恒始终怀揣着梦想，执着建设、坚毅笃定，率领着他的团队，从奠基开拓，迅猛崛起，奋力拼搏，到行业领先，正朝着激情无限、硕果满满的方向迈进。郑州中原研究所的管理者与员工们携手远征的手握得更紧，争创一流研究所的信念也更加坚定。

十三、变革创新

改变与改革，是两个不同层次的概念。改革是改掉旧的、不合理的部分，使其更合理完善，常给人一种彻头彻尾革除旧事物的感觉，似乎对旧事物很少有所保留；而改变不同于改革，改变体现出一种汲取有用的旧事物而略加变化的意思。比较而言，改革来得更加彻底一些，改变就相对温和一些，改革会迎来新生也会带来灭亡，改变就没有那么大的风险。

张德恒善于接受新生事物，有一种活到老、学到老的劲头，头脑始终不僵化，一生都在不断地探索改革公司的一些旧有体制，创新建立适合发展的新体制机制，应对公司发展遇到的新问题与新挑战。在1987年、1988年，郑州中原研究所工作的着眼点更多的是去适应社会环境和发展形势的变化。现有的管理框架结构和生产科研格局虽然也能应付企业发展的需要，但张德恒明白，只有与时俱进，研究所才能迎来新的、更快的发展，才能迎来新的春天。

20世纪80年代，人们对管理的概念和内涵的认识并不十分清晰，更没有上升到管理也是生产力的高度。为保证研究所的健康发展，就需要加强内部管理。

张德恒对两个问题最为关心。

一个就是人事问题。只要涉及员工的问题，张德恒都会认真对待，尤其是涉及员工利益问题，无论多大的事情，在张德恒眼里都是不容忽视的事情。但对于员工的关心并不是对员工任意迁就，并不是完全满足员工所有的要求。

在当时，企业经营生产存在很多问题。只要员工是在国有企事业单位里工作，基本上端的就是铁饭碗，哪怕员工什么都不做，企业也得按时给员工发放工资，这就是铁饭碗。这种管理制度严重打击了员工工作的积极性、主动性和创造性，大家干多干少都是拿一样的工资，很多职工宁愿在单位混日子，也不愿意多做哪怕一点点工作。但没有办法，很多企业都是这样，所以大家也就见怪不怪了。

张德恒干工作是讲求效率的，这种混日子的员工在他的眼里是不允许出现的。在郑州中原研究所，你可以没有才华，你可以没有学历，但你工作的态度一定要端正，你对待工作一定要认真负责。即使一个员工学历再高，如果没有一个好的工作态度，在张德恒眼里就是一个不称职的员工。张德恒在 20 世纪 80 年代末决定在研究所人事工作上推行改革，他以前瞻性的思维对研究所实施了一次改革。

张德恒与大家经过认真研究讨论，普遍认为"铁饭碗"是影响公司提高工作效率以及调动员工积极性最大的阻碍，对人事制度进行改革的第一刀，首要的目标就是打破"铁饭碗"。

张德恒在郑州中原研究所强行推进聘任制，不可避免地会出现截然不同的声音。当然，有改革就有阻力，一些员工对聘任制是激烈抵制的，"铁饭碗"被打破后一些员工就会失去安全感，抱着在研究所混日子心态的员工就没有办法往下混了。但既然是已经决定的事情，并且是大家都认为对研究所的健康发展大有裨益的事情，张德恒依然会全力去推进。

有些人找到张德恒，不理解为何在单位实行聘任制。他们感觉研究所已经运作得很不错了，既然很不错了为何还要打破这种局面呢？研究所职工的工资水平在郑州市是数一数二的，实行聘任制这种局面还会持续吗？张德恒并没有被这些阻力动摇，最终以红头文件的形式，在研究所内推行了聘任制。文件规定，不能积极完成本职工作的职工，将不再聘任；在受聘期间不能很好完成工作任务的也会受到解聘。

直到现在，聘任制在有些单位仍然是很难推进的一项工作，但张德恒在 1987 年就已经在研究所内推行了聘任制，这不得不说是一种超前的管理意识以及危机感意识。经过实施聘任制，研究所内一些消极怠工、尸位素餐的现象基本绝迹了，员工们的积极性也得到了充分调动和发挥，一种新的活力和蓬勃向上的朝气在研究所内蔓延开来，犹如清晨的太阳给人以希望的曙光。但是，在人事制度改革过程中，也有一些无法转变思想的员工遭到了解聘，对于这些员工，张德恒对他们的安排也进行了充分的考虑，在红头文件当中规定："凡不适应在本所工作的人员，经与人劳部门研究后，解除聘用合同，通知本人调往适合的工作单位，从解聘之日算起三个月内本所发给基本工资，本人可利用工作时间联系调动事宜，不再安排长期工作。三个月以后停发基本工资。"制度无情人有情，研究所一方面铁腕推进管理制度改革，另一方面又给下岗员工展现以温情的一面，这就是张德恒的管理理念以及管理性格。

完善研究所人事制度的另一项重要改革是如何发挥大学、中专、技校毕业生的作用。20世纪80年代，大学毕业生在任何一个单位都是稀缺资源，如果一个单位没有一个大学毕业生，领导出门都不好意思跟人打招呼。但一些大学毕业生在有的科研单位形成不了战斗力，而且很多大学毕业生还恃才傲物、眼高手低。郑州中原研究所虽然办公生产场所不是很好，但待遇相当不错，所以一些大学毕业生都很愿意来郑州中原研究所工作。可是，由于专业不对口，他们不只是对密封胶的生产研发感到陌生，更为关键的是有的大学毕业生并没有意识到自己的短板。为此张德恒做出硬性规定，凡是新分配来的大学生，首先必须到基层熟悉研究所的基本业务，必须下车间去跟产，必须顶着烈阳去工作，等都熟悉完这些工作后再分配正式工作。

张德恒十分爱才惜才，这并不等于让人才尽享特殊待遇而不加以限制。他实施的聘任制同样包括研究所的管理层，如果管理层出现消极怠工的现象也一样会遭到解聘。但对于人才的流失，张德恒常常会感到十分的痛心，特别是研究人员，任何一个研究人员在张德恒心里的地位都如同自己的家人。张德恒在工作上给予他们积极的指导，在生活上也会给予各种帮助，只要他们在生活上遇到任何困难，张德恒都会伸出援手，尽最大的努力给予解决，对于一些与家人两地分居的员工，张德恒也会想方设法妥善安置好他们家人的工作岗位，来解决员工的后顾之忧。

张德恒关心的另一个问题，就是对产品质量管理制度的改革。作为密封胶研制方面的专家，张德恒深知产品质量是研究所赖以生存的保障，是事业发展的灵魂和竞争的核心。论发展，质量才是硬道理。质量关系到研究所的盈利，关系到研究所的生死存亡。产品质量是研究所在市场中立足的根本；产品质量的优劣决定产品的生命，乃至研究所的前途命运。没有质量就没有市场，没有质量就没有效益，没有质量就没有发展。因此，在他看来，质量才是硬道理！

一切工作都要以质量为前提，张德恒不仅是这样想的，也坚持这样去做，把质量作为一个准则、一个信念、一种职责、一种工作态度，始终贯穿于研究所的生产经营活动中。但是，随着郑州中原研究所规模不断扩大，用户日益增多，产品质量管理制度同样需要与时俱进，推行一些必要的改进措施，以更好地适应新形势的发展需要，制定完善的质量管理制度已显得迫不及待了。

张德恒实施的质量管理主要表现在三个方面：一个是原材料进厂检验。以前也有原材料进厂检验相关标准制度，但那时密封胶产量很少，用以往的经验已经满足不了发展的需要，所以张德恒又与研究所的技术骨干及主要负责人一起详细制定了新的原材料进厂检验标准，从源头上确保产品质量的稳定。但仅仅把住原材料的检验关是远远不够的，他们在生产环节专门设置工艺员负责监督生产，确保生产过程当中一切都按照科学的顺序进行，从而确保生产环节的科学规范。对于产成品张德恒也做了严格的要求，所有的产成品都需要经过质检人员逐件逐批地检查，只有完全符合标准要求才可以张贴合格证，哪怕在包装上有一点瑕疵，都不许入库。由于段爱娟曾在621所接受过专业的学习培训，密封胶质检员由她来担任。这样一来，在产品的每个生产环节都有了品控措施，确保销售出去的产品符合相关标准要求。

张德恒对研究所的改革创新并没有停止，还有一个重要的改革方向需要他去关注，那就是产品销售。

在20世纪80年代，市场经济对大多数人来说还是一个相对陌生的概念，但张德恒的一些管理理念和方式已经显现出市场经济的萌芽。随着国内经济的快速发展，一些东南沿海地区对密封胶的需求也逐渐旺盛起来，但那时国内市场还是进口密封胶的天下，方兴未艾的国产品牌很难取得市场优势，张德恒决定改变这一现状。

如果与洋货单单比拼质量，张德恒有十足的把握和十足的信心，但比拼的不仅仅是密封胶产品质量，更多的还有产品包装、市场营销、市场战略等。这些对于张德恒来说是相对陌生的，也不是他的专长。但张德恒有一个优点，在不擅长的领域，他会找来熟悉这个领域的专家，听取他们的意见，综合考虑后再做出相关决策。这种取长补短的工作方法使他获益匪浅，研究所的很多决策都是这么做出来的。张德恒是密封胶方面的顶级专家，但为人谦和、平易近人，使他有一种独特的人格魅力，吸引到很多有见地的谋士，补足他的短板。

市场竞争，不能仅局限于技术层面的竞争，一个研究所的发展是以技术为基因，但不能以技术为全部，酒香也怕巷子深！只有把自身研发的产品销售出去，这样研究所才能更好地发展。

郑州中原研究所按照以前的思路销售产品，显然已行不通了，销售多少都是一个样，都照样拿工资，这样不利于调动员工的积极性，必须把大家的积极性调动起来，赋以动力的同时再给予压力，通过调动员工自身的内在动力，驱动研究所快速向前发展。张德恒和研究所主要领导认真研究后，做出了对产品"销售承包"的方案。

该方案对密封胶的年销售量做了一个指令性指标，要求1987年研究所销售额达到30万元，并且设置了奖惩办法。销售人员达到30万元销售额，给予1.5%的提成，超过30万元销售额，给予2%的销售提成。具体分摊到每一个业务人员头上，如果销售10万元，那么他的提成在1500元以上。或许现在看来这1500元不算什么，但在一个基本工资只有70多元的年代，1500元已经是一个普通员工将近两年的基本工资，算得上是一笔巨款了。该方案一出，大家的积极性被充分调动了起来，销售产品的热情空前高涨，销售额明显增长很多。但仅有奖励也是不够的，奖励给员工们的是一个激励的效果，还缺乏压力。对于没有完成当年销售额的员工，除了扣除年终奖外，还要扣除基本工资的10%。这样一来，惩罚额度和提成额度同样都是很高的。

依靠员工自身驱动和制度驱动来共同推进销售额的提高，并辅以高额的提成比例，也使得其他支出得以减免。例如，张德恒取消了专职销售人员的月奖金、采购补贴等，使日常的开支减少了一大块，而一些工作积极努力的销售人员，到年底拿的销售提成奖金数额将是十分可观的。实施这一方案，还有一个比较令人头疼的问题也得到有效解决。业务人员联系客户常常需要花费招待费，但如何区分招待费和业务人员个人的日常花费，确实是一个比较困难的问题。一些业务人员有时候把个人的一些费用添加到招待费当中，牟取私利，而且在实际工作中业务员的招待费也并非必需的，一个月当中没有几次需要招待客户。为此，张德恒也做出了相应的规定，差旅费仍然按照原有规定报销，但一些业务招待费用由个人来支付。这样一来，业务人员就会去权衡哪些招待客户的费用需要报销，哪些不能报销，如果是切实需要报销的，就打出书面报告，经张德恒批准后再进行报销。经过这一系列的改革，郑州中原研究所的经营业绩直线上升，推行的内部管理制度渐入佳境。

十四、战略布局

1988 年的初春时节，春寒料峭，郑州大地上还看不到丝毫的春意，走在路上一阵寒风袭来，令人禁不住会打个冷战。街道上人们骑着自行车匆匆而过，熟人间会点头示意一下，但绝对会吝惜每一个字，他们怕张嘴打招呼凉风会灌进肚子里。走到桐柏路和中原路的路口，人们并不会感觉与往常有什么不同，但细心的人如果向路边瞟上一眼，就会发现在街角有个简陋的工棚，透过四面露风的工棚，可以看到里边的人们已经开始忙碌地生产。

走近工棚，你会看到一位相貌相当朴实、年纪在 50 岁上下的中年人，正和大家伙儿一起紧张地劳动。单从穿戴上看，他与普通工人没有什么不同之处，都是一身朴素的工装，透露出 20 世纪五六十年代普通劳动者的时代印记；从相貌上也很难把他与一位密封胶行业资深专家、高级工程师、我国民用建筑密封胶领域的领军人等有一系列荣耀光环的传奇人物联系起来。不过，"人不可貌相"这句老话的潜台词，便是明了之后的"肃然起敬"。

而这个简易工棚，谁又曾想到，竟然诞生了国内第一代最优异的密封胶产品，谁又曾想到，这个简易工棚竟然孵化出了国内产量最大的聚硫密封胶龙头企业。的确，创业维艰，会有许许多多的故事，而这许许多多的故事背后，会有太多的想不到。在众多的想不到中，最让人想不到的是，装在张德恒脑海里一个宏大规模的发展计划，一个在张德恒的心里酝酿已久的战略计划。

员工们喜欢将郑州市中原应用技术研究所简称为"郑州中原"，但"中原"作为一个地理名称是不能够作为产品商标使用的。张德恒的 MF-830 双组分聚硫密封胶在 1983 年就已经研制成功了，并且达到国际一流水平，到了 1988 年产品已位居全国同类产品销量第一，还获得了郑州市科技一等奖。随着产品产量的扩大，产品必须要有一个品牌，于是张德恒和研究所的领导层共同商议为 MF-830 申请一个品牌。张德恒是从 621 所出来的，并且从事航空密封胶研究 20 多年，又是密封胶行业内最知名的专家，大家一致认为，干脆给 MF-830 申请个"航空牌"的商标吧。就这样，张德恒研制并推广到全国的 MF-830 就有了一个新的名字——航空牌聚硫密封胶。

1988 年，郑州中原研究所获得的经济效益格外优异。年初，并不是使用密封胶的旺季，尤其是天气还相对比较寒冷，不大适宜注胶施工，但出人意料的是 MF-830 在前 4 个月就完成了全年 57.8% 的销售任务，净利润达到 6 万元，并且生产出来的产品供不应求。尽管聚硫密封胶产量呈现几何级增长，无论是应用覆盖领域还是市场销售额都呈现出裂变式增长，甚至产品在没有出厂前就已经被订购一空。很多厂家直接到郑州中原研究所来排队等货，有的一等就是半个多月。出现这样喜人的销售局面有很多原因：首先，随着国内经济的快速发展，我国对门窗密封胶的需求量呈直线上升的趋势，甚至直到现在门窗密封胶的需求量依然还是呈现增长的趋势；其次，我国密封胶生产企业凤毛麟角，放眼全国也就三四家，而且只有两三家形成了规模效益，如果再考虑到技术层面的比较，那么性价比适中的企业就只剩下郑州中原研究所了；再次，虽然国外品牌也是一种选择，但当时国家的外汇储备仅 33.72 亿美元，主要用于购买我国当时最稀缺的机械设备及其他高科技产品，并且国外密封胶的价格基本上是国产产品价格的一倍左右；最后，MF-830 是由航空航天技术转化而来，并且张德恒又是国内最知名的密封胶研究专家，生产出来的MF-830和国外产品性能相当。多种因素综合下来，就形成了 MF-830 供不应求的局面。

郑州中原研究所现有的生产能力已经达到了极限，以前不具备扩大再生产的条件，仅厂房就不允许张德恒扩大生产规模，而现在新的厂房基本落成，科研实验大楼也基本落成，销售形势又非常好，扩大再生产的所有条件都已基本具备。但近两年来，张德恒的投入确实有点大，新的实验大楼花去了研究所大部分现金，而且职工宿舍楼也基本落成，更为关键的是实验大楼落成后内部装修也需要一笔不小的费用。张德恒现在已经没有多余的资金去添置生产设备了，但现在的市场形势这么好，如果不抓住机会扩大规模，恐怕以后就很难遇到这么好的销售行情了。既然决定要扩大生产规模，以张德恒的做事风格，那无论遇到多大的困难也要想方设法去做，而且不会有任何的耽搁，立即行动。郑州中原研究所缺少资金，而且又是一个自负盈亏的单位，不可能得到政府大规模的财政支持，因此就只剩下银行贷款这一条路可走。张德恒和研究所的所有高层连夜开会讨论扩大再生产的问题，让大家充分发表意见和建议，综合了大家的意见之后，张德恒决定正式申请相关贷款事宜。

好的项目，又有好的专家，向银行申请贷款不会有多大的困难，张德恒申请贷款的请求很快就得到了回复，贷款 30 万元并且计划两年内还清所有贷款。30 万元在两年内还清，这样快的速度或许也只有张德恒创办的郑州中原研究所有这样的能力，也只有张德恒有这样的自信。现在密封胶供不应求，市场形势一片大好，产品品质稳定，也深受业内专业人士肯定，在张德恒看来，实在找不出不自信的理由。

此刻，在张德恒的心里还有另一幅更宏大的蓝图，他设想在这一年中把这幅蓝图变为现实。但机会往往与风险相伴，成功的背后常常隐匿着更大的凶险。张德恒即将迎来回到郑州后的第一次考验，也是十分凶险的一次考验，但在 1988 年，他还全然不知。

张德恒很快就把自己所描绘的蓝图付诸实施。在创建研究所的时候，他就立下志向，要在不久的将来创办一个涵盖聚硫、硅酮、丁基、聚氨酯等不同研究方向的企业。张德恒在聚硫密封胶研究上已取得了很大的突破，一切尽在他的预期当中稳步推进，郑州中原研究所生产的聚硫密封胶已经获得了市场的一致好评，并且销售利润也十分可观，于是他决定拓展研究领域。聚硫密封胶研究领域也是有它的局限性的，首先聚硫密封胶耐老化性能并不是特别好，限制了其在一些领域的广泛应用。而硅酮密封胶有着优异的耐老化性能、耐疲劳性能以及优异的结构粘结弹性，在国外一些高档建筑当中已经广泛使用。张德恒虽然一直在郑州工作，但他时刻关注着国际密封胶产业的最新研究动态，研发生产国产硅酮密封胶一直是张德恒追求的梦想。

中空玻璃作为一个新型建筑用材，一进入中国市场就呈现出快速发展的势头。张德恒也注意到了中空玻璃的发展前景，并且他知道中空玻璃使用的聚硫密封胶对性能的要求，与门窗用密封胶相差并不是很大。张德恒有研制中空玻璃用密封胶的基础，经过几年的研发实践，郑州中原研究所已经锻造成了一支敢闯敢干、勇于创新、追求卓越的人才队伍，其中有工程师 3 人，大专以上技术骨干 7 人，机械电子工程师 4 人，专业配套力量十分雄厚。2000 平方米的科研大楼基本已经竣工，实验室的设备已经十分完备，并且早在 1986 年郑州市科委就已经下达了研制中空玻璃用密封胶的相关要求，张德恒已经在中空玻璃用密封胶方面取得实验室研制小样的成功。

门窗密封胶是张德恒的主要产品，销售的 MF-830 也占据国内市场大半个份额。除了张德恒研制的 MF-830 双组分聚硫密封胶之外，市场上还有多组分聚硫密封胶，就是在使用之前将五六种胶混合在一起，然后才能够施工使用，这对工人的混胶水平要求较高，对于施工的进度也有很大的影响。如果研制出单组分的聚硫门窗密封胶，不但可以大大节约生产成本，提高施工效率，也能够为国家节约大量外汇。建筑铝门窗行业所使用的单组分胶全部都是进口产品，每年使用 250 吨，花费外汇达 250 多万美元。国内在单组分聚硫密封胶研究上有所进展的仅仅是 621 所、锦西化工研究院等，而真正取得研究突破的只有郑州中原研究所，市场前景也被十分看好。

尽管研究所和职工宿舍都在建设之中，生产设备也正在购买当中，研究所还背负着银行的欠款，但张德恒决定，"中空玻璃密封剂""单组分聚硫密封剂""有机硅单组分密封剂"这三个项目同时进行实质性立项研究。有时候跑得太快会忘了自己的耳朵，张德恒这次决定虽然经过深思熟虑，但也有员工并不赞同所里快速扩张的决定。张德恒对于这样的反对声音并没有太在意，还是决定三个项目同时推进，毕竟郑州中原研究所面临的市场形势太有利了，机不可失，时不再来。

张德恒的快速扩张之举虽然埋下了隐患，但有的项目确实为未来公司的发展奠定了坚实的基础。但谁也未曾想到这样的隐患会对郑州中原研究所影响如此之大，谁也未曾料到这个隐患对张德恒的影响几乎是致命的。

十五、商战王者

郑州的早晨，有一种别样的宁静与祥和。中原路两旁种植的雪松傲然挺立，给人一种静谧庄严之感。一大早麻雀会成群结队地在树上叽叽喳喳叫个不停，更加衬托出郑州人与自然的和谐。街边卖早点的会早早地起来，摆上几张桌子，看到来往的路人会热情地大声招呼。大街上自行车来来往往穿行，偶尔也能看到几辆汽车呼啸而过。郑州中原研究所的员工们在紧张而有序地忙碌着，好像一切显得都很平常，又似乎预兆着要发生什么。

张德恒一大早就起床来到单位，规定的工作时间是 8 个小时，但他基本上每天工作都在 12 个小时以上。几年来，张德恒已经习惯这样的工作时间，每天早上起床他都要到车间转悠一圈，然后去实验室看看，之后再回到自己的办公室处理工作上的事情。最近的订单确实太多了，张德恒和员工们如果不加班，就很难满足客户的订货需求，尽管所里又订购了数台新设备，但一时半会儿还无法形成生产，所以每天晚上都会加班到深夜。张德恒不但要在生产车间查看生产情况，还要到研究室做其他项目的研究工作，同时安排处理好研究所的行政工作。大家积极性都很高，且都有各自的工作分工，但统筹好研究所方方面面的情况，还需要张德恒对各项工作进行梳理。

20 世纪 80 年代，沈阳黎明门窗厂是一张非常响亮的名片。在建材行业不知道沈阳黎明门窗厂，那你就不算是这个圈子里的人；你的产品没有被沈阳黎明门窗厂使用，那只能说明你生产的产品不是国内最好的。沈阳黎明门窗厂是当时国内最大的门窗公司，同时也是郑州中原研究所最重要的客户，虽然张德恒的密封胶在南方一些企业中打开了一定的销路，但所占有的份额相对较少，根本没法和沈阳黎明门窗厂相比，而且张德恒的第一桶金正是来自这家公司。

作为一个老牌的军转民企业，张德恒与沈阳黎明门窗厂打过太多的交道，他们公司的很多老领导和张德恒都非常熟悉。张德恒大学毕业刚刚进入621所的时候，就和沈阳黎明门窗厂的航空专家有过很多接触；后来作为研究航空密封胶的专家，他经常去沈阳出差，与沈阳黎明门窗厂的合作机会更多。在621所近20年的时间里，张德恒几乎每年都要在沈阳住上一段时间，他与当时公司的主要领导都有着不错的私人关系。20世纪80年代很多单位军转民后，沈阳黎明门窗厂是一个转型比较成功的企业，他们的门窗公司在国内的影响力也是很大的。

1989年，对于张德恒来说可谓顺风顺水，研究所全年生产聚硫密封胶49吨，实现产值156万元，相比1988年增长额度达到150%，密封胶的销售已经达到了供不应求的局面。更加令张德恒感到欣喜的是，新的实验楼、车间、职工宿舍都已交付使用，他尽最大的努力解决了研究所的硬件问题，并为以后事业的发展打下了坚实的基础。

新的职工宿舍楼已经竣工，28套设施齐全的职工宿舍已经交付使用，员工们对郑州中原研究所充满了感恩。但是，张德恒对职工的关心还不仅仅局限于此，他一直以来都把员工视为企业最大的财富。对于两地分居的职工，张德恒会想尽各种办法使他们夫妻团聚，研究所的一些内勤岗位空缺，张德恒也会尽力安排职工家属来工作。对于职工子女的就业问题，张德恒也一直放到心上，他会利用各种关系解决这些职工子女就业的问题。有的职工是农业户口，在当时农业户口转成城市户口是十分困难的，如果不是大学毕业，或者特殊人才，农转非基本上是不可能的事情。张德恒知道转户口是十分困难的事情，但他更明白，职工的生活问题如果不得到妥善解决，那么公司就难以形成凝聚力，人才的流动性就会加大，对于研究所的长远发展十分不利。现如今，郑州中原研究所已经创建发展了30多个年头，依然把职工的生活问题当作重中之重，"为员工"已经成为公司企业文化建设的重要组成部分，深深镌刻在郑州中原的企业灵魂之中。

1989 年，全国仅有 13 条从国外引进的中空玻璃生产线，而国内还没有能力制造国产中空玻璃生产设备，这 13 条生产线肩负着全国的中空玻璃发展事业，肩负着全国门窗行业的兴衰，也引领着全国中空玻璃产业的发展方向。当时国内中空玻璃市场，基本上还是以使用进口密封胶为主，虽然张德恒研制的密封胶在进口中空玻璃生产线上得到了使用，但占有的市场份额还是非常有限的。全国就这 13 条生产线，那些生产中空玻璃的厂长们是不敢也不愿意使用国产胶去冒风险的，不怕一万，就怕万一，如果使用国产密封胶出现什么问题呢？

但是张德恒也拿到了他梦寐以求的"令牌"，MF-840 中空玻璃密封胶得到了国家权威部门的认可。1989 年，国家建材部将 MF-840 作为名牌产品，向全国 13 条中空玻璃生产线推荐，这也是国内唯一一个得到建材部推荐的产品，中空玻璃市场就此破冰，一下子打开了突破口。更加令人欣喜的事情是，张德恒接到了一个大工程——亚运村工程，他研制生产的门窗密封胶将被使用在这个建设工程上。

在一些国家重点工程建设中，虽说密封胶这种材料不大起眼，却不可或缺。虽说密封胶是一个很小的产业，在整个外装工程的投资比例很小，但是它起的作用却非常大。外装的很多功能都要靠密封胶来完成，比如防漏气、漏油、漏雨，以及隔音、隔热、防火阻燃等，尤其是建筑实现绿色节能，也都离不开密封胶。

1990 年，第十一届亚运会在北京举行，这是一个千载难逢展示国家发展实力的好机会，举国上下对这次运动会都很关注。郑州中原研究所生产的门窗密封胶能够击败国外同类产品，在这样重要的工程上使用，这是张德恒万万没有想到的。更有意思的是，张德恒以前的工作单位 621 所，在民用密封胶领域也投入了巨大的人力物力，并且在国内有着巨大的影响力，这次却败给了郑州中原研究所。张德恒仅仅用了 5 年多时间就击败了 621 所，让自己的密封胶产品在市场上得到广泛应用，并成功应用到了亚运村建设工程。

一切都在向着好的方向发展，一切都显得欣欣向荣，研究所的员工们空前团结，大家的积极性也是空前高涨，密封胶市场规模正在逐年扩大，张德恒研制产品的市场占有率也逐年增加。尽管在密封胶市场比拼中取得的一些骄人业绩让郑州中原研究所引以为豪，但是，有一个问题并未让张德恒头脑发热，而是陷入冷静的思考。他明白，虽然中空玻璃密封胶得到了市场和国家的认可，他一手锻造的研发团队不断壮大，研究所的生产设备不断更新，而且国内经济快速发展，密封胶应用市场日益扩大，但有一个不争的事实是，我国密封胶产业还处于起步阶段，发育还很不成熟。张德恒仔细盘算下来，沈阳黎明门窗厂依然是郑州中原最大的客户，而国内门窗生产厂商还是少得可怜，够得上规模的更是凤毛麟角。

世上很多事物都是相辅相成，又是悲喜交集的。失落的时候有"否极泰来"之说，得意的时候又有"居安思危"的警示格言。这些典故告诉后人，困境中要不失努力争取胜利的雄心，而得意时更须有冷静应对的镇定，被胜利冲昏头脑的事情时常发生，因此得意时的那份镇定就显得弥足珍贵。

人往高处走，水往低处流。人员的流动正如水一样，停滞了也就失去了活力，正所谓"流水不腐，户枢不蠹"。然而，流动又分为流入和流出，流入的新鲜血液有助于企业的健康发展，流出的人才对企业则是不小的损失。张德恒之所以建最好的职工宿舍，正是因为他深知"栽下梧桐树，引得凤凰来"的道理，只有吸引人才，留住人才，为员工创造好的生活工作环境，员工才能更好地为企业创造效益。郑州中原研究所自1983年创办以来，已经形成了一支优秀的密封胶研发队伍，聚合了一批先进的密封胶研发人才。其中，有从事密封胶研究的资深专家，有刚毕业的大学生，也有一些熟练技术工人。这样一群各司其职、爱岗敬业、默默奉献、兢兢业业、以自身实际行动为企业增光添彩的人，为郑州中原研究所的发展壮大做出了很大的贡献，使中国密封胶产业在兴盛中崛起，创造一个又一个业界的神话。但也有一批人因为各种原因离开了研究所，有的调到了其他单位工作，有的下海经商，总之来到研究所的目的比较一致，而离开研究所的原因又各自不同。

对于人才的流动，张德恒素来十分关心，又高度重视。作为一位专家型领导，张德恒深知，爱护人才，留住人才，这是事业的根本。搞事业就是要舍得，对人才、对研发，舍得投入才能成就事业。研究所立足于竞争日益激烈的密封胶市场，就要把握好人才这个关键因素，就要用好人才这种关键宝贵资源。只有懂得惜才、爱才、用才，给予人才以关怀、重视和重用，才能让人才进得来、留得住、干得欢，才能让员工在岗位上兢兢业业、无悔付出。因此，只要员工生活上遇到困难，张德恒都会想尽一切办法去解决，解决不了的，也会动用自己的各种社会关系千方百计解决这些问题。但是，"铁打的营盘，流水的兵"，所里人才的流动现象还是不可避免地经常出现，而孙国安就是从郑州中原研究所流出的人才之一，也是对张德恒影响很大的人之一。

多年后，张德恒回想起孙国安，对这位曾经的对手还是十分感激的。正是因为孙国安，让张德恒始终抱有一种危机感，让他更加重视企业发展所遇到的各种挑战，让他对市场经济有了一个全新认识。也正是因为孙国安，让他明白仅仅把密封胶做好是不够的，"酒香也怕巷子深"，产品的优劣不能仅仅看它的品质，还有一个重要方面那就是市场是否接受。1988 年，孙国安离职了，当时张德恒并没有在意，但后来张德恒却不得不面对他的第一个对手，经受第一次严峻的挑战。

沈阳的冬季异常寒冷，尤其是三九严寒，屋外风雪交加，屋内暖意融融。没有特别要紧的事，没有人乐意走出房门，待在屋子里那才叫享福。屋子里暖气烧得滚烫滚烫的，哪怕只穿一件单衣也感觉不到刺骨的寒冷。计划经济年代，每到年底，企业就要对下一年度的工作制订计划，对于来年的采购也做出安排。沈阳黎明门窗厂习惯性地把这种计划安排及招投标活动安排在了厦门，毕竟沈阳的冬天并不是一个聚拢人气的季节，不如选择在温暖如春的厦门更加方便。

沈阳黎明门窗厂使用的门窗密封胶基本上都是郑州中原研究所的产品，相比国外同类产品，张德恒研发的 MF-830 在性能上并不比洋货逊色，而在价格上仅仅是进口产品的一半。作为国内最大的门窗企业，沈阳黎明门窗厂在国内建筑业有着举足轻重的地位，该厂采购的产品，可以视为门窗行业的一个风向标。平时对于销售业务，张德恒虽然关注但并不会过多地干预，他心里也很清楚，这不是他熟悉和擅长的工作，销售方面的事情，他基本上都是放权交给许安民来处理。这些年来，许安民主要业务就是跑市场，比较熟悉市场情况。随着郑州中原研究所发展逐渐步入正轨，为了更好地推进研究所各项业务，张德恒决定和许安民一起去趟厦门，参加沈阳黎明门窗厂的招标会。张德恒心中有数，以郑州中原研究所的产品性能及价格，沈阳黎明门窗厂没有理由不使用郑州中原研究所的产品。论价格，他们的产品远远低于国外同类产品；论性能，他们的产品又远远高于国内同类产品，并且在一些重大工程中也得到了使用，一切都对郑州中原研究所非常有利。

张德恒这次来厦门，一方面想了解沈阳黎明门窗厂下一年度的订单情况，另一方面要了解一下国内密封胶市场的基本情况。张德恒决定加大对市场的投入力度，另外，中空玻璃用密封胶也是此行考察的一项重点，郑州中原研究所正在进行研究的硅酮密封胶，有望成为未来密封胶产业主要的发展方向，他要为企业以后的发展勾勒出一幅更加宏大的蓝图。

许安民主要负责市场的开发，而东北市场是郑州中原研究所市场战略布局的重中之重。不过，许安民确实也不负众望，沈阳黎明门窗厂的一些主要领导以及采购办事人员都是与他打过多年交道的老朋友，足以知己知彼，百战百胜。所以这次来厦门，许安民并没有刻意做特别的准备。他感觉一切尽在掌控之中，不会出现什么意料之外的情况。毕竟郑州中原研究所在国内还没有遇到过真正的竞争对手，对于 20 世纪 80 年代末 90 年代初的国内企业来说，使用国外进口产品的成本实在是太高了。

张德恒和许安民经过几天的奔波，终于抵达了厦门。在那个交通并不发达的年代，从郑州到厦门确实是一段不短的距离。一向对生活条件要求不高、对衣食住行很不在意的张德恒，虽然已是国内最好的密封胶研究所所长，但出差时，他还会选择住那些最便宜的旅馆，甚至有时候是十个人住的一个大通铺。

张德恒和许安民出差到厦门也和往常一样，住在了一个很小的旅馆里，他们没有太多的闲情逸致去领略厦门的风光。对这次沈阳黎明门窗厂的报价，张德恒和许安民需要花些心思认真想想，尽管与往年的报价看不出有什么明显的不同，只是这次沈阳黎明门窗厂做得十分正规，邀请了国内好几家企业来参加竞标。在等待第二天报价的时候，张德恒心里突然有种忐忑不安之感，许安民也预感到今年的报价和往年不大相同。张德恒思考良久，决定让许安民前去拜访沈阳黎明门窗厂的熟人，问问今年的新情况，看看政策是否有变化。这对许安民来说并不难，负责这次招标的人和许安民关系很不错，于是许安民找到了沈阳黎明门窗厂的采购负责人。一阵寒暄过后，许安民直接向对方说明了来意。MF-830 自投入市场以来，价格一直十分稳定，加上市场需求量逐年增加，而产量却没有特别大的提高，所以价格基本上保持在每公斤 30 元，卖给沈阳黎明门窗厂的价格也一直是这个价格。但这次招投标，沈阳黎明门窗厂希望郑州中原研究所能够给予适当的降价，每公斤降价五毛钱，一来他们这次进行招投标也对厂领导有一个很好的交代，二来郑州中原研究所的密封胶确实价格一直没有降过。

回到旅馆后，许安民把沈阳黎明门窗厂的基本态度向张德恒做了汇报。张德恒听后思索了许久，几乎一夜没有睡着，他在反复考虑降价的事。

张德恒在 621 所的时候，所从事的密封胶研究，一直以来都是国内水平最高的。在张德恒的心里，要么不做，要做就做最好的产品，他创建郑州中原研究所之后这一初衷也没有丝毫的改变。张德恒的产品定位是国际一流、国内最好，在他的眼里没有"第二"这个概念。在20世纪80年代末，国内密封胶产业刚刚起步，而且市场潜力巨大，密封胶的进入门槛又很高，国内研制生产民用密封胶的企业是少之又少，可以肯定地说，郑州中原研究所在国内是没有竞争对手的。而国外产品与张德恒研发的产品相比，性能相近，价格却相差很多。所以，综合性价比，还是张德恒的产品最具优势，也最适合市场需要。为了进一步提高产品的品质，张德恒已经小批量地进口了一批日本原材料。生产聚硫密封胶最主要的原材料是聚硫橡胶，而日本的生产工艺和生产能力在全球是一流的。更为重要的是，在1989年前后国内原材料价格飙升，由于张德恒提前从日本购入一批原材料，郑州中原研究所并没有受到太大的影响。经过几年的发展，郑州中原研究所已经积蓄了实力雄厚的科研力量，在国内绝对称得上是密封胶行业的领头羊。

综合这些因素来判断，张德恒对于MF-830降价显得犹豫不决。他考虑，按照产品生命周期而言，MF-830正处于成长期，在这个阶段最不应该出现的事情就是降价，市场需求巨大，产品供不应求，竞争对手基本没有，如果单凭主观臆想对产品降价，将对以后扩大市场营销极为不利。虽然眼下研究所的盈利能力十分可观，发展速度也是相当惊人，但张德恒完全不满足于现状，在他的心里有一幅更大的蓝图在设计、在勾勒，但没有实施之前，他是不会轻易说出去的。

就在张德恒为能否降价举棋不定的时候，沈阳黎明门窗厂的采购负责人和许安民交流过后，误以为郑州中原研究所降价五毛钱是板上钉钉的事情了，在没有得到许安民肯定回复时，就把郑州中原研究所会降价五毛钱的消息向厂领导做了一个简单汇报。

厦门之夜，有一种独有的静谧之美，如果住在海边，还会不时传来海浪拍打礁石的声音，更彰显出这一座美丽城市的幽静。伴随着阵阵泅涌的波涛，张德恒心潮涌动，彻夜难眠。第二天的到来显得格外漫长，一切都在第二天发生了改变，一切都在第二天出现了转折。

"不能降价！"这是第二天一大早张德恒对许安民说的第一句话。许安民显然有些措手不及，在他看来，降价五毛并不多，不过就是九牛一毛的小事儿而已。而且，如果不降价，沈阳黎明门窗厂就不会使用他们的产品，郑州中原研究所的发展会停滞，这可是天大的事！眼下，研究所生产建设投资又那么大，如果这时与沈阳黎明门窗厂断绝合作关系，郑州中原研究所就会出现很大的麻烦。许安民想到这里，头上直冒冷汗。

张德恒做出这样的决定，许安民是一百个不理解。还没顾上吃早饭，许安民就已经和张德恒争吵起来。无论从任何角度来考虑，许安民都认为不应该不降价，没有理由为了五毛钱，伤了与用户的和气。争吵了一阵之后，许安民见无法动摇张德恒的决心，无奈之下他只好保持了沉默。既然说不动张德恒，那就按照原来的价格进行报价吧。许安民没吃早饭，就赶紧把郑州中原研究所打算保持原有价格的意见告诉了沈阳黎明门窗厂的招标负责人。招标负责人听到这个消息后脑袋也一下子蒙了，现在的问题已经不仅仅是降价五毛钱的问题了，而是这件事情前一天晚上就已经向厂领导汇报过了，不到 12 个小时就更改这会给厂领导留下一个什么样的印象？他以后还怎么在厂里做事？沈阳黎明门窗厂的招标负责人非常生气，生硬地质问许安民："这个价格昨天不是说好了吗？怎么能说变就变呢！"许安民一时语塞，真不知道该怎样回答了。许安民也以为昨天这个价格没有问题，谁曾想张德恒态度那样坚决。该招标负责人又态度冷淡地甩给许安民一句话："老许，如果这个价格你们还像去年一样保持不变的话，那么今年我该用你们多少产品还用你们多少产品，等到明年你们的产品我们是一公斤都不会再使用了！"

招标的程序和往年一样，郑州中原研究所生产的 MF-830 依然取得了绝大多数的份额，而且价格还是保持不变，表面上看一切都没有异常之处，但情况并没有按照预想的方向发展，一切都显得不那么顺利，甚至有的时候还有些磕磕绊绊。

近年来，张德恒率领着郑州中原研究所一直进行着大刀阔斧的改革和跨越式发展，忙忙碌碌的工作并没有影响到他对研究所蓝图的规划。大规模购买设备，大批量购置实验仪器，兴建实验大楼，兴建职工宿舍，购买国外最好的密封胶原材料，积极引进人才，这一切几乎都是同时进行的。尤其需要说明的是建设与发展所需的投资，并不是全都出自研究所，还有一些贷款，需要每年拿出相当一部分盈利还贷。因此，研究所事业的快速发展往往没有人们预计的那么简单，也没有预想的那么美好。

人无常势，水无常态，因势利导才能取得成功。成功对所有人都是公平的，机会属于有充分准备的人。孙国安是在 1984 年进入郑州中原研究所的，在工作中特别认真努力，为研究所做了很多工作，很得张德恒的赏识。1988 年，孙国安却从研究所辞职回到了老家，令张德恒感到意外的是，孙国安回到家乡也办起来一个企业，而且还是一个生产密封胶的企业。

在人生的经历中，成功也好，失败也罢，有一些人是需要我们感恩的，还有一种人也是值得我们抱着一种感谢态度的，那就是我们的竞争对手。俗话说，最了解你的人是你的对手。因为对手了解你的一切，你的优点和缺点、长处和短板。你的对手正是这样一面镜子，在镜子里反映出真实的你，照出你没有发现的那一部分自己，让你懂得如何不断地成长壮大，伴着你一步一步走向事业的高峰。

当我们取得成功的时候不难发现，如果没有竞争对手的反向激励，或许我们不会取得成功，不可能站在那样的高位；如果我们失败了同样也能发现，竞争对手的长处值得学习，我们的短板需要我们汲取教训，努力克服。

沈阳黎明门窗厂没有食言，他们当年还是按照原来的价格、原有的采购计划购置郑州中原研究所生产的聚硫密封胶，但到了第二年，沈阳黎明门窗厂没有采购郑州中原研究所一公斤密封胶。张德恒紧急召开了会议分析形势，商讨对策。如果与最大的客户沈阳黎明门窗厂完全闹崩了的话，那对于郑州中原研究所的发展是非常不利的，更何况近年来研究所的土建项目比较集中，设备采购也花去很多资金，还要偿还贷款。如果失去了沈阳黎明门窗厂这家最大的客户，那么郑州中原研究所就谈不上发展了，如果不尽快打开这种僵局，等待郑州中原研究所的就只剩下倒闭一条路。张德恒想到这里，额头上顿时冒出一层冷汗。面对旺盛的市场需求，沈阳黎明门窗厂敢于突然停止要货，除了厦门招投标时双方不快之外，一定是有别的原因。张德恒派许安民连夜赶赴东北了解相关情况，同时也让其他的销售人员去调查市场动态，究竟是什么原因导致研究所陷入艰难的发展境地。他还派人在市场上购买比较常见的密封胶品牌，在研究室做产品性能对比，分析一下到底是哪里出了问题。

　　许安民没有丝毫耽搁，连夜买了火车票赶往东北。许安民的心里其实比谁都清楚，就是因为上次不肯降价的事情导致出现这一被动局面，他在火车上思索着怎样和沈阳黎明门窗厂谈。沈阳黎明门窗厂既然不用郑州中原研究所的密封胶了，那么它总得有新的货源，许安民不敢断定是哪家企业，但可以肯定的是密封胶市场出现了一个新的品牌，而且价格一定比较低廉。既然对方从价格方面入手，那么只能和沈阳黎明门窗厂谈产品品质。

　　经过长途跋涉，许安民终于到了沈阳。天寒地冻，北风劲吹，许安民顾不上天气的寒冷，也没有做任何的休息，就马不停蹄地来到沈阳黎明门窗厂。

　　也是意料之中，许安民在沈阳黎明门窗厂没有任何收获，处处碰钉子，遭到冷遇。正当他深感无奈又不甘就此罢休的时候，眼前出现了沈阳黎明门窗厂的生产车间，他趁着别人不注意走了进去。只见工厂里四处堆满了密封胶，许安民走近一看，竟然发现包装袋上印有一个产地在

　　　　　张德恒：密封胶工业之魂

河南的密封胶生产企业名称，他迅速记下了密封胶的牌子和生产地址，没有过多停留就立即赶回了郑州。

回到郑州的当天，许安民就向张德恒做了汇报。张德恒的第一反应便是：这个胶厂很可能是所里以前的员工创办的。张德恒之所以做出这样的判断是有他的道理的，密封胶在我国的发展时间不长，民用密封胶产业更是近年来刚刚兴起，如果该密封胶品牌出现在北京或者上海，张德恒是不会有这样的怀疑的，但产地偏偏是河南。作为内陆省份的河南，经济科技实力是很薄弱的，并没有什么新兴产业，从事建筑密封胶研究的也只有郑州中原研究所这一家企业，凭张德恒在密封胶领域的学术地位，如果有河南籍的密封胶研究专家，张德恒不可能不知道、不认识。那么，就剩下一种可能，创办该密封胶企业的人正是出自郑州中原研究所。

张德恒的判断没有错，经过市场调查，他了解到创办该企业的确实是研究所以前的老员工孙国安。张德恒得知这个消息后，心里有一种说不出来的滋味。张德恒喜欢竞争，不喜欢一潭死水，作为新中国成立后最早的一批化工研究人才，张德恒在拥有扎实学术知识的同时，对待事物并不保守，而且还比大多数年轻人更加思想解放，对待新事物总是能够以一种开放、兼容的姿态迅速接纳吸收。当研究所员工们知道出现了一个强劲的竞争对手的时候，都倍感失落，只有张德恒充满了自信，他是渴望有一个竞争对手的，良性的竞争对企业的成长是大有裨益的，良性的竞争对行业的发展也有推动作用。

作为一个研制密封胶的专家，张德恒虽然乐于看到竞争，但他头脑也十分清楚，眼下研究所的固定资产投资过多，如果打不赢这场商战，企业将无路可退，以后就很难发展了，可以说这一场商战将决定研究所的命运。

张德恒召集了研究所所有的中高层人员，集思广益是张德恒一贯的做事风格，他让大家把自己的想法都说一说，看看有什么好的办法来应对这次危机。张德恒仔细听了大家的意见和建议，并把有价值的建议和意见认真整理到笔记本上，他要好好想想对策。

新的职工宿舍楼建好了，许安民也分得一套房子，虽然房子不是很大，但他已经很知足了。自从来到了张德恒的研究所，待遇比原来单位要高很多，对此许安民已经十分满意了。并且，张德恒对员工的关心也让所里的职工都十分感动。

一天晚上，许安民正在家里准备吃饭，忽然听到有人敲门。开门一看，许安民不禁感到有些吃惊，来的不是别人，正是孙国安。没有过多的寒暄客套，孙国安便直奔主题表明来意。他来到许安民家里主要是想让许安民和他一起干，工资翻倍，并且答应给许安民一套更大的住房。许安民没有过多思索就一口拒绝了，或许和孙国安干会得到更好的待遇，但有些事情是有原则的，做事是有底线的。许安民坚持了他的原则，坚守了他的底线。

郑州中原研究所生产的密封胶销量严重下降，必须赶紧找到解决办法，尽快做出决断。沈阳黎明门窗厂基本上不再使用张德恒的密封胶，MF-830 是研究所主营产品，研究所的盈利全靠 MF-830，而 MF-830 最大的用户就是沈阳黎明门窗厂。研究所的资金已经所剩不多，还要还贷款，还要购买原材料，还要发放工资，张德恒的压力越来越大，能够节省的开支他都要求财务部进行严格控制。但是张德恒也有一个原则，无论资金多么紧缺，员工的工资必须按时发放，员工就是靠着每月的工资生活的，如果工资不能按时发放，对员工的生活影响会很大。所以，无论多么困难，张德恒从没有拖欠过员工一次工资，这一原则一直坚持到现在。研究所已经成立 30 多年了，这么多年，决不拖欠员工工资的传统一直传承，这就是张德恒的原则，这就是张德恒对员工的责任，这就是张德恒的人格魅力之所在。

吃过晚饭，张德恒在楼下散步，正好碰到了许安民。许安民看到一向自信的张德恒神情有点失落，研究所陷入的困境，远比张德恒预期的还要糟糕，在这个时候，的确需要上下齐心协力，共克时艰。许安民劝慰张德恒："无论您做出什么决定，研究所的员工都会全力支持的，既然有竞争对手了，那就打一场商战！以郑州中原研究所现有的技术实力、人员实力及品牌实力，胜算还是很大的。"张德恒坚定了信心，不再犹豫，既然有竞争，那就全力以赴去应对！

　　第二天一早，张德恒召集了研究所的全体员工，为应对竞争做出部署：第一，确保产品质量稳定可靠。虽然中原所生产的产品已经经过市场的考验，证明质量没有任何问题，但张德恒之所以再次强调产品质量要求是有所考虑的，20多年的研究经验告诉张德恒，密封胶作为一个有机合成产品，经得起时间考验才能算是真正的合格。现在对方使用的密封胶在价格上相对低廉，但很难说能够确保密封胶的质量。中原所首先要坚守好质量关，如果长期和竞争对手耗下去，一定是质量好的获胜。第二，严格控制成本，减少不必要的支出。如果和竞争对手正面交锋，很有可能演变为越来越激烈的价格战，这样一来就要看谁的产品利润空间大，谁的价格更加灵活，谁在市场竞争中才能赢得主动。第三，派许安民、黄国杰赴沈阳做客户公关工作。很多事情并不是仅仅靠技术就能够解决的，最根本的还要靠人来解决，把人的工作做好了，事情才能向好的方向发展，如果人的工作都没有做好，那么可以办成的事情也一定很难办好。第四，抓紧时间进行硅酮密封胶的研究。硅酮密封胶有着优异的耐老化性能、耐紫外性能和拉伸性能，相比聚硫密封胶，硅酮密封胶除了在水蒸气透过率上不如聚硫密封胶外，其他性能都略胜于聚硫密封胶。在国外，硅酮密封胶在建筑幕墙上的使用已经逐渐普及，市场前景远远优于聚硫密封胶。一旦聚硫密封胶的价格战打起来，势必行情暴跌，再想把价格抬上去是很困难的。按照产品生命周期理论，开发新产品是确保利润率的很有效的方法，不但能够推动技术进步，也能够为企业带来可观的利润。部署完这几项工作之后，张德恒没有再说什么，在这个关乎研究所生存的节骨眼上，他觉得说得再多，不如大家齐心协力行动起来，共同把眼前的这几件事情办好。

在改善产品质量上，张德恒现有的密封胶生产配方已经很成熟了，产品也得到市场的广泛认可。如果说有可能出现质量问题，主要会产生在原材料和生产环节。为此，他们使用的原材料，除了选择国内大型原材料生产厂家外，还选择从日本进口原材料。日本东丽集团就是在那个时候开始和郑州中原研究所建立起合作关系的，日本东丽也是日本最早进入国内的化工企业之一。为把好生产关，张德恒召集质检人员开了一个专题会议，要求任何一批货物都要责任到个人，严把质量关，产品有任何瑕疵都不许出厂，确保出厂的每一批产品都是完美的。

生产成本也是张德恒重点关注的方向之一，但任何涉及质量的成本都决不能缩减，这是张德恒的原则。这一原则张德恒一直坚守着，直到现在公司也一直坚持和传承着这一原则。无论企业多么困难，原材料必须使用最好的，无论利润高低，都必须确保产品的质量，这是郑州中原研究所的责任。

控制成本有保有压，对于能够缩减的行政开支，张德恒则尽一切努力去缩减。只要不涉及产品质量方面，他都会去严格控制成本，但是员工的工资不但一分钱不会缩减，而且每年他都会努力提高员工的福利待遇。在当时，张德恒给员工发放的工资是最高的，各种福利待遇也是最好的。

张德恒在强化研究所内部管控的同时，"节流"不忘"开源"，加紧派许安民、黄国杰再赴沈阳，去进一步了解相关情况。

隆冬的东北，一派北国风光，虽然室内的温度温暖如春，但室外是另外一番冰天雪地，寒冷的气候让人不愿意在室外待上哪怕一分钟，更不敢贸然去领略北国风情。许安民和黄国杰都把自己裹得严严实实的，尽管穿着厚厚的棉袄棉裤，但依然难以抵御滴水成冰的彻骨严寒。

许安民多次造访沈阳虽然已是轻车熟路，但这次与以前赴沈的目的大不相同。许安民拜访了沈阳黎明门窗厂的所有相关领导，他们也很客气地接待了二人，但一谈到再次合作的问题，他们就有意回避。有的领导在单位见不到，许安民就跑到他们的家里登门拜访。每逢这时，黄国杰就蹲在楼道口等着。沈阳隆冬的夜晚，让黄国杰吃尽了苦头，凛冽的寒风打透衣服，顿感周身刺骨，他只能在外面不停地原地小跑，而许安民在里面也并没有取得什么结果。虽然人家很热情地和许安民谈着，但这仅仅出于礼貌礼节，关于合作的问题却没有取得丝毫进展，价格依然是取得合作的最关键的掣肘。

郑州中原研究所生产的密封胶当时的售价是每公斤30元。这是一个什么概念呢？那时普通工人的月工资也就100元左右，3公斤的密封胶就相当于普通工人一个月的工资。按照现在一个工人的月工资是3000元，那么当时1公斤密封胶所包含的价值折合到现在相当于1000元。如此高的价格，对一些门窗企业来说确实是一个较大的负担。沈阳黎明门窗厂使用孙国安工厂生产的密封胶，价格要比郑州中原研究所生产的低许多，这也难怪沈阳黎明门窗厂会不用张德恒的产品。但是，密封胶虽然在整个门窗系统当中属于小物件，却起着至关重要的作用，好的门窗密封胶可以很好地保证门窗的密封质量，冬天能够有效保持室内的温度，夏天能够有效隔绝外面的热量，雨天还能够防止雨水通过门窗渗入室内，因此密封胶的作用是至关重要的。使用在门窗上的密封胶，不仅长期处于阳光曝晒当中，而且要经受寒冬酷暑的考验，因此对密封胶的性能要求是很高的。如果仅仅为了降低成本而牺牲性能，那么用不了两年时间，涂抹在门窗接缝处的密封胶就会出现开裂现象，从而失去密封胶应有的作用和效果。

尽管许安民和黄国杰使出了浑身解数，但说破了嘴皮子也毫无进展，只得乘火车回到了郑州。此时，张德恒心里已经有数了，一场不可避免的商战拉开了序幕。

北京亚运会亚运村使用的密封胶除了国外进口产品，就是张德恒生产的MF-830了。作为一个大型国际体育项目，很多场馆及运动员宿舍等建筑同时开建，用胶量也是很大的，这样的一个机会为张德恒打好这场战役提供了基础。

郑州中原研究所生产密封胶的机器虽然没有满负荷运转，但也没有停止运转，虽然销量大不如前，但还能维持运营，这样张德恒的心里就有了充分的信心。因为张德恒比谁都明白，他需要的不是去搞公关，他需要时间，时间是张德恒的王牌。虽然时间对大家都是公平的，但时间考验的不仅仅是双方的技术储备和资金储备，更为重要的是时间还考验着密封胶的性能。作为密封胶资深专家，张德恒判断，以竞争对手现在的价格，其基胶含量不会很高，或者说基胶的性能不会很好，基胶的含量越高，密封胶的性能相对来说会越稳定，而基胶的多少也直接影响着产品的价格。因此张德恒断定，对方基胶含量是不高的，经过一到两年的曝晒之后，密封胶肯定会出现问题。当时能够使用密封胶的建筑都是一些标志性的建筑，如果密封胶在这些建筑上出了问题，那么对于门窗企业来说是很难承受责任的。基于这样的考虑，张德恒现在要做的就是确保产品的质量，降低生产过程中的成本，积极研发新的产品，一方面打赢这场商战，另一方面开辟新的战场。当然他也深知，即便这次打赢了竞争对手，对行业的影响并不是一两年就能够恢复元气的，但这次商战还必须打，这不仅仅是市场占有量的竞争，也是品牌影响力的竞争，更是为新产品争取时间的竞争。这次竞争是不能有任何闪失的，因此也充满着背水一战的味道。

与传统的密封胶相比，硅酮密封胶的优势是很大的，硅酮密封胶代表着产业未来的发展趋势。张德恒一直在关注着硅酮密封胶的发展，1988年他就已经对硅酮密封胶进行立项，也是国内首家设立硅酮结构胶研究课题的单位，这就是张德恒对于行业发展前瞻性的体现。张德恒很明白，应用在门窗领域的优势，一定会让硅酮密封胶成为未来行业发展的重要方向。聚硫密封胶在中空玻璃领域的应用，还有一定的优势，但在门窗方面的优势会越来越少，并且产品降价之后，想再提上去基本上是不可能的事情了，在建筑领域，它被硅酮密封胶取代只是一个时间问题。如果中原所在这次和对手的竞争中没有取胜，那么在硅酮密封胶领域就得形成突破；如果这次竞争中获得成功，那么张德恒也会加大硅酮密封胶的投入，只是一个投入量多少的问题。

张德恒把一切都安排妥当之后，中原所有足够的底气来打这场价格战，降价！虽然张德恒最鄙夷的就是价格战，但现如今他已经没有别的选择，新产品的推出需要一个过程，银行还贷压力陡增，员工的生活指望着研究所的发展。

如果说张德恒承受着巨大压力，那么这个压力主要来源于员工的生活保障，他要对跟着自己的每一位员工负责。

产品的价格降了，并且降低的幅度也是很大的，在保证产品品质的前提下，研究所产品从较高的价位降了下来，产品的竞争力大大提高，原本一些没有合作的客户，通过产品的降价可能会形成合作。

本以为降价之后产品的销量会大增，但事与愿违，实际情况完全没有预想的那么好。沈阳黎明门窗厂还是不为所动。原来大家都在降价，中原所刚一开始降价，竞争对手立刻就随之降价，因此中原所产品的价格优势马上被抵消了。困境依然摆在张德恒的面前，眼前的困局张德恒仍然没有打破。

北京亚运会建筑用胶量的增加，让张德恒暂时松了一口气。

有句老话叫作"屋漏偏逢连夜雨"。近年来，张德恒在基础设施上的投入太大，从而造成了资金链紧张的局面，如果这些基础设施建设能够陆续进行，或者不同时开工建设，张德恒是不会顶着如此巨大的压力的。但市场前景广阔，社会需求量巨大，张德恒大规模投入基础设施建设也是不想错失良机。建设之初，张德恒已经预先做好了销量下滑的准备，但没有想到会出现市场价格断崖式下降的被动局面。郑州中原研究所的资金链越来越吃紧，各方面的支出也越来越多，张德恒决定再次对产品降价，但这次他要打个组合拳：一是对产品进行适当降价，二是积极研究开发硅酮密封胶等新产品，三是加快中空玻璃密封胶的研发速度，在把现有产品做扎实的前提下，积极推进新产品的研发推广进度。

一年之中经过多次的降价，MF-830聚硫密封胶市场价格由原来的每公斤30元，一直降到了15元，产品的利润越来越低，MF-830的市场前景顿时黯淡了下来。虽然沈阳黎明门窗厂也采购了一些，但对扭转困局也是杯水车薪；MF-840在国外中空玻璃打胶机上得到了使用，但用量远没有达到预期的目标；硅酮密封胶的研制小样已经取得了成功，但是中试还没有提上日程，张德恒的资金链已经越来越紧张，这种形势若再持续半年，张德恒真不知道该怎么办了。

一天晚饭后，张德恒孤身一人闷头在华山路94号院的院子里走着，满脑袋充斥着研究所未来发展的诸多问题。迎面走来的许安民和他打招呼他都没有听见，不得已许安民又大声招呼了一声，张德恒才回过神来。许安民非常理解张德恒埋在心里的郁闷，就用标准的河南话对张德恒说道："研究所也就困难这几个月，咬咬牙就扛过去了。我们大家都支持你的！"张德恒听到这些暖心窝子的话，郁闷减去不少，神情重新振作起来。

郑州中原研究所的机器开动频率越来越低，由于订单稀少，车间的工人们平时的工作就是维护保养机器，研究所的研究人员还在继续产品的科研攻关，但生产活动基本已处于开开停停的状态，有时候一连好几天工人无事可做。工人停歇不仅仅是劳动力没有得到充分利用，停工一天所带来的经济损失也是非常巨大的。张德恒面临的压力越来越大，每次送来的财务报表，账面上数额越来越小，资金链已经开始出现较为严重的问题。主营产品MF-830销路的不畅，也给新产品的开发带来了一定程度的影响，并且这种影响越来越呈现消极的状态。

"山重水复疑无路，柳暗花明又一村。"当一个胸怀大志的人在苦闷中徘徊，感觉到有些绝望的时候，往往希望就要降临眼前；当一家志存高远的企业濒临破产边缘，依然在困境中奋力拼搏，也就是离成功不远的时候。所以，创业的人在任何时候都不要失去希望。无论多么艰辛，只要鼓足勇气，坚持继续向前，向前，就会发现前方并没有想象的那么糟糕，美好愿景就在眼前。

张德恒的预判没有错误，竞争对手的密封胶开始开裂了，甚至比张德恒预计的时间还要早，经过一年左右的时间就出现开裂现象，而且情况相当严重。密封胶一旦开裂，其作用基本就失效了，影响美观还是次要，最主要的是没了密封作用，下雨会往房间内渗水，冬季冷风会通过开裂的缝隙钻进室内。而且，各类型材都有热胀冷缩的特性，密封胶如果弹性不好，热胀冷缩之后密封胶就会出现开裂现象。密封胶在当时作为一个高附加值产品，在国内建筑市场普及率不高，并且由于密封胶的价格因素，使用密封胶的建筑基本上都是大型地标性建筑，产品在这些建筑上出了问题，对施工企业的影响是很大的。

张德恒决定降价，但始终强调产品的性能、品质，他所考虑的也正是基于此。张德恒抓住时机，派许安民再赴东北，面对面把密封胶性能的重要性给沈阳黎明门窗厂相关领导做了详细的说明和知识普及，让他们也明白密封胶的重要作用，以及使用劣质产品造成的危害。

情况出现了很大的转机，正在向有利于中原所的方向转化。MF-830价格已经降到每公斤15元，远远超过沈阳黎明门窗厂的预期，并且遭遇过低劣质量密封胶严重损害自身形象的伤痛，沈阳黎明门窗厂对中原所靠诚信立足市场有了重新的认识。比较而言，中原所产品性能、质量放眼国内是最好的，如果还片面地坚守"廉价为先"而忽视"产品质量第一"的传统经营理念，将来再出现问题，对沈阳黎明门窗厂发展将十分不利。张德恒的苦心没有白费，郑州中原研究所生产的MF-830密封胶再一次敲开了沈阳黎明门窗厂的大门，被大批量采购。郑州中原研究所在这场残酷的商战中笑到了最后，成为密封胶市场竞争中的王者。

虽然MF-830利润率下降不少，但由于中原所内控成本、外拓市场，即使降价到每公斤 15 元，依然是有微薄的盈利空间的。张德恒深知，密封胶行业经过多年的发展，已进入市场充分竞争阶段，商业模式是一种零和博弈，一方赚钱意味着另一方亏钱。而依靠技术和内部控制成本的推动，则可以实现帕累托改善，在不损坏双方利益的情况下增加生产价值，挣效率的钱，让双方都能获得新的增长。这也正是郑州中原研究所要做、应该做的事。

这场商战，对张德恒的影响是巨大的，对郑州中原研究所的影响是巨大的，对整个密封胶行业的影响更是巨大的。这次价格竞争较量，虽然给郑州中原研究所造成不小的经济损失，可这场商战对于张德恒在密封胶市场执牛耳也有诸多的积极影响。张德恒在渡过这次危机的第二天就召集大家开会，总结经验教训，反思成败得失。

凤凰涅槃，浴火重生。经历过生死考验的企业，最能率先察觉到市场竞争中的血腥，强烈的生存欲望成为企业领军者变革发展的强劲动力。大家普遍认为，产品的品种较少，市场开发不够均衡，新产品研制推广不够迅捷等，这些都是造成研究所被动局面的原因，此外大规模集中搞基础设施建设，也是造成被动局面的一个重要原因。事情具有两面性，往往是利弊同在。并且，很多时候坏事能够变成好事，常常是一个好的结果并不一定比坏的结果最终带给我们的收益更多。张德恒通过这次价格战，也总结出很多经验。纵观后来的发展，他不再大规模集中式进行基础设施建设，而是始终坚持把产品质量放在首要位置，并把新产品的开发放在重要位置，持续推进产品多元化发展。

十六、开发新品

1991 年，郑州中原研究所没有发生什么太大的事件，如果非要列举一些，那么郑州中原研究所在的华山路 94 号院成立了保卫组算是一件新鲜事儿（相当于现在的保卫科），组长是刘明，一个张德恒十分器重的大学毕业生。在一个大学生并不是很多的年代，刘明作为郑州大学化学系毕业的高才生，倍受张德恒器重，再加上刘明本身勤奋、聪明，所以来到郑州中原研究所没有多久就被任命为保卫组组长，并且在科研方面也得到了张德恒很大的信任。在这一年，张德恒还招了一批专业人员从事密封胶的研究，郭月萍与邢凤群作为刘明的同学同时被招进研究所，开始负责密封胶的研究工作。

张德恒从北京来到郑州的时候就有个梦想，研制生产出世界上性能最好的民用密封胶，打破国外的垄断，创建中国自己的民族品牌，让世界了解中国的密封胶，让中国人民用上最好的密封胶。同时建成国内产品种类最全的密封胶企业，覆盖多种材料领域，能够满足客户的各种不同需求。

经过前一段时间激烈的市场竞争，张德恒深刻认识到，产品种类的齐全可以避免形成过于依赖单一产品的局面，有利于降低企业的经营风险。在实际生产中，要按照经济学家常说的那样去做，"不要把鸡蛋放到同一个篮子里"。为把鸡蛋分别放到不同的篮子里，张德恒下达了1991 年的第一号红头文件，文件的主要内容是成立中空玻璃密封胶生产线，并与密封剂生产线合并为生产车间。

郑州中原研究所研发的中空玻璃用聚硫密封胶产品性能及生产工艺已经相对成熟，但是由于国内市场应用开发刚起步，市场容量相对较小，因而局面迟迟未能打开。如果当初中原所已开发中空玻璃密封胶市场，就不会造成后来的被动局面，也不会出现因过度依赖于单一产品导致的经营风险。专门成立中空玻璃密封胶生产线，不但有利于中空玻璃密封胶的生产，也有利于集中力量扩大中空玻璃密封胶的市场营销。

人才，一直是张德恒关注的重点。为了能留住人才、吸引人才，张德恒对实验室人员每月每人额外增加保健费 9 元，每人每月增加岗位津贴 10 元。不要小看这几元钱，这相当于间接为研究人员增加了 20% 的工资，郑州中原研究所的工资水平本来就比周边企业高出好几个档次，如此一来，研究人员的工资远高出周边的企业及机关人员工资水平。此外，中原所不但给自己的职工分房，还对医疗管理制度进行了改革，并根据员工的年龄来进行报销等级划分，打破了职务的束缚。员工年龄越大，得病的概率越高，相应的报销比例也越高，超过 50 岁的员工报销比例已经达到了 100%，普通员工最低的报销比例也达到了 70%。张德恒从各个方面解决了员工的后顾之忧，使员工能够踏实进行工作，有效降低了人员流失比例，同时也提高了员工的积极性。但员工福利待遇的提高，相对应的是对产品质量要求更加严苛，张德恒同时规定："如果生产过程中出现质量事故，扣除责任人当月的全部奖金和岗位津贴，并扣除年终奖金的五分之一；若一年内发生三次质量事故者，将调离其工作岗位，另行分配工作；实验室全年出现两次以上质量事故，取消先进集体评选资格。"

产品质量是郑州中原研究所能够在市场上立足，并得以快速发展的至关重要的因素。张德恒作为一位与密封胶打了大半辈子交道的资深专家，看待产品质量，眼里是揉不进任何沙子的，决不允许出现任何一点产品质量问题。在建筑密封胶领域，出现质量问题的后果影响是巨大的，是任何企业都不能够承受的。张德恒正在进行硅酮结构胶的研究，硅酮结构胶产品更是不能出现任何质量问题，硅酮结构密封胶连接着玻璃和型材，如果硅酮结构胶出现质量问题，会对人的生命安全造成极大危害，因此，对产品质量的苛刻要求是十分必要的。这也是张德恒高度重视产品质量的原因之一。

张德恒很清楚自己的"短板"，郑州中原研究所作为内陆腹地河南的一家企业，不像沿海开放地区企业和外资企业那样更擅长企业的产品公关宣传，他能做的就是把产品质量做好，让时间来锻造自主品牌。但这并不是说张德恒忽视企业宣传，不做产品营销，而是他十分清楚，当产品价格势均力敌的时候，产品的品质将是取得竞争优势、最终制胜市场的一个重要砝码。张德恒是一个追求完美的人，他的心思更多地投向努力追求产品的完美，任何不足他都要去克服。

在合成橡胶门类中，丁基橡胶的水蒸气透过率最低，气密性最好，中空玻璃有两道密封胶进行密封，最里层的是用丁基密封胶来密封，主要起到一个隔绝空气和粘结固定玻璃的作用。但丁基密封胶的粘结力又比较小，因此第二道密封，也就是靠外层的密封胶，一般使用聚硫密封胶或者硅酮密封胶。衡量中空玻璃优劣的主要指标是它的气密性是否合格，因此丁基密封胶在中空玻璃中起着至关重要的作用。我国的丁基密封胶的研究起步较晚，国内丁基密封胶市场基本是被国外品牌垄断，但高昂的价格往往使国内中空玻璃生产厂商苦不堪言，望而却步。作为密封胶研究方面的专家，张德恒提出："我们的研究来自客户的需要。"他下决心要改变这一局面。

张德恒长期从事聚硫密封胶研究，对于丁基密封胶领域虽并不陌生，但搞研发，他也是一个新人，研究的困难是可想而知的。而且，国内对丁基密封胶的研究几乎是从零起步，相关文献更是少之又少，因此张德恒研制丁基密封胶承受着巨大的失败风险。但脾气倔强的张德恒就是不服这口气："外国人能生产的我们也能生产。"在研制丁基密封胶过程中也带着他的倔强性格，别人研制的很成熟的产品，张德恒不去研究，他的研究对象基本是国内空白的产品，并且大多是国外垄断的产品。每当回忆起当初研发丁基密封胶等国产项目经历的曲折，张德恒情绪不免显得格外激动，口气总是那样坚定："树立一个目标，不管别人理解不理解，国家没有就必须填补国内空白！"

在他的带领下，经过郑州中原研究所科研人员顽强攻关，中空玻璃密封胶生产技术1991年已经相对成熟，但是市场培育还是需要一段时间。MF-830经过惨烈的价格战，产品虽然还有微薄的利润，但市场环境的恶化，驱使行业重新洗牌，产品结构升级已是大势所趋。创业的基因又一次激发了郑州中原研究所改革创新的紧迫感。对于打造可持续的核心竞争力——科技创新能力，从未如此坚决过。张德恒果断下定决心，减少 MF-830 的相关投入，主攻 MF-840。

当时 MF-840 中空玻璃用聚硫密封胶的价格是每公斤 35 元，利润空间相对较大，随着我国改革开放的进一步深入，中空玻璃的市场拥有量不断扩大，市场容量不断提高，大批中空玻璃加工厂在东南沿海地区如雨后春笋般快速发展。这些中空玻璃加工厂的规模都不是很大，但发展速度极快，他们应用的中空玻璃密封胶，一部分是来自国外进口的洋货，还有一部分是国内市场销售的国产货。张德恒研发生产的 MF-840 性能十分稳定，并通过了省级鉴定。从产品性能对比来看，MF-840 与国外产品基本没有差别，耐老化性能、水蒸气透过率等指标甚至已经超过了国外产品。由于 MF-840 销售价格是 MF-830 的两倍以上，即便销量不到 MF-830 的一半，也能够赚到十分可观的利润。硅酮密封胶的研究已经取得阶段性成果，并于 1990 年在华山路 94 号院的传达室得到了成功应用，产品使用效果良好。张德恒的产品多元化构想正在一步步转化为现实，虽然前方路程遥远，但张德恒一直在努力前行！

随着郑州中原研究所发展规模越来越大，张德恒越来越认识到商业机密的重要性。从研究所里走出去的研究人员，好几位都建立起了自己的密封胶厂，并且和郑州中原研究所在市场上展开了激烈的竞争。张德恒不怕竞争，对于自己研发产品的品质与性能，他心里十分有数，而且充满了自信。但面对那些小厂挑起的恶性竞争，中原所和那些小厂耗不起，也不想和它们耗。这些小厂盗取张德恒的研究配方，再贴个牌子，回过头来和中原所进行竞争，并用劣质原材料降低价格，严重扰乱了正常的市场秩序，对这样的竞争张德恒有一种发自内心的厌恶。因此，研究配方的保密工作成为一件必须提上日程的大事。

吃尽过多的苦头，遭受太多的教训，让郑州中原研究所迫切需要建立健全相关保密制度，来维护自身的权益。在一个知识产权保护并不十分规范，并且大多数人还不懂得怎样保护知识产权的时代，制定一个保密制度的确具有超前意识，是一种对知识产权保护很不错的选择。

20 世纪 90 年代初，针对国内市场充斥着的山寨密封胶产品，张德恒制定了新的保密制度，该制度一共分为七个条款，并从 1992 年 7 月开始实行。具体内容包括：①各课题组的产品配方和生产工艺是本所的核心机密，必须严格保密。研究记录、生产配方本、生产工艺，必须严格保管，严防泄密。②所委会研究的经营策略、价格政策、市场机密信息，任何人不得向外泄露。③关键小料的配料间除配料人员外，严禁任何人进入。④供销科的客户来函记录、客户名单、订货合同、账本、发票等，用完必须放回规定的地方锁好。⑤严禁课题人员在课题组或实验室会客。⑥生产车间严禁外人随便进入。未经所长批准不得将自己的朋友、熟人带入车间参观。⑦本所人员调出后（含退休人员）不得利用本所技术生产本所同类产品。不得利用本所名义进行商业活动。

上述七条措施有效保证了研究所的研究机密不被外泄，从而减少了新产品开发中出现泄密情况。这样的措施在当时是十分实用的，也产生了积极的成效。但任何管理制度都不是永恒不变的，需要与时俱进不断完善。保密七条虽然在一定阶段发挥了应有的作用，却依然难以避免泄密事件的发生，郑州中原研究所又一次发生大规模的产品配方泄密事件就证明了这一点，当然这是几年后的事情了。

总的来说，张德恒率领他的团队以"敢为天下先"的创新精神，推进的各项改革措施都取得了一定的成效，这是显而易见的。如果说中国的改革开放是摸着石头过河，那么作为改革大潮的弄潮儿，张德恒也是在摸着石头过河，他在探寻一条适合郑州中原研究所发展的自我之路，虽然这条道路充满荆棘、曲折又漫长，但张德恒始终坚持走下去，没有放弃。

1991 年是一个极其普通和平凡的年份，虽然研究所刚刚经历过一段困难时期，但熬过去之后，取得的业绩还是十分喜人的，经济效益大幅增长，并且还获得了"明星企业"的称号。成绩的背后，不仅与大家的共同努力分不开，也彰显出张德恒有着自己一套经营管理思路。

张德恒对个人生活标准的要求是很低的，即便研究所的效益在郑州市都名列前茅，但他平常从不讲究吃穿，身上穿的大多是穿了好几年的旧衣服，吃的也不外乎家常便饭。张德恒对物质生活的索取实在是微乎其微，但对密封胶研发的追求一直是精益求精，他对待员工则是尽最大努力去满足大家生活的需要。张德恒作为研究所的所长，每次给员工涨工资他都会当成头等大事，跑区里，跑市里，他认为这是他分内的事情。1992年刚刚到来，张德恒就又开始为员工的工资而四处奔忙。郑州中原研究所的性质很是特别，也是那个年代的一个鲜明写照，研究所一部分员工是事业单位编制，另一部分是企业编制，若员工工资上调一级，两个编制则很难统一。张德恒只能根据研究所的具体情况，妥善处理好二者的关系，规定事业编制的员工，按照标准工资加工龄工资，与企业工资级别相对应的等级上浮工资；企业编制的职工按企业工资等级上浮工资。员工增加工资是件好事，处理得合理得当，不但能够调动员工的积极性，对于研究所的凝聚力也是十分有帮助的；但处理不好，则会挫伤员工工作的主动性和创造性。张德恒希望员工们都能够生活富足，也希望全所员工能和他一起开拓出中国密封胶产业的一片晴朗的天空。

1992年，度过寒冬的郑州中原研究所又迎来了一个好年景。郑州中原研究所根据市场环境改变而制订的计划任务量，不到半年就已经完成了全年的生产销售任务。截至当年5月，一共销售65吨，销售额达到204万元，更让张德恒感到兴奋的是，1—5月从传统意义上讲属于行业销售淡季，淡季就能够有如此高的销量，那么旺季的销量又会有多少呢？据此可预期未来几年内，市场容量会持续增长，销量会持续增加，现有生产能力一定会比较吃紧。与其临时抱佛脚，不如把工作做到前面，凡事预则立，不预则废。但研究所的自有资金并不是很多，贷款成为不二的选择。张德恒雷厉风行的性格，让他没有做任何的耽搁与停留，他让财务做出了一个大概的预算，预计需要70万元的资金。当时融资的渠道并不是很多，张德恒向河南省建设投资总公司借贷了这笔款项，购置了相关设备，使郑州中原研究所的年生产能力一下子提高到400吨，为以后的发展奠定了基础。

十七、开发大客户

"不要把鸡蛋放到同一个篮子里。"这是经济学家经常讲到的经营谋略，一方面可以有效地规避经营风险，另一方面也可以扩大产品覆盖面及影响力。张德恒深知企业搞经营，决不能在一棵树上吊死，试图打破依赖单一客户、依赖单一产品的营销格局，加大对新产品的研发力度，提高其他产品的市场占有率，积极开发新客户就成了研究所一个新的经营方向。1992年，中国改革开放持续深入，东南沿海地区愈加繁荣，市场前景越来越被看好，张德恒研制的密封胶社会需求量越来越大，一些客户也逐渐进入他的视野，成了研究所重点关注的对象。但如何开发和维护好这些客户？这一道关乎郑州中原研究所事业兴衰的必答题，摆在了张德恒面前。

寻找重点客户是避免经营风险的良策，但这些重点客户也不能过于集中。一家企业过于依赖一两家客户，就如同把鸡蛋放到了同一个篮子里，会有一定的风险，遭遇到激烈的市场竞争，企业往往就陷于被动之中。如果手中握有一二十家重点客户，东窗不亮西窗亮，有利于降低企业的经营风险，也有利于提高密封胶的市场占有率，提高企业的知名度。选择重点客户，必须符合一定的要求，首先，重点客户要拥有巨大的市场影响力，或者有望形成巨大的市场影响力。其次，重点客户每月的产品使用量要保持稳定。一个月使用量惊人，一个月不使用，这样的客户即使用量再大，也不能完全选定为重点客户。再次，有些重点客户或许现在使用量不大，但市场潜力惊人，这样的潜在客户也是张德恒想要重点发掘与跟进的。

2013 年，已经 77 岁高龄的张德恒，还是习惯每天都来到自己的办公室，第一件事就是看财务报表。他手里拿着 iPad，无论走到哪里，都会把这部 iPad 带到身边，他要求公司财务部每天把当天的发货情况以电子版的形式发给他，财务报表也要及时发给他，无论走到哪里，他只要打开 iPad 就可以了解当天财务的收支情况。

对数字特别敏感的张德恒，往往让财务人员很头疼，尽管张德恒年事已高，但记忆力还是那么好，很多数字他过目不忘，并能够牢牢记在心里，财务人员哪怕出现一点点的疏忽，张德恒都能发现。每天给张德恒传送报表的时候，财务部总会找两个人共同来审核相关的数据，以免出现差错。

每当年初的时候，张德恒对一件事情会特别关注，那就是南玻集团当月的用胶情况与招标情况。一年当中，南玻集团的招投标结束后，张德恒对这一年的市场情况就基本上已经了然于胸了。作为国内乃至世界上知名的玻璃集团，南玻集团在行业内有着巨大的影响力，其创办时间是 1984 年，与张德恒创建郑州中原研究所几乎是共同成长起来的，并且在 20 世纪 80 年代双方就已经有过很多接触了。

1984 年 8 月 17 日，经深圳市人民政府批准，中国南玻集团股份有限公司的前身——中国南方玻璃有限公司成立。注册资金为 50 万美元。四家股东分别为香港招商轮船股份有限公司、深圳市建材工业集团、中国北方工业深圳分公司、广东国际信托投资公司。同时，南玻公司召开第一次董事会，确定了董事会成员、总经理人选，由袁庚任董事长，曾南任代理总经理。纵观 20 世纪 80 年代，南玻集团的名气远没有现在大，无论从规模还是技术方面看，在国内并不突出，但深圳作为改革开放的窗口，有着得天独厚的区位优势，伴随着国家改革开放的全面展开，南玻集团的发展速度也是非常惊人的。

张德恒开拓新领域、发掘新客户的想法一直没有中断过，而且研究所的发展一直在稳步推进。虽然中原所那时最大的客户仍然是沈阳黎明门窗厂，但对市场趋势和行业发展具有敏锐观察力的张德恒，已经洞察到中空玻璃市场的巨大潜力，以及中空玻璃在我国日渐普及的大趋势。如果说东北市场的门窗企业是张德恒坚守的当下，那么南方市场的中空玻璃企业就是张德恒要开发的未来。东北市场具体业务都是由许安民来操持的，而南方市场则由张学才来负责。

20世纪90年代初，中国犹如一个刚刚苏醒的巨人，充满着巨大的能量和旺盛的朝气，百业待兴，一切都显得生机盎然。特别是南方市场，扩张速度十分惊人。市场的快速发展在张德恒的预期之中，但他没有料想到会如此疾速。那时国内拥有全自动打胶机生产线的企业仅仅三家，分别是上海耀华、深圳光华、秦皇岛耀华，都是中国最早做中空玻璃的企业，也代表了当时中国中空玻璃行业的最高水平。但是，最初这些企业都不愿意使用张德恒研制的产品，因为当时国内没有中空玻璃生产设备，所有的设备都是进口的。如此昂贵的设备，这些厂家宁可使用国外较贵的聚硫密封胶，也不愿意冒风险使用国产货。即使张德恒研发的产品在性能上完全能够满足要求，但是想要挤进这些企业的大门，也是相当不容易。

郑州中原研究所基本上是和南玻集团同时成立的，刚开始与南玻集团接触的时候，南玻集团也仅仅十几个人，几台非常简陋的设备，在一个不大的厂房内施工，但南玻集团的管理水平是十分令人赞叹的，在20世纪90年代初就成为国内第一批上市公司，步入了快速发展的轨道。

20世纪90年代初，郑州中原研究所负责市场开发的部门是计划经营科，从字面上仍旧能够看到计划经济的味道，但在与密封胶打了大半辈子交道的张德恒看来，名字不重要，重要的是这个部门去做什么样的工作，怎样开展工作。郑州中原研究所虽然坐落于中原腹地，但对于市场有着敏锐洞察力的张德恒，已经认识到了南方市场的广阔。郑州中原研究所依靠东北市场虽然有了较大的发展，但这和张德恒心目中那个宏伟的密封胶王国还相差甚远，而南方市场，特别是广州、深圳等地区，作为中国改革开放的窗口，将来的发展一定会令人咂舌，这一点张德恒十分确定。计划经营科总共没有几个人，但张德恒还是抽调出几个主力去开发南方市场。或许现在看来仅仅靠几个人开拓南方这一大片市场显得力量太过单薄，但在20世纪80年代末90年代初，中国能够使用张德恒密封胶的厂家也是屈指可数。

南玻集团对郑州中原并不陌生，从20世纪80年代起双方就有着很好的交往，久而久之，无论是南玻集团高层领导，还是下面的员工，对郑州中原都比较了解。由于张德恒特别重视南方市场的开发，所以手下的人对于南方市场也都格外重视，优质资源总是紧着南方市场供应。

经过了一轮价格战之后，MF-830的价格无法再提上去，而恰恰在这个时候，密封胶原材料已经开始大批量进口，这样虽然可以更好地保证张德恒研制密封胶的质量，但同时也给张德恒带来了很大的压力。新兴市场、新的应用领域必须加快开发，否则会给企业造成新的生存危机。张德恒把希望寄托在了两个产品：一个是中空玻璃用密封胶，另一个是硅酮密封胶。南方市场的中空玻璃用密封胶潜力很大，硅酮密封胶的发展前景又是最好的，首先应该解决的是中空玻璃密封胶的市场开拓。当时国内使用国外密封胶的厂家将产品与张德恒生产的MF-840做对比后发现，国产货与进口货性能基本一样，但MF-840价格要远远低于国外同类产品，而且郑州中原研究所的售后服务十分便捷，只要密封胶出现问题，一个电话打过去就会得到妥善解决。

南玻集团最初使用的中空玻璃用密封胶，也是从国外进口的，张德恒作为一个中国培养出来的密封胶的技术专家，在内心深处看不上这些洋品牌，在综合性能上他研发的产品丝毫不亚于国外产品，而且当时中空玻璃生产厂家主要从德国进口聚硫密封胶，售后服务基本上是空白，让这些玻璃生产厂家也很头疼。如果使用国产密封胶，基本上国内没有几家能够生产，即便价格相对便宜，但施工习惯等方面的问题，使得大家都不愿意去更换成国产密封胶。

张德恒下定决心一定要改变这一状况。与洋货相比，中原所产品质量基本相当，国外品牌的服务较差，那么张德恒就在服务上下功夫，而价格仅仅是国外产品的一半，这样的价格也让国内中空玻璃生产厂家十分心动。张德恒研发的产品性价比是很高的，虽然每公斤30元在大多数人的眼中价格已经高得离谱了，但在密封胶行业这个价格还是很有竞争力的。中原所生产的密封胶在20世纪90年代初开始在南玻集团试用，各方面表现都很不错，达到了南玻集团的相关标准要求。张德恒很开心这么快就一举打开了中空玻璃用胶市场，但开心没有多久，问题就出现了。

一天早上，张德恒正在研究所工作，电话铃响了起来，他拿起话筒，里面传来了一个非常急切的声音："中原所密封胶在南玻使用的过程中出现问题了！"原来，因密封胶固化过快，以至于有的胶还没有打出来就已经固化了，而且更为糟糕的是，这些密封胶还堵塞了全自动打胶机。这些设备都是进口的，是南玻的宝贝。张德恒听到这样的情况，心里其实已经对事故原因大致有了数。当时除了中原所能够生产密封胶之外，国内还有两三家企业也能够生产密封胶，但当时的密封胶并不是双组分，而是多组分的，当胶在施工的时候，要打开好几个包装桶，把里面的胶料混合了之后才能够使用，而这对于混胶的要求就特别高。张德恒在研制中空玻璃密封胶的时候，就已经决定摒弃这种形式的密封胶，研制出一种便于使用的双组分密封胶。密封胶很快便研制出来了，但当时国内的工业水平和国外相比还是有很大差距的，密封胶在实验室状态下没有任何问题，但经过长途运输之后就容易出现一些问题，这和产品的包装有很大的关系。这个虽然不是产品的问题，但还是一直困扰着张德恒，在难以提高包装水平的情况下，他只能反复更改配方，去适应这种包装带来的不稳定性。

张德恒接到南玻集团打来的电话之后，对于问题的根源已经有一个基本的了解，MF-830 也曾出现过同样的现象，于是他连夜又赶制生产出一批新配方的密封胶，并且要求研究室的科研人员会同销售人员都去厂里妥善解决这个问题。

20 世纪 90 年代去趟深圳，并不是一个简单容易的事情，需要到公安局开介绍信，并且去深圳的目的要有详细的说明，加盖单位的公章之后才能够去公安局申请，申请通过之后会下发一个证件，拿到这个证件之后才能够去深圳出差。等把这些都办理好之后，他们就坐着研究所的五十铃小货车立即赶赴深圳。后面拉着货物，前面坐着人，当时从郑州到深圳也没有高速公路，需要三四天的时间。饿的时候，他们就在路边找一个小饭店吃点东西，吃的时候一个人还要看着车上的货物，毕竟一公斤 30 元的货物在当时可是价值连城的，容不得半点闪失；睡觉的时候，基本上也是在车上睡一会儿，并且还要有一个人看守车上的货物，其他人才敢睡觉。就这样一路上风餐露宿几天几夜，等到了深圳之后也未做任何停留，就直奔南玻集团的工厂。

与张德恒预料的一样，由于产品包装等各方面的原因，密封胶在使用过程中会出现固化速度较快的现象，造成密封胶堵塞了机器。研究室的研究人员赶快帮他们清理堵塞的胶枪和胶管，这一切都清理完之后，已经是满脸黑黑的，犹如唱京剧的包公一样。他们也顾不上洗脸，就直接让南玻集团的工人去试验新的产品，看是否还会出现相关问题。经过一番认真细致妥善的处理，南玻集团的生产一切正常了。他们会把那些"问题胶"再拉回郑州，这样往返需要几天的时间，大家的辛苦是可想而知的。也正是由于他们的辛苦努力，赢得了诚信，收到了很多回报，客户对郑州中原研究所的服务水平越来越满意。经过短期的磨合，客户对张德恒生产的 MF-840 也积累了充足的使用经验，一切都朝着好的方向发展。但张德恒依然忧心忡忡，因为有更广阔的市场等着中原所去开拓，自己已经准备好了吗？

十八、开拓新市场

　　建筑密封胶在国外已形成规模庞大的独立产业，而我国民用建筑密封胶市场则被来自美国、德国、法国等国家的几家公司垄断。在 20 世纪 80 年代中期，中国改革开放持续扩大，一些地区高档建筑拔地而起，这些建筑使用的玻璃幕墙开始在国内一些大型建筑上陆续登场，但是制造玻璃幕墙的密封胶还完全依靠从西方国家进口，每年需要花费国家大量外汇。

　　最早的幕墙建筑可以追溯到 1851 年。1851 年，英国阿尔贝特亲王决心举办第一届世界博览会时，维多利亚女王通过各种外交途径向友好邻邦发出了参会邀请，各国建筑师提供了 245 个建筑设计方案，但无一中选。主要因为这项规模宏大的建筑必须在一年内建成，博览会结束后还要便于拆除。英国建筑委员会希望这个建筑在拆除后还能在另一地重建利用。园艺师帕克斯顿本来没有打算参与展览大厅的竞标活动，但听说所有的方案都被否决了，这个项目才引起他的注意。经过对海德公园场地的考察和深思熟虑，他立即毛遂自荐，愿意提供他设计的建筑方案，这是一个放大的玻璃房。他写信给艺术协会请求对他的设计进行陈述，艺术协会同意他的请求。但给予的条件是：必须在两星期内完成方案，并带有详细说明。此外，建筑结构能够同时容纳一万人，并可展示来自世界各国的众多的展品，而建筑本身是个临时建筑，博览会后必须拆除。帕克斯顿接受了设计条件，并声明他会在 9 天内完成计划。此后的几天，帕克斯顿在家中夜以继日、通宵达旦地设计，他以立面、剖面图的形式画出了建筑的基本形态。6 月 20 日，帕克斯顿带着他的图纸前往伦敦。6 月 22 日，《伦敦新闻画报》再次刊登官方设计方案细节时，建筑委员会也见到了帕克斯顿的计划并迅速推荐给组织委员会，同时征求民众的意见。顿时，公众舆论偏向了这个新颖别致、优雅美观又是临时性的建筑设计。7 月 15 日，建筑委员会接受了帕克斯顿的建筑79800 英镑的报价，不过，建筑委员会要求在原来基础上增加建筑物的高度，使一些树木可以罩在屋顶下得以保护。帕克斯顿测得那些树的高度后，便在设计中增加了一个桶状的圆顶。帕克斯顿的设计方案在众人的关注下最终被敲定，新闻媒体将它称为"水晶宫"，这个名称一直流传至今。1850 年 9 月 26 日，水晶宫奠基。6 个月不到就竣工了。在1852 年出版的《1851 年万国工业博览会在海德公园内建造的建筑》报告书中，作者查尔斯·唐斯写道："这个伟大的建筑由钢铁、玻璃和木头制成。最重的铸铁是梁架，长 24 英尺，没有一样大件材料超过一吨；锻钢是圆型、平型的钢条、角钢、螺母、螺丝、铆钉和大量的铁皮。木头则用于一些梁或桁架、主水槽和帕克斯顿槽、顶部梁骨、车窗锁和横梁、底层走廊地板、指示牌和外墙。玻璃是平板或圆筒状，10×49 英尺的长方形，每平方英尺重 16 盎司。3300 个空心钢柱，同时作为平屋顶的排水管；为了解决玻璃上蒸汽凝结问题，帕克斯顿设计了长达 34 英里的专利水槽，并特别设计和制造了机器来生产。窗条栏杆等也用发明的机器来上漆。在伯明翰的强斯兄弟生产了 30 万块玻璃，尺寸是当时最大的，他们设计制造了安装玻璃的移动机器车，使工人能乘车在敞开结构上进行快速安装……"整幢建筑是现代化大规模工业生产技术的结晶。

　　这个号称"水晶宫"的建筑也是人类历史上最早幕墙建筑的雏形，而幕墙建筑真正得到快速发展的地点却是在美国。真正意义上的幕墙建筑是 1917 年美国旧金山的哈里德大厦，而真正意义上的玻璃幕墙是 20世纪 50 年代初建成的纽约利华大厦和联合国大厦，利华大厦开创了全玻璃幕墙"板式"高层建筑的新手法，成为当代风行一时的样板。如丹麦在 1958—1960 年的哥本哈根 SAS，就是模仿利华大厦的造型。密斯·凡德罗在 1919—1921 年设想的玻璃摩天大楼的方案到这时得到了实现。

　　　　　　　　张德恒：密封胶工业之魂

中国第一个采用玻璃幕墙的工程是 1984 年建造的北京长城饭店。

张德恒对密封胶产业发展有着敏锐洞察力，其实在很早的时候他就开始关注硅酮密封胶的发展动向，在他离开 621 所的时候，就已经在内心深处下定决心要自主研制出中国的硅酮密封胶。虽然这些年来张德恒对聚硫密封胶的研究投入了巨大的心血，但他心底一直念念不忘研发国产硅酮密封胶，这似乎成了他最大的一个心病。

1988 年，郑州中原研究所就对硅酮项目进行了科研立项，并且张德恒抽调研究所里最具研发能力的技术人员，对硅酮密封胶进行科研攻关。作为国内密封胶领域最知名的专家，虽然硅酮类产品并不是张德恒所擅长的，但经过他和研究所全体人员的共同努力，仅仅用了两年多时间就研制出硅酮结构密封胶。1990 年，中原所硅酮密封胶的各项研制工作就已经达到了国际一流水平，但这仅仅是硅酮密封胶投放市场的第一步，还需要经过中试等各个环节的实际验证，并且要经过国内其他专家的充分论证才能够达到使用要求。但这就又产生了一个问题：密封胶研制出来后，检测设备怎么办呢？

我国新领域的发展都与学习西方有一定的关系，最初是把西方的试验方法与标准拿过来，然后等把这些都消化吸收了，再结合自身的情况，进行改良和创新。

从研制硅酮密封胶那一刻起，张德恒就很清楚，研制密封胶标准是前提，没有标准就没有研究方向，就无法判定密封胶质量的好坏优劣，他研制硅酮密封胶的目的不仅仅是要为国家研制出最优质的硅酮密封胶品牌，同时也要在技术上全面超越国外品牌。既然要做，张德恒就要做到最好。

张德恒花费了很大力气查找相关资料，国外最好的几个硅酮密封胶品牌使用的标准都是美国 ASTMC920 标准。经过仔细研究，张德恒发现，这个标准相比其他标准要严苛许多，用这个标准作为我国硅酮结构密封胶的标准是十分适宜的。

验证标准找到了，那么又该怎样运用这些标准来进行检测呢？光有了标准还不行，还需要检测设备来进行检测。国产密封胶产业发展才刚开始起步，在国内市场上购买检测设备基本上是无稽之谈，市场上根本没有相关检测设备。从国外进口检测设备也基本行不通，在 20 世纪 90 年代初，外汇十分宝贵，进出口贸易也远远没有现在这么发达，因此从国外进口检测设备的路基本被堵死了。摆在张德恒面前的路只有一条，那就是自主研发相关检测设备。

经过多方考察，张德恒选择德国门窗胶的检测设备来进行相关研究工作。德国人严谨的做事风格，让张德恒在研制水紫外检测设备时吃尽了苦头。虽然是参照德国门窗胶的相关检测设备进行研究，但因为没有成品，所有东西都只能在资料上面进行查询，然后再参考国内门窗胶的相关检测设备来进行研究。虽然条件十分艰苦，但结果没有让张德恒失望，经过多方努力，生产硅酮密封胶所需要的标准以及检测设备都已经到位，硅酮密封胶经过多年科研攻关终于研发成功了。一切都遵循着预定轨道按部就班地进行着，1993 年，张德恒研制的硅酮结构密封胶在禹州纪委大楼上成功地得到应用，这对于郑州中原研究所的创始人张德恒来说，意味着一段新的征程又即将开始了；对于国内密封胶市场来说，一个优质的硅酮密封胶产品又诞生了……

十九、起草国标

张德恒有着缜密的逻辑思维和惊人的记忆力，过目不忘的本领伴随他整个人生征程。张德恒每天都要批阅很多各地传来的报告，有时候报告特别多，负责接收报告的人会出现一些重复签字的情况，但张德恒总能一眼就看出一些报告的问题，哪怕报告上的数字是一个月前他曾看到过的，也能清晰地指出当时报告的具体内容。张德恒不仅记忆力超群，而且逻辑思维也很强，这种逻辑思维用到产品研发上就凸显出严谨的工作作风，用在企业管理上就表现得十分富有远见和系统性。

张德恒每年在外地出差达 200 多天，对外界各类信息也十分敏感。他在各地出差不仅仅是到各分公司办事处随意转转，而主要是帮助公司在各地办事处开发新的客户，利用他的一些人脉关系开拓渠道，利用他在国内的声望来开辟市场。对于数字敏感的张德恒，对市场的了解完全不亚于公司里的任何人，他总能把收集到的大量数据转化为有价值的市场信息，然后他扬正棹，把稳舵，驾驶着郑州中原这条大船，乘风破浪，快速前行。

20 世纪 90 年代初，硅酮结构密封胶产业在国内方兴未艾，一些生产硅酮结构胶的胶厂也陆续出现，数量虽然有限，可已经在国内市场上占有一定份额，一些大型工程已开始使用国产硅酮结构密封胶来替代国外产品。硅酮结构密封胶作为建筑幕墙上的重要组成部分，对整个建筑的结构安全起着重要作用，生产硅酮结构密封胶的企业都是由国家经贸委直接管理的。让人感觉有些诧异的是，硅酮结构密封胶虽然十分重要，但却没有一个国家级的标准。每个密封胶厂参照的标准各不相同，有的单位甚至没有标准。研究密封胶大半辈子的张德恒深知没有标准的潜在危害性，在研制硅酮结构密封胶之初，他就经过多方考察，最终选择美国 ASTMC920 作为自己研究硅酮结构密封胶的标准。之所以选择这个标准，是因为当时国外很多一流品牌都是以 ASTMC920 作为标准进行密封胶的检测，当时 ASTMC920 也是世界最先进的密封胶标准。

业界有句话："一流的企业做标准，二流企业做品牌，三流企业做产品。"说明标准的重要性和在企业生产经营中所占据的突出地位，企业手中握有标准，就能够掌控市场主导权、掌握国际话语权，从国际市场的"跟跑者"身份变为"领跑者"。

张德恒心里也十分清楚，一个国家推进工业化，不能没有自己的国家标准，一个行业想要健康发展，也必须遵循一个行业标准，要不然这个行业只会越发展越混乱，最终受到伤害的是整个行业，是所有与这个行业相关的产业。作为一位研究密封胶的资深专家，张德恒当然明白国家标准的重要性。张德恒在研究密封胶的年代，很多产品的国家标准、行业标准都是空白，但对事物追求完美的张德恒，会在世界范围内查找最严苛的标准来作为研发标准开展密封胶研究。张德恒的硅酮结构密封胶研究项目，从立项伊始就以美国标准为蓝本来进行研制，在生产出第一批硅酮结构密封胶时，他把收集到的市场上硅酮结构密封胶知名品牌进行性能对比试验。试验的结果在张德恒的意料之中，但又让张德恒喜出望外，他研制的硅酮结构密封胶所有性能全都达到国际一流水准，尤其在紫外照射等性能指标上，更是远远高于国外同类产品水平。

张德恒不仅仅研制出了硅酮结构密封胶，同时也建立起了硅酮结构密封胶相关的检测流程，一些检测设备也一一配置齐全。张德恒所走的每一步都十分谨慎，他并没有立即将中原所研发生产的密封胶投入市场，而是在小范围内进行使用，等使用后各方面反馈结果都符合市场要求时，他才决定陆续把密封胶大量投入市场。

硅酮结构密封胶研制成功了，而且郑州中原是国内第一个自主研制硅酮结构密封胶的厂家，这是一件引以为豪的大喜事，但张德恒怎么也高兴不起来。他深知，没有国家标准的行业注定会慢慢烂掉。为了密封胶行业能够可持续健康发展，张德恒决定要推动密封胶行业国家标准的建立。

国家标准的建立并不是一件简单容易的事情。一些小厂是不乐意建立国家标准的，有了国家标准，对密封胶厂家就有了限制，长远来看对企业有益处，但短期来看会抬高行业准入门槛，把一些中小企业关在国家标准的门外。张德恒知道仅凭一己之力是无法推动国家标准的建立的，于是他找到了秦皇岛玻璃检测中心。张德恒前后去了秦皇岛数次，最初秦皇岛玻璃检测中心一位主任对建立国家标准也有一定的热情，但这种热情仅仅停留在嘴上，迟迟没有实际的行动。张德恒又先后找了好几家单位来推动国家标准的建立，但到头来基本上都杳无音信，如石沉大海，每次都是无功而返。这让张德恒忧心忡忡，十分焦急。作为一位多年从事密封胶研发的专家，他深深懂得标准的建立是不能耽误的，等这个行业慢慢被别人做烂之后再进行规范，那就很难让这个行业走上健康发展的道路。

但是，事物的变化往往会出人意料，甚至会出现"于无声处听惊雷"的逆转结果——一场官司竟然推动了我国第一部硅酮结构密封胶标准的制定，这让所有人都没有想到……

张德恒作为国内最知名的密封胶专家，在整个行业里有很多朋友，彭政国就是其中一个。彭政国也是行业里德高望重的老专家，对任何事情都特别负责任。或许知名度越高的专家型人士，做事情就越是认真。人民大会堂的门窗要进行部分翻新，当时选择的是长春一家密封胶企业生产的硅酮结构密封胶。一次偶然的机会，彭政国发现他们生产的硅酮密封胶并不能满足施工要求，一向对工作认真负责的彭政国注意到了事情的严重性。结构密封胶不同于其他建筑密封胶，结构密封胶在建筑当中起着结构性安全保护的作用，一旦出现问题势必会影响到整个建筑的质量。于是，彭政国就在相关的报刊上发表了一篇文章，在文章当中彭政国并没有点名这家胶厂，只是提到长春某家胶厂生产的硅酮结构密封胶存在质量问题。但是没过多久，彭政国收到了法院的传票，长春这家胶厂状告彭政国损害其名誉，并提出了20多万元的损失赔偿要求。彭政国当时知道长春这家密封胶厂产品质量是有问题的，但这种问题法庭并不很了解，彭政国又没有国家标准作为依据，所以法院判决彭政国败诉。对于败诉的结果彭政国十分愤慨，明明是产品质量有问题，怎么能黑白颠倒、混淆是非呢？彭政国又进行了上诉。由于这家胶厂是台湾合资企业，在这件事情再次上诉时，已经惊动了国家相关部门，时任国务院副总理吴邦国也知道了这件事情，并且知道结构胶安全事关重大。吴邦国副总理亲自做出批示，要求查明缘由，予以解决。由于结构密封胶在当时属于高新技术产品，因此法庭对相关知识也不太了解，这批密封胶是否合格，需要专家鉴定结果。这样，一个由质监部门、海关部门、工商部门、国家经贸委等六个部门组成的调查组成立了，专门负责调查长春这家胶厂的相关情况，并邀请了当时全国最知名的密封胶研究专家来对这批结构密封胶进行产品鉴定。专家小组会聚了当时国内最顶尖的密封胶研究专家，其中两位副组长一位是张德恒，另外一位是马启元。经过数天的调查研究，调查小组没有一点儿头绪，专家组组长十分焦急，调查一家密封胶企业对这六个部委来说确实有点难办，他们对密封胶的实际生产情况了解也不多，查了几天竟然没有任何收获。

正当调查小组为此而焦虑不安的时候，调查小组组长找到了张德恒，问张德恒有没有调查思路。经过几天的观察，张德恒心里已有了调查的切入点，就说了一句话："从标准入手调查！"长春这家胶厂的经理开始的时候态度十分骄横，时不时对调查人员进行恶意阻挠，还威胁说要状告调查人员侵犯企业名誉权。按照张德恒的调查思路，调查人员有了新的发现，他们要求长春这家胶厂出示相关标准，虽然对方也拿出了标准，但在调查小组查阅他们标准备案的情况时，却发现备案号码有问题。调查小组中有质监局的工作人员，他们作为这方面的专家一眼就看出了猫腻。原来这些标准都是为了应付调查小组而临时准备的，一些备案号也是临时写上去的，一个产品没有生产标准就是非标产品，没有生产标准，产品质量就很难保证，这样的产品一旦流入市场造成的危害是极大的。一个没有经过任何标准检测的产品，无疑就是一颗定时炸弹，更何况他们所粘结的是玻璃幕墙，是高楼大厦上的外立面，如果因为密封胶的问题而出现玻璃脱落伤人等事件，造成的影响将不仅仅波及相关企业，对整个行业都是一种沉重的打击。法院的最后判决结果是判长春这家胶厂败诉，并且要求这家胶厂停业整顿，没过多久这家胶厂就倒闭了。

时光流过 20 多年后，2013 年的一天，张德恒在上海和朋友打高尔夫球的时候认识了一位台湾地区黄姓商人，在了解到张德恒想要进军台湾市场的时候，这位台商说他可以帮忙推广，并说他对密封胶也算了解，20世纪90年代初他曾在长春开了家合资胶厂，但最后因为标准的问题倒闭了。张德恒听后哈哈大笑，世界有时候很大，世界有时候真的很小。

这场官司虽然以专家胜诉宣告结束了，但张德恒心里十分明白这件事情背后的危机依然存在。从长春回到郑州后，张德恒陷入了沉思当中，建筑幕墙这种建筑形式，乘着改革开放的东风一定会像雨后春笋般遍地开花，用不了多久国内各个城市就会到处都矗立起玻璃幕墙建筑。如果没有一部强制性的国家标准来规范这个行业，那么很快老百姓就不敢出门了，谁都不想让自己头上到处悬挂着一颗颗"定时炸弹"。没有一部国家强制性标准的话，行业就会越发展越混乱，混乱的结果就是整个行业彻底烂掉，国人没人敢用国产密封胶产品。这样的结果对国家、对行业、对企业、对个人，都是一个无法接受的现实，张德恒决定趁热打铁行动起来！

雷厉风行又思维缜密是张德恒的做事风格。别看张德恒外表文弱，但做起事情从来不拖泥带水，凡是他下定决心要干的事，就会毫不犹豫地去做。这种毫不犹豫并不是一时意气用事，而是经过深思熟虑后才去果断行动。搞产品研发，张德恒每一次都是雷厉风行去做，做之前又进行缜密的思考。如果不雷厉风行，他就会在变幻莫测的市场中迷失方向；如果不认真全面考虑，他就会在纷繁复杂的市场中被表象迷惑。直到今天，郑州中原研究所之所以能够经历30多年的发展依然充满活力，和张德恒这位领导者的性格有着密切的关系。

张德恒最初选择的是与一些生产密封胶的企业共同来推动国内第一部硅酮结构胶标准的制定。但是在当时，采取自下而上的方式来推动一个问题的解决，难度堪比登天，他经过一段时间的努力却没有取得任何的结果。正当张德恒感到有些无奈的时候，他又一次偶然遇到了彭政国。彭政国见张德恒一脸愁容，问明了事情的缘由之后，对张德恒说：

"我来想办法。"

彭政国也确实有办法，他直接找到了时任国务院副总理吴邦国，在吴邦国副总理的直接批示下，我国第一部硅酮结构密封胶国家标准起草工作启动了。而郑州中原研究所作为主要起草单位具体负责该标准的起草工作，并负责该标准的所有检测项目的检测。

硅酮结构胶的国家标准在中国完全是空白，没有现成的资料可以参考。经过良久的思考，张德恒认为即便是起草国家第一部硅酮结构胶标准，也要借鉴参考世界最先进的标准，并且要紧密贴近国情，照搬国外标准肯定是行不通的。如果标准制定得低了，也会跟不上建筑发展的需要，最终被市场淘汰掉。张德恒和所有专家一道，把目光锁定在美国标准上。美国最初也没有专门的硅酮结构密封胶标准，美国第一部硅酮结构密封胶标准在 1995 年才算完成，也就是说张德恒和其他专家起草第一部国家标准的时候，美国也刚刚发布本国的第一部硅酮结构密封胶标准。张德恒的目光聚焦到了这个标准上，在一个互联网并不是很发达的年代，搞到一份大洋彼岸的技术性资料是一件非常困难的事情。张德恒和其他专家想尽办法克服了重重困难，终于找到一份英文资料，并很快翻译成中文版本进行学习。经过一段时间消化吸收，他发现美国标准比较全面，能够很好地对硅酮结构密封胶进行检测，但有一点并不适合国内的需要。美国标准要求 5000 小时紫外线照射试验，也就是 208 天的紫外照射试验，当时美国早已经完成了大规模基础设施建设，而中国正值改革开放初期，基础设施建设依然处于方兴未艾阶段，不具备对密封胶进行 200 多天检测的条件。全国有那么多的工程，如果都需要国家级检测报告，得需要设立多少个国家级检测中心才能满足 200 多天的检测需求呢？更何况对于硅酮密封胶的检测不仅仅是这一项要求，还有很多项的检测项目。因此，不能完全照搬美国标准，必须在保证标准合理性的前提下顾及国情。张德恒又针对市场上的硅酮密封胶做了大量的检测试验，发现国内的密封胶在 800 小时的紫外照射后，就没有几家能够通过相关检测的；达到 2000 小时的紫外照射的，仅剩下张德恒研制的产品和美国一个产品能够通过相关检测。如果把紫外线照射时间设定得太长，则国内大部分企业会通不过检测，国外几家企业也通不过相关检测，并且最初也正是这些企业态度坚决地抵制国家标准将紫外线照射时间定得过长。为了确保标准制定的合理性和有效性，他们经过大量的检测试验和反复论证，最终把紫外线照射时间定格在了 300 小时，而 300 小时的紫外线照射时间可以满足当时国内建筑对硅酮结构密封胶的要求，这也是这次国标制定中最重要的检测项目之一。

针对其他检测项目的设定等问题，很快就得到了一致的结论，自此我国第一部关于硅酮结构密封胶的标准诞生了。郑州中原研究所作为第一起草单位被载入中国密封胶行业发展史册。但是，当时放眼国内，能够对新国标进行完全检测的机构，也只有郑州中原研究所一家，新的问题随之又出现了。

郑州中原研究所作为一家企业，是不能既当运动员又做裁判员，去担负国家硅酮结构密封胶的检测任务的，必须让专门的国家级检测机构学习了解并掌握硅酮结构密封胶的相关检测方法。经过多方努力，张德恒又找来几个当时国内著名的检测机构与中原所合作。

郑州中原研究所在国内是首屈一指的密封胶科研生产单位，有着十多年密封胶研制检测的丰富经验，张德恒有充足的实力和水平对国内相关检测机构进行培训。因为关系到今后硅酮密封胶的检测，相关检测机构也是十分配合的，张德恒帮助他们搭建起我国第一批硅酮结构密封胶检测中心，无论是检测方法还是检测设备，每一步的建立实施，无不浸透着张德恒的心血。翻阅密封胶行业发展史册，张德恒在我国硅酮结构密封胶的发展史当中起着至关重要的作用，是他开创了我国民用密封胶的先河，历史同时也把他的职业生涯推到了一个显要的高度。

我国第一部硅酮结构密封胶标准的建立并没有遇到太大的阻力，但张德恒万万没有想到的是，为了这个标准，他们未来付出了更多的艰辛和努力，使它变得更加成熟，更加科学，更加与时俱进。

二十、中标中国国家大剧院

在天安门广场西边，人民大会堂的西侧，西长安街以南，有一座占地11.89万平方米，总建筑面积约16.5万平方米，其中主体建筑10.5万平方米，地下附属设施6万平方米，总投资额31亿元人民币的宏伟建筑，它就是现代北京的标志性建筑——中国国家大剧院。

中国国家大剧院由法国建筑师保罗·安德鲁主持设计，设计方为法国巴黎机场公司，是亚洲最大的剧院综合体。

中国国家大剧院外部为钢结构壳体，呈半椭球形，平面投影东西方向长轴长度为212.20米，南北方向短轴长度为143.64米，建筑物高度为46.285米，比人民大会堂略低3.32米，基础最深部分达到32.5米，有10层楼那么高。中国国家大剧院壳体由18000多块钛金属板拼接而成，面积超过3万平方米，18000多块钛金属板中，只有4块形状完全一样。钛金属板经过特殊氧化处理，其表面金属光泽极具质感，且15年不变颜色。中部为渐开式玻璃幕墙，由1200多块超白玻璃巧妙拼接而成。椭球壳体外环绕人工湖，湖面面积达3.55万平方米，各种通道和入口都设在水面下，观众需从一条80米长的水下通道进入演出大厅。中国国家大剧院造型新颖、前卫，构思独特，是传统与现代、浪漫与现实的结合。

说起中国国家大剧院，国人并不陌生，但是如果说到中国国家大剧院所使用的密封胶来自郑州中原研究所，恐怕就没有多少人知晓了。中国国家大剧院是一项国家工程，代表着一个国家的形象，设计方、施工方所选用的材料都是国内外最知名的品牌。按照当时的建材标准，国内品牌尚无实力与国外品牌一比高下，但让很多人深感意外的是，中国国家大剧院为什么不选用国外品牌，而看中一家并不知名的国内企业呢？

早在 20 世纪 60 年代，国家就已经做出中国国家大剧院项目建设规划，只是由于多方面原因一直迟迟没有设计施工，直到 1998 年 4 月，国务院批准中国国家大剧院项目立项，这一项目才最终实施。项目的设计方案也是经过了几轮的激烈竞争，其中邀请 17 家设计单位，自报名的有 19 家设计单位，并且一共提出了 44 个设计方案。第一轮评选结果 5 个入围；第二轮（1998 年 11 月）评选结果 5 个入围，提出 3 个方案。经过专家遴选，决定采用巴黎机场设计公司方案，清华大学配合修改。这一方案的精髓就是给人以梦幻般的感觉，因此在中国国家大剧院的设计方案中他们增加了人工湖和水下走廊，特别是水下走廊，让人仿佛置身于一个梦幻般的水下王国。但设计方案是出来了，令人头疼的问题也出现了，水下走廊如果想要达到一种梦幻的效果，必须使用钢化玻璃来对水下走廊施工，这样人们就能直观地看到周围水中的一切事物。但至关重要的问题是，使用钢化玻璃必须要用防水密封胶进行防水密封，而水下走廊长年置于水中，国内市场上普通的防水密封胶很难达到相关要求。

最初，设计施工方选取了国外几家防水密封胶进行防水性能的测试。开始测试时，这几家的产品都能够满足施工的要求，大家普遍认为使用国外产品，一切问题就能迎刃而解。但随着时间的推移，这几家国外公司的防水密封胶性能开始衰减，并且密封胶的粘结性能也出现了各种各样的问题，最后有的密封胶干脆就脱粘了。这下可急坏了施工方，工程建设是有工期要求的，更何况这是国家重点工程，决不能够出现任何问题，质量不过关影响的是国家的形象。如果迟迟无法选定合适的密封胶，那么一切都是白搭。正当他们束手无策的时候，有人向他们提议不妨选用国产防水密封胶试试，一些国产品牌的密封胶质量也不差。有病只能乱求医，无奈之下他们选择了国内最好的几家企业的产品进行测试，其中就有郑州中原研究所生产的硅酮防水密封胶。

他们先在市场上收集了国内外各个知名密封胶生产厂家的产品，然后模拟水下走廊的构造，在实验室对这些厂家的密封胶进行相关检测。开头几个月，这些密封胶都没有问题，到第九个月的时候，大部分密封胶开始出现脱粘和慢慢开裂的现象，其中不乏国外知名厂家生产的产品。而到了第十二个月的时候，所有测试的硅酮防水密封胶当中，只有郑州中原研究所生产的产品还牢固地粘接着，这让测试人员感到十分吃惊。他们惊讶的是，能够经受住时间检验的这种硅酮防水密封胶竟然是国产的，并且打败了诸多国外知名品牌的产品。经过多方面测试，张德恒研制的硅酮防水密封胶成功中标！但做事严谨的张德恒并没有盲目乐观，就此摆上庆祝酒。尽管经过施工方检测，郑州中原密封胶各项指标都符合要求，并且性能优于国外同类产品，但张德恒还是与设计方和施工方合作，建立了一套模拟水下走廊的系统。水下走廊的水深是 15 厘米，他们模拟的水深是 30 厘米，并且进行了三个月不间断的模拟实验。实验结果令法国设计方十分满意，郑州中原在国内外同行中创造了国产密封胶的神话，张德恒率领他的研发团队在充满着现代时尚元素的中国知名建筑上，再一次留下了自主研制开发的产品。

二十一、离职风波

2003 年之后，张德恒招聘人才形成了一个习惯，招聘时张德恒会格外谨慎，这又是为什么呢？其中又有着怎样的秘密呢？

2002 年 8 月，郑州市中级人民法院做出终审判决：杭州某生产密封胶公司停止侵害郑州市中原应用技术研究所的中空玻璃胶技术秘密，停止利用郑州市中原应用技术研究所技术秘密生产销售中空玻璃密封胶，杭州这家公司和刘某赔偿郑州市中原应用技术研究所损失的 52 万元。

郑州市中级人民法院法官杨伟东在判决中说："杭州某公司在刘某到来之前对中空玻璃胶技术还处于实验阶段，而刘某到了杭州公司以后，杭州公司就大规模地进行生产，并向市场上投放这种产品。刘某的到来与杭州公司生产中空玻璃胶技术存在着关联性，因此我们认定杭州公司在刘某到来之前不具备生产中空玻璃胶的生产能力。"

张德恒接受中央电视台记者采访时曾说："每当我经过他曾经工作过的办公室时，心里就感觉特别揪心，特别难受。"

那么他又是谁呢？他为何让张德恒如此揪心？他又让张德恒做出了哪些改变呢？

1988年，刘某大学毕业后，经人介绍来到了郑州中原研究所。郑州中原研究所在当时绝对是人人都十分羡慕的单位，各项福利待遇在郑州市都是首屈一指的，并且张德恒为了吸引人才、招贤纳士，还专门建设了职工楼，很多人都抢着到郑州中原研究所工作。在20世纪八九十年代，大学毕业生还是一个稀缺群体，因此张德恒对刘某十分器重，再加上刘某来到研究所之后做事认真，为人谦和，而且积极好学，深受员工们喜爱。张德恒也特别喜欢他，并且把他作为接班人来培养，很多重要工作都交给他来做，有意锻炼他尽快成长。经过几年的发展，刘某已经成了郑州中原研究所的所长助理，主要负责各个科研项目的研发工作。科研开发作为郑州中原研究所的核心业务，把这么重的担子交给他，也足以说明张德恒对他的充分信任。张德恒不光让他在郑州中原研究所里挑大梁，而且出差的时候他也经常陪同张德恒一起出头露面，增长见识。张德恒在军工单位工作过20年，对于产品的保密工作有着很深刻的概念。军工单位所有的工作都需要保密，因此他的保密意识很强。来到郑州后，张德恒非常重视产品配方及生产工艺的保护工作，公司建立了保密制度并制定实施了很多保密条例，严格禁止中原研究所以外人员进入研究室，并且规定研究人员禁止进入其他不是自己研究方向的研究室，各方面的保密工作做得都十分严密细致。

经过多年的拼搏奋斗，郑州中原研究所已经取得了长足的发展，所有产品市场业绩不俗，都显示出一派欣欣向荣的光明前景。恰逢这个时候，国家颁布的一项政策令张德恒如沐春风，感到兴奋不已。2000年年初，国家建设部颁布了《民用建筑节能管理规定》，规定要求，对没有达到节能要求的工程，将不予验收。这意味着具有良好保暖性能的中空玻璃将被建设单位大量使用，而中空玻璃密封胶的市场需求量也会随之大幅攀升。这对郑州中原研究所来讲，简直就像天上掉下了一个大馅饼，是国家送来了一个政策大红包。逐鹿中原，放马全国，张德恒的郑州中原研究所驰骋在国内密封胶市场上，绝对是龙头企业，如果这次能够把握好机会，对于研究所来说无疑是一个巨大的发展机遇。当时主导国内中空玻璃密封胶市场的还是聚硫密封胶产品，硅酮密封胶产品在国内市场的占有量并不是很大，而国内企业生产聚硫胶产品，无论产品性能还是品牌优势和郑州中原的产品都相差甚远，短期内很难在技术上超越张德恒研发的产品。

然而，现实常常会变着法儿地捉弄命运，理想与现实的差距终归还是市场说了算。经过几个月的市场销售反馈，中空玻璃用聚硫密封胶产品的销售与张德恒预期目标相差甚远，更令他失望的是，一些长年使用中原所产品的老客户更是频频向张德恒施压，要求降价，而且降价幅度很大。中原所聚硫密封胶产品通常的售价是每公斤28元，这些老客户集体要求降价至20元，并且威胁说如果不降价就会停止使用中原所的产品，转而使用其他厂家的产品。让张德恒更感到意外的是，中原所在全国设置的将近20个联络处同时反馈出客户要求降价的信息，并且降价幅度也几乎都相差不多。张德恒深感意外的同时心中也很明白，如果这个事情处理不好就会酿成新的危机。

仅仅短短的几个月时间，张德恒为此损失达数百万元，如果产品价格再这样毫无节制地降下去，会给整个密封胶行业造成极其恶劣的影响。经过冷静思考，张德恒预料密封胶市场出现了新的竞争对手，并且这次竞争的对手竟然能够在全国范围内与郑州中原的产品展开竞争，看来这家企业来者不善，实力和背景也非常强大。

全国各个办事处反馈回来的情况最终和张德恒预计的一样，打压市场，逼迫郑州中原降价的这家企业，正是张德恒的老竞争对手，杭州的一家密封胶生产企业。

面对竞争，张德恒从不畏惧，正如张德恒一贯倡导的开放、包容的技术创新理念，他素来乐于出现竞争对手。通过良性的竞争，产品的性能水平会不断地得到提升，从长远来看，有助于提高企业的发展动力，对行业良性发展也会大有裨益。

不过，让张德恒深感意外的是，这家企业研发重点及研发优势一直在硅酮密封胶领域，更让他出乎意料的是，这家在20世纪90年代后期才成立的企业，其密封胶产品质量水平完全可以与一些老品牌产品在市场竞争中抗衡。

密封胶生产看似简单，但一家企业如果没有足够的技术积淀，是很难研发出优质的密封胶产品的，即便发展速度很快，也不可能仅用短短几年的时间，就走过张德恒将近20年才闯出来的路。一家企业用几年时间或许会在一个产品领域取得突破，但如果同时在几个领域实现快速发展，这简直就是天方夜谭。

张德恒立即组织郑州中原的销售人员在全国各地市场分别收集这家企业的产品，并进行对比测试，研究的结果让张德恒大吃一惊。通过系统的对比研究，这家企业生产的聚硫密封胶从外观上看似乎和张德恒研发生产的聚硫密封胶产品存在一定的区别，但产品性能及组成成分和张德恒研制的产品毫无差别。张德恒心里顿时一颤，最担心发生的事情还是发生了。

张德恒是郑州中原研究所的创始人，在内部管理上有些方面他可以说了算，可以直接负责。但由于当年郑州中原研究所草创时挂靠在郑州市中原区的机械厂，企业管理体制十分僵化，并且在研究所内部还有一部分职工是事业单位编制，这些都在实际生产与经营管理中会受到体制的诸多限制，尤其表现在员工的工资待遇方面。如果在私营企业，对于核心技术人才的工资标准制定起来相对会比较简单，而在集体所有制体制内或者事业编制内工资标准就很难提高，必须严格依照相关国家事业单位人员工资标准执行。随着我国改革开放的逐渐深入，这一僵化的体制已经严重阻碍了核心人才的引进，这也成为我国经济改革的一个重要方面。正是由于体制等诸多因素的限制，郑州中原研究所人才流动也相对频繁，这也就为产品配方保密增加了难度。

如果说在研究所员工中张德恒最器重谁，众口一致认为是被张德恒视为接班人的刘某，但让众人倍感费解的也是刘某。2000 年，刘某留下了一封辞职信，不声不响就离开了研究所。为这件事，张德恒十分伤心，备受打击，一连好几天回到家里一句话都不说。张德恒难过了许久，时间渐渐淡化了这一段记忆，这件事总算就这么过去了，不承想更让张德恒烦心的事接踵而至。

按照国家规定，密封胶每年都需要进行国家年检，年检通过后才可以在市场上销售。作为国内最早生产密封胶的企业，张德恒和全国各个检测中心都十分熟识，并且一些检测设备也是张德恒为他们提供的，因此每年都要和他们打很多交道。一次偶然的机会，张德恒发现杭州这家企业送检的人，正是他曾寄予厚望的刘某。张德恒猛然明白了之前产品受到打压的原因，也终于明白了为何杭州这家企业能够迅速生产出聚硫密封胶产品。事情的来龙去脉有了头绪，为了维护企业的合法权益，张德恒和他的郑州中原研究所一纸诉状，把杭州这家企业及刘某告上了法庭。

杭州这家企业不甘示弱，也拿出了很多证据进行反驳，其中一个论点是聚硫密封胶研制技术已经不是秘密，并且在《中国化工产品大全》里都有详尽的介绍。为回应对方提出的观点，张德恒在接受央视记者采访时说："《中国化工产品大全》登载的那些东西并不能代表实用技术，咱们举个制药的例子，没有药的配方，你能生产吗？生产不出来的。如果药能生产出来，大家都不愿意要研究人员了。要研究人员干啥？查书，查这个杂志吧，杂志上都有经验配方，还要研究人员干啥？"

双方争论的焦点在聚硫密封胶配方是否属于商业秘密，而按照我国当时的法律规定，商业秘密应该从以下三方面来认定：是否能为权利人带来经济利益；权利人是否采取过保密措施；是否为公众所知。就本案件来讲，对于前两点原、被告双方都没有疑义，争论焦点主要集中在中空玻璃胶技术到底是不是为公众所知。在此之前，杭州这家公司也举出了中空玻璃胶在《中国化工产品大全》上发表过的证据，这算不算为公众所知呢？中国政法大学教授张楚的一席话可以提供一些参考和启示，张教授说："有些技术，譬如讲像中药的这个成分，当然成分可以公布，但是具体的配方和炮制方法不同，那么这些也可能构成 know-how（专有技术），就是技术秘密。"

法院经过审理，最后判定杭州这家企业及刘某败诉，但他们对判决结果不服，又提出了上诉。

最终结果正如前文所述，法院再次判决杭州这家企业败诉，并给予中原所 50 多万元的经济赔偿。虽然胜诉了，官司打赢了，但张德恒的心里五味杂陈，有种说不出来的感觉。当时已年逾花甲的张德恒经历的事情太多了，出现这样的问题是必须反思的，在接受央视记者采访时张德恒说过一句话："人情淡如水。"如果对这个案例进行剖析的话，从中得到的教训和省悟便是：把企业的发展寄托于人情是不可持续的。为何会出现这样的情况？这样的情况以后还会发生吗？怎样防止这样的情况发生？张德恒一直在思考这个问题。

不经一事，难长一智。事后张德恒了解到杭州这家企业为了招揽人才开出了十分优厚的条件，而这些条件张德恒是万万无法满足的。既然问题出在体制上，要改变也必须从体制来改革。

这次员工离职失密事件，对张德恒的影响还不仅仅于此，如何更好地留住员工，如何给员工创造更好的生活条件，已经不能仅仅停留在福利待遇上。如果不仔细研究如何留住员工，那么长远来看企业是难以实现健康发展的。张德恒对人才、对员工的重视是自始至终的，但这种重视会不会因张德恒退出职业生涯后就不存在了呢？这个问题谁都不好说，张德恒也一直在思考这个问题。员工的流动本属正常现象，但这种流动过于频繁对企业造成的伤害也是很大的。郑州中原研究所自 20 世纪 80 年代创立以来，对员工遇到的各种困难都会竭尽全力解决，但这种解决方式是一种传统的管理模式，或者企业文化模式，随着市场经济的不断深入，社会观念的持续改变，这种模式已经受到了严重的冲击，刘某的离职就是一个很好的例证。此时的张德恒，心里充满了焦虑，如果不进行适当的调整改变，以后受到的冲击会更多，受到的市场竞争压力会更大。应对产品层面的竞争、技术层面的竞争、市场层面的竞争，张德恒都能够做到游刃有余，而在其他领域的竞争让他显得十分被动。但是，未来竞争的格局演化，势必表现为企业综合实力的竞争，仅仅拥有技术层面的优势是不足以掌控市场主动权的。研究所里优秀的科研人员流失越来越多，企业经济增长速度越来越慢，这道难题已经困扰了张德恒很长一段时间，是时候做出改变了，研究所的体制已经严重阻碍了事业的发展，必须进行改革，并且刻不容缓！

二十二、企业改制

张德恒有时开玩笑地说道："中国现有的生产聚硫密封胶企业，有80%是从郑州中原离职人员创业建立起来的。"现在无法考证张德恒这句话是否完全准确，但有一个不争的事实是：在全国，确实大量生产密封胶的企业都和郑州中原研究所有着很深的渊源，都和张德恒有着莫大的关系。

张德恒是一个闲不住的人，更是一个工作、休息两个概念难以分清的人，在他的工作、生活当中只有密封胶，甚至可以说密封胶已经成了张德恒生命最大的部分。对于工作，张德恒是把它当成事业来做，对于生活，张德恒生活中没有空闲时间，即便身在家中，他脑袋里考虑的也完全都是密封胶，这就是张德恒。人们搞不清是张德恒离不开密封胶，还是密封胶离不开张德恒。如果没有密封胶，张德恒的生活和工作是苍白的；如果没有张德恒，中国密封胶产业的发展就不会有现在的这一番景象，张德恒把毕生的精力完全投入了密封胶的研究、生产、销售，把一生的事业完全融入了中国密封胶产业。如果说密封胶造就了张德恒，张德恒又推动了密封胶的发展，那么改革开放时代是成就张德恒和密封胶的推手，改革开放大潮让张德恒站在了密封胶研究开发的最前沿，把他推向了密封胶产业创新发展的技术制高点，也是这个时代给了张德恒无穷无尽的机会，让他开创了一个属于自己的密封胶时代。

1983 年，国内市场对于密封胶的强烈需求，让张德恒走上了一条充满荆棘的创业之路。十多年过去了，张德恒又一次走到了十字路口，面临未来事业发展的重大抉择。

随着市场经济的持续深入发展，以前的计划经济模式已经难以适应市场经济浪潮的冲击，企业要么在市场大潮席卷之下被淘汰，要么积极推进管理体制改革。在市场大潮中破浪前行，推进经济体制改革，已成为企业生死攸关的必然选择。事实也正是如此，在市场经济体制改革中很多企业因无法适应而遭到淘汰，有相当一批国有企业退出了历史舞台。但时间最后证明，正是因为一部分不适应市场经济的企业死去，也正是因为一些企业承受住了改革的阵痛，才让留存下来的一批企业在以后的市场经济中所向披靡，才让这些企业开创了一个又一个的神话。

张德恒在办公室里抽着烟，烟灰缸里堆积的烟蒂已经冒了出来，弥漫的烟雾已经把大半个办公室笼罩住了。这些香烟更多的是在张德恒的手里慢慢燃烧掉的，他时不时地也会深吸几口，然后又陷入了沉思当中。香烟继续在张德恒的手指间冒着烟，由于没有注意，竟然烫了张德恒的手指一下，这才让他又回过神来。关于推进企业体制改革这个问题，张德恒已经思索了很久，但由于事情的复杂程度远远超出了他的想象，因此张德恒提醒自己得慎重，一定得慎重！

但慎重观望的结果，是一个个优秀的科研人员的流失，这是张德恒最痛心的事情。张德恒非常清楚人才在企业发展中的重要性，他会花费重金为员工建造职工楼，也会千方百计提高职工的福利待遇，可这种投入毕竟是有个度的，这种提高总是能见到头儿的。一直以来，郑州中原研究所职工的福利待遇在周围企事业单位当中是最高的，但这种高工资有一定的限度，国家是有规定的。而在 2000 年前后，南方沿海发达地区也陆续出现了一些密封胶生产企业，他们利用当地的政策优势与资金优势，四处挖掘密封胶研究人才，中原所因此被挖走了很多技术人员。张德恒自然明白他们被挖走的主要原因，南方的企业可以给他们开出张德恒不可能给出的薪水，并不是中原所没有资金，而是政策束缚住了张德恒的手脚。他明明知道问题的症结所在，却又无可奈何，只能眼睁睁地看着一个接着一个的优秀人才流失。

郑州中原研究所职工身份也是各类编制都有，有的职工属于企业职员，有的职工在事业单位编制内属于公务员，还有一些职工是签约的合同工，这样复杂的人事关系让人看了都头疼。当企业需要做出一项决策时，往往又会受到各方的牵制，一方面政府没有给中原所任何财政拨款，另一方面中原所的所有决策性政策都需要市里的批准，审批通过之后才能够实施。作为事业单位他们没有拿到国家一分钱，作为企业他们又没有决策权，这样的体制在 20 世纪 80 年代没有遇到任何问题，在 90年代也能够缓慢前行，而到了 2000 年，这样的体制在市场经济大潮中根本就没有存活的可能。这一点张德恒心里最清楚，他不能眼睁睁地看着自己一手创办的企业就这么死掉。他思索了许久，最终决定对企业进行大刀阔斧的改制。

企业改制，并不是张德恒独自发明的，朱镕基担任国务院总理之后，对国有企业施行大规模改革，很多员工下岗再就业，一些企业被推向了市场经济的浪潮之中，政府对企业干预逐步减少，企业自负盈亏。

在这个过程中，一些企业因管理不善、改革不到位而遭到淘汰，还有一些企业经过市场经济的磨砺，逐渐发展成为经济发展中的中坚力量，为国家的经济建设做出了应有的贡献。

张德恒对企业改制有他的想法。一来是为了让企业在市场经济当中生存下来，二来也是为了响应国家号召，推进市场经济发展。张德恒十分清楚，当下企业生死存亡就看这次改革是否彻底了。如果改革失败，企业肯定会在市场经济的浪潮中消弭，如果改革成功了，企业肯定会呈现几何级数增长。这次的决定非同寻常，关乎企业的命运，张德恒创办企业过程中最艰难的时刻就要来临了。

华山路 94 号院还像往常一样忙忙碌碌，大家都各司其职，做着自己分内的工作，偶尔有卡车送原材料过来，整个研究所的人都会搭把手，把原材料从车上卸下来。这是一种传统，一种企业创立之初艰难创业而传承下来的"家风"，无论是张德恒还是一位普通员工，都能够在一种关系很融洽的环境中工作，都能够在一种上下很团结的氛围内工作。与其说这是张德恒对研究所的管理井井有条，不如说这个研究所已经有了自己的灵魂，一种内敛、奋发、积极向上，而又不张扬的灵魂，不断彰显出中原所的创始人张德恒赋予企业的勃勃生机。从外表上看，华山路 94 号院没有什么特别之处，一切都显得普普通通，但你绝对想象不到这个小院子诞生了中国第一支硅酮结构密封胶，打破了多项国外垄断，你也很难想到就这么一个小院子生产的产品会成为全国第一密封胶品牌。

张德恒不是一个优柔寡断的人，但也绝对不武断，他认准的事情一定会马上去做，但做事时绝不会刚愎自用，他会充分征求大家的意见，集合群众的智慧来做出一项决定。张德恒召集研究所全体职工，共同讨论企业体制改革的问题，职工们对企业现有的体制也是不满意的，特别是一些老职工，他们的福利待遇放到郑州市已经是很高的，但在研究所内部，福利待遇尽管不是最低，但也算不上高的，一种失落感让很多职工心生不满。职工们其实也明白，研究所的性质不明确，近几年发展速度很快，产销量也空前提高，但这些利润并没有留在研究所，普通职工很难从研究所的快速发展中得到实质性的好处，分享到实惠。张德恒也多次想大幅提高职工的工资，最后都没有批准通过，这些情况职工们都是清楚的。职工中的大多数人都迫切希望研究所尽快实施体制改革，像现在这样说是企业不是企业、说是事业单位不是事业单位的体制，在改革开放的洪流下已如一缕稻草，随时都有被冲走的危险。

"不行，绝对不行！"中原区区长在办公室怒火冲天，当张德恒把企业改制的想法向区里汇报的时候，得到的答复就是一顿怒吼。这样的结果张德恒在去区里之前就早已料到，作为整个中原区效益最好的单位，区里是不会轻易放弃这块大蛋糕的。张德恒耐心地向区里汇报着，从企业的生死存亡到企业的艰难发展都一一耐心地述说，无奈区领导根本听不进去，一直板着脸，并且时时不耐烦地打断张德恒的讲话，第一次相对正式的交谈就这样不欢而散了。

人员流失的速度比张德恒想象的还要快得多。连张德恒最信赖的员工，也是被他定为接班人的一位员工也被浙江某企业高薪挖走之后，已经没有什么能够阻挡张德恒对企业进行股份制改革了。一个雷厉风行又充满阻力的改制行动从酝酿走向了实质性的推进，对企业实施大手术在张德恒的主持下正一步一步走向既定目标。

张德恒是一个密封胶技术专家，并且是首批享受国务院政府特殊津贴的专家，在国内密封胶行业有着举足轻重的地位，如果仅仅把他当作一位学者那就错了。张德恒曾经在无数个场合说过："我做企业不完全靠技术，技术只是一部分，更多的是靠朋友。"张德恒有很多朋友，这些朋友分布在各行各业、各个领域，每当他遇到难题的时候，总能得到这些朋友的帮助和支持。经营企业，张德恒也有着自己的智慧和独到的管理之道。如果仅仅靠技术打天下，张德恒的郑州中原研究所恐怕早在20世纪80年代末的时候就已经不复存在了。

张德恒：密封胶工业之魂

企业的股份制改革阻力是巨大的，这种阻力主要来自区里，如果有一只会下金蛋的鸡，谁也不愿意让它跑了，而郑州中原研究所正是这样一只会下金蛋的鸡。企业股份制改革最大的动力来自全体职工，大家都十分希望对中原所进行股份制改革，一场基层与上层之间的博弈就此展开，而张德恒作为郑州中原研究所的所长，理所当然成为这次改制的关键性人物。

企业的股份制改革已经成为社会上的大势所趋，也成了人们在街头巷尾、茶余饭后热议的话题。一些国有企业如果没有进行股份制改革，企业负责人出门都不好意思和人打招呼。企业股份制改革实施过程是需要经过很多道程序的，首先就是必须弄清楚国有成分在企业当中所占比例有多少，根据国有股份比例再确定企业股份制改革的股份划分。郑州中原研究所创建时的股份划分十分清楚，1983年张德恒创建郑州中原研究所的时候，国家没有给予任何资金支持，创办经费是张德恒以个人名义借了2000元钱，才开始了最初的创业。当时由于资金紧张，张德恒所需要的原材料也是通过同学关系从焦作一家化工厂借调的，而生产所占用机械厂的车间，也是张德恒每年都按高于市场价从机械厂租用的，所有工人的工资及福利全部都是张德恒支付的，并且每年还会向机械厂支付一些利润开支，张德恒从机械厂搬离出去的时候留给机械厂20多万元的现金。无论从资金、原材料、厂房，还是人员工资、福利，张德恒的郑州中原研究所都没有依靠国家或者机械厂，都是通过自身努力来解决的。张德恒找到市里进行研究所的资产划分，资产划分十分清晰明了，市里的工作人员并没有花太长的时间、费多大的气力，就整得清清楚楚、明明白白，并给张德恒开具了资产划分证明。张德恒看着这简简单单的一纸证明，拿到手里很轻很轻，但他深知这对中原所股份制改革有着至关重要的作用。

张德恒回到所办公室，逐字逐句认真地看着资产划分证明，心里充满了憧憬：有了这个证明，企业的股份制改革就能够顺利推进，企业就会有更好的发展，职工的日子就能一天比一天好。近几年，张德恒身边有很多家企业相继倒闭，这些都深深刺激了他的神经。张德恒绝对不会让这个自己一手创办起来的企业因为体制的束缚而死掉，他的目标是建立一个多领域全球顶尖的密封胶生产企业，并且要打造成一个密封胶百年老店。企业股份制改革成功后，张德恒下定决心要在能力范围内提升职工的福利待遇，员工有肉吃才能形成一个狼一样的团队，整天吃草的员工只能像绵羊一样被别人吃掉！

正当张德恒仔仔细细看着资产划分证明的时候，区领导已经走到了门前，张德恒一把把这张证明揉成一团，扔进了废纸篓，区里相关领导以为是普通废纸也就没有在意，他们还在和张德恒进行谈话，谈的主要内容无非还是不要进行企业体制改革，并强调说目前企业的现行体制更有利于中原所的发展，区里会给张德恒更多的支持。张德恒没有吭声，他明白企业改制如果靠区里肯定是不能够推进的，只能绕过区里直接找市领导。张德恒把区领导送走之后，马上坐车去市委，并且带上了所有的材料。

郑州市领导全力支持企业进行股份制改革，这也是中国经济积极发展的大势所趋，旧体制已经无数次地被现行社会抛弃，只有顺应时代发展，企业才能立于不败之地，只有紧跟时代的脚步，困境中的企业才能破局。年逾六旬的张德恒一次次地往市里跑，为的就是给企业争取到一个良好的发展空间，为的就是让企业能够重新焕发生机，为的就是将来能够和国外一流企业在国际舞台上"掰手腕"。他是不会眼睁睁地看着自己一手创办的企业慢慢地走向没落，更不会眼睁睁看着这家企业被其他企业吞并。论名气，张德恒在国内已经是最知名的密封胶研究专家；论金钱，60多岁的张德恒对金钱没有什么奢望，他向来对物质生活水平要求不高，要不然早去深圳发展了。张德恒为的就是一个信念，过去这种信念很单纯：为了让中国有自己的一流密封胶品牌，为了让中国最知名的建筑用上中国人自主生产的产品，为了让"中国制造"在世界密封胶舞台上有一席之地。这就是张德恒所要抗争的东西，这就是他所在乎的东西，这就是张德恒所追求的东西。经过近20年的企业生产实践，张德恒给自己树立的信念又增加了一项新的内容，那就是为了能让这个企业的每一位员工都能够过上幸福的日子。让员工们都能够有很好的福利待遇，这是张德恒作为这个企业创始人的责任，这是张德恒作为这个企业领导者的义务，这也正是张德恒的人格魅力所在。

张德恒一次次和区领导进行沟通，又一次次联系市领导，忙得不可开交。郑州中原区的主要领导挨个和张德恒进行谈话，要张德恒安安心心做好所长，可乱事之秋，他又怎么能够安得下心来呢？中原所是他一手创办的企业，因为企业体制的问题，人才正在大量流失，企业的发展出现了停滞甚至倒退的现象，对于这些张德恒是无论如何也无法坐视不理的。虽然张德恒已经年逾六旬，但他还是想要做点事情，想要开拓一片更大的天地。区领导多次找张德恒谈话，张德恒也是据理力争，没有丝毫让步妥协，每次谈话都会发生激烈的争吵。张德恒很委屈也很无奈，他不能让他手下的这些员工最后都下岗了，他要对他手下的这些职工负责。

区财政局也早就开出了财产证明，证明中原所没有任何国有资产。区长多次找到张德恒要求他出示这个财产证明，但每次张德恒都推托说负责管理档案的人员出差了，他担心区领导把这个证明给没收了，或者撕掉，这样一来可就麻烦了。

张德恒一次次地去市里申报资料，又一次次地去做游说工作，甚至他直接给市长写信，最终在市领导的直接参与下，由市领导召集区领导和张德恒开会，在事先没有任何通报的情况下，市领导宣布了郑州中原研究所的改制方案，最终企业的体制改革艰难通过了！浑身满是20世纪五六十年代烙印的张德恒，仿佛又焕发了青春，郑州中原研究所这个近20年的企业，再次迸发出新的活力，一个新的征程等着张德恒去开创，一个新的时代等待着张德恒去开拓。

二十三、新的领军人

　　培养郑州中原研究所科研领军人才，一直是张德恒心里的一件大事。也正因如此，张德恒曾经最喜欢的徒弟，也是中原所将来接班人的突然离职，给他心理上带来了不小的震动，也给研究所正常的研发生产管理秩序都带来了很大的影响。张德恒多年来虽然十分注重创新人才的培养，致力于打造出一支实力强大的科研队伍，但长期僵化的管理体制让不少优秀的科研人员相继离职，真正能够挑起重担的科研领军人物已经几乎走光了。已经迈向古稀之年的张德恒，更多的精力投入在企业的经营上面，对于科研项目攻关，张德恒已不再亲自动手做科研课题研究了。

　　张德恒的大女儿张燕红，在学业上继承了她父亲的衣钵，也是化学专业出身，早在1989年就进入了郑州中原研究所工作。她做事十分认真，对于科研更是一丝不苟，即便担任了郑州中原的副总经理，依然坚持每天早上7点钟就来到公司，然后她会亲自把实验室里面数十台设备所有的试验数据一一核对，再到自己的办公桌前开始一天的工作。每天在拉力机前，总能看到她的身影，她这样的坚持，一做就是24年。

　　优秀员工的相继离职，让张德恒既心痛，又十分头疼，一段时间科研工作没有了带头人，张德恒把中原所里所有的科研人员都一一在脑海里过了一遍，当时唯一有资历和能力的就是张燕红了，因此张德恒把张燕红提到了负责科研的职位上。

　　那时张燕红进所已经十多年，过去一直都是由研究所的科研负责人下达具体的研究任务，然后技术人员再开始进行相关研究。这次张德恒突然把张燕红放到了科研负责人的位置上，对肩膀尚显稚嫩的张燕红的确是一个不小的考验，而显然张燕红也低估了这种考验。

　　以张燕红的专业水平，研究所里除了张德恒，科研人员就再也没有可以求助的人了，但张德恒经常在外地出差，很多事情只能靠张燕红独自去钻研，需要她自己去摸索，科研攻关的道路上没有拐棍，没有任何可供参考的资料，当时网络也没有现在发达，张燕红只得硬着头皮翻阅大量工具书。白天是没有时间去做这些工作的，张燕红还要做实验，密封胶的研究是一个漫长的过程，是需要无数试验数据验证的，她基本上白天都泡在实验室里。

张德恒虽然经常出差，但在所里的时候，他只要有空就会有意识地给张燕红更多的指导，他对张燕红是有充分的信心的，她做事认真又勤于钻研，没有理由做不好密封胶的研究。郑州中原研究所经过多年的发展，虽然流失了一些技术骨干，但企业的科研氛围和科研文化依然有着很好的延续和传承，并未因为一些技术人员的流失而使企业科研氛围淡化，出现技术人才断层。

白天忙碌着做实验，晚上一回到家里，张燕红就查阅大量的工具书，晚上 12 点之前她从来没有睡过。有时候眼睛看书看得直流泪，也熬得红红的，张燕红就去药店买些眼药水，实在难受时就滴些眼药水，继续查阅相关论文。有的时候科研工作比较紧张，张燕红就利用中午一个半小时的午休时间来查阅相关资料。即便张燕红如此刻苦钻研，一些新的技术性问题还是让她找不到头绪。做事执着认真的张燕红，遇到问题如果不能解决掉，心里就像放着一块石头一样，做任何事情都放不下心来，因此只要遇到问题她必须解决掉。这种习惯很像张德恒，多多少少遗传了张德恒倔强的性格。

张燕红是由张德恒一手带大的。张德恒在 621 所工作时，家里大事小情基本都落到了妻子的身上。张德恒是家中的长子，有几个弟弟妹妹，还有年迈的父母，都需要张德恒的妻子来照顾。而那时候张德恒已经是三个孩子的父亲了，由于家里实在照顾不过来，而张燕红是张德恒第二个孩子，也是他的大女儿，就跟随张德恒在北京上学了，平时也住在张德恒的宿舍里。张德恒整天忙于科研工作，并没有太多的精力来照顾自己的女儿。因此，张燕红从小就十分自立，无论是写作业还是洗衣服、做家务，张燕红都不需要张德恒费心，而张燕红的各门功课也都在班里名列前茅。从小跟着张德恒长大，自然张燕红在选择学习专业、科研攻关甚至性格方面，潜移默化地受到了张德恒很多的影响。

经过几年的实践磨砺，张燕红在自身刻苦努力和张德恒的指导下，逐渐挑起了郑州中原研究所的科研大梁。也正是在她的率领下，她和她的团队成功研制出符合欧盟标准的硅酮结构密封胶，成为国内第一家通过欧盟标准的密封胶生产厂家，也成功打破了国外密封胶企业在高端密封胶领域的垄断，为我国硅酮结构密封胶的整体水平提升立下了不朽功勋。张燕红牵头的硅酮课题小组还申报了10多项国家专利，发表论文数十篇，研发的多项技术已比肩国外先进水平。张燕红和她的技术团队能在短时间内快速成长，注重自主创新是一个重要的"原动力"。目前，郑州中原在新产品研发上不输国外，一些产品综合性能已超过国际同类产品，尤其是在密封胶领域已拥有了30多项专利技术。作为新一代的技术领军者，张燕红对搞科研有她独到的见解：光拥有技术并不是关键，至关重要的是要有创新的理念。国外企业追求产品创新、技术创新、使用习惯创新，而国内企业更多的是追赶，等国外企业推出产品后再追赶。而让张德恒引以为豪的是，张燕红率领她的技术团队始终不渝地坚守了严谨认真的科研作风，更传承了自主创新的理念。

一个人的成功需要持之以恒的努力，而一个企业的成功则需要一支优秀团队持之以恒的奋斗。在为国争光的荣誉面前，张燕红和她的课题组始终没有停歇，为了更高的目标而勤勤恳恳地工作着，每天早上7点钟，在实验室里总能看到张燕红的身影，一个略显瘦弱却带着执着、自信、沉稳、严谨的身影。

二十四、营销瓶颈

张德恒 1983 年来郑州创业的时候，全国几乎没有民用密封胶生产企业，如果建筑上需要用密封胶，就必须靠从国外进口。那时中国经济还比较落后，并且外贸手续十分烦琐，从国外进口密封胶显得特别麻烦，而且价格也特别昂贵，几乎是天价。当张德恒研制出与国外同类产品性能相近且价格低廉的密封胶产品时，立即受到市场青睐。张德恒研发生产的 MF-830 聚硫密封胶的价格是每公斤 30 元，而那时他一个月的工资才仅仅 90 元，生产成本很低，产品利润率却相当高，这种高利润率推动了郑州中原研究所迅速崛起，成为国内最具研发实力和最具规模的密封胶科研、生产、销售一条龙企业。

虽然直销相比分销要付出更多的成本，但张德恒一开始还是选择直销，他想要建立自己的销售队伍，减少中间环节的束缚，而当时的高利润率也确实让郑州中原研究所有这个能力来建立自己的直销队伍。由于利润率较高，张德恒在生产的其他方面也没有特别的重视，所以生产成本相比其他企业要高许多，对回款的控制，他也没有过多的担心，企业每年保持近 30% 的增长率，如果不放手业务人员往上冲销量的话，是不可能有如此高的增长的。但物极必反，任何产品都有它的生命周期，一旦产品临近生命周期结束，产品的利润率会被压缩得很低很低，若再不对产品进行升级换代，这个产品就会被市场淘汰出局。一个企业的产品只有不断更新，不断创新，老产品还没有"寿终正寝"就有新产品迭代出现，这样的企业才能永葆青春，这也是张德恒和他的郑州中原研究所能够历经 30 多年还活力十足的根本原因。

2004 年之后，张德恒就已经感觉到硅酮结构密封胶和硅酮中空玻璃用密封胶产品价格下降得太快，必须尽快推出更高性能、更具竞争力的迭代产品，这也是他投入巨大人力、物力、财力研究符合欧盟标准硅酮密封胶的重要原因。产品的价格在不断地下降，而且每年都呈现出大幅度下降的趋势，张德恒已经感到长此以往经济效益迟早会被市场吞噬，但即将面对的危机远远不止这些……

玻璃加工厂是郑州中原密封胶产品的主要客户。2008 年之前，郑州中原中空玻璃用密封胶在所有产品当中的比重占到绝大多数，中空玻璃用密封胶也是张德恒和他的郑州中原研究所的优势所在。20 世纪 80 年代末，在全自动中空玻璃生产线上使用的第一个国产密封胶，就是张德恒研制生产的，并凭着优异的产品性能、适中的产品价格、优质的售中售后服务，迅速抢占全国大型中空玻璃加工厂这一市场制高点。在中空玻璃用聚硫密封胶市场争夺战中，正是由于张德恒和他研制的密封胶的迅速崛起，使进口聚硫密封胶慢慢退出了中国市场。而 2000 年之后，国内市场上基本上找不到进口聚硫密封胶了，由此可见郑州中原在玻璃加工领域的重要影响力。即使是现在，国内市场销售的中高档中空玻璃，其中 60% 以上使用的也是张德恒研制生产的密封胶产品。

张德恒和他的研发团队引领着国内密封胶产业的发展方向，只要郑州中原研究所研制的一种新产品问世，其他厂家马上就会跟风研制生产。中空玻璃加工厂是郑州中原研究所密封胶的主要销售客户，也是张德恒的传统强项所在，但也正是基于这个原因，让张德恒和郑州中原发展面临着一个新的瓶颈。

2008 年北京奥运会的成功举办，对于全国人民来说是一个莫大的荣耀，对于中国经济来说也是一个巨大的机遇。众多奥运场馆的建设，有助于拉动我国 GDP 增长，对此张德恒深有感触，早在 1990 年北京亚运会的时候，张德恒就借助北京亚运会大兴土木建筑的东风，使企业的发展速度上升了一个台阶。当时几乎亚运会所有使用的聚硫密封胶都是由郑州中原研究所提供的，正是北京亚运会为郑州中原研究所注入了新的动力。虽然北京亚运会已经过去几十年了，但张德恒还是难以忘怀那一段辉煌的岁月，因此他特别关注北京奥运会场馆的用胶，希望借助北京奥运会的东风，再次扬起郑州中原研究所这艘大船的风帆，这是张德恒所憧憬的，但也仅仅是憧憬而已。

郑州中原研究所的传统优势是在中空玻璃应用领域，而国内其他两家主要竞争对手的优势是在建筑用硅酮单组分密封胶产品上。建筑幕墙以其美观的外形及质量相对混凝土较轻、适于高层建筑使用的优点，已经成为国内兴建高层建筑的主要选项。中国作为世界玻璃密封胶的第一生产国和第一大消费市场，硅酮单组分密封胶在市场中的应用潜力巨大，并且相比中空玻璃用密封胶，单组分密封胶更具有成本优势，产品需求巨大，成本又较低，这就为企业高速发展创造了一切有利条件。

郑州中原研究所的营销模式是以直销为主、代理商为辅，而主要竞争对手采用的完全是代理商的渠道模式。采用代理制来开发市场，优点是可以为企业节约大量成本，产品只需要发给代理商，让其销售即可，不需要庞大的销售队伍去营销。由于代理商的市场灵敏度较高，因此在市场运作当中更具优势。采用代理商作为主要的销售渠道缺点也十分明显，代理商并不是完全受到企业控制，企业的各项政策很难在代理商这里实行。同时，代理商也是企业发展的一大不稳定因素，代理商代理产品的改变会直接影响到该区域的产品市场占有率，代理商也容易遭到竞争对手挖墙脚，因此风险相对较大。而采用企业业务人员的直销制便于管理，企业各项政策能够较快地得到执行；弱点也相对明显，采用直销模式前期销售网络的铺设需要大量资金，并且由于是企业自建营销队伍，企业的运营成本会增加。由于企业营销人员的培养需要一定的过程和一定的周期、营销人员需要展开视野并学习掌握新产品的性能等，因此，新产品市场的开拓会相对缓慢。更为重要的是，采用直销的模式，企业营销人员在市场开拓中的市场灵敏度较差，很多情况需要打各种报告等待总部批示，因此也容易贻误一些商机。鉴于代理制与直销制的利弊关系，张德恒虽然也发展了一些代理商，但数量十分有限，并且大多是在一些特定区域内。郑州中原业务人员已经习惯了销售双组分中空玻璃密封胶，并且这也是销售人员所擅长的，让他们销售单组分产品和幕墙用密封胶产品，确实需要在认知结构和推销经验上有一个很大的转变。

张德恒虽然已意识到单组分密封胶的市场潜力，也曾多次在会议上提到过要大力提高单组分密封胶的销售份额，并且张德恒研制的单组分硅酮结构密封胶与耐候密封胶的性能在国内首屈一指，完全拥有充足的实力主宰市场。但在"酒香也怕巷子深"的年代，仅仅有好的产品是远远不够的，还需要适宜的营销手段、一流的营销渠道加以配合，好产品才能够迅速打开市场局面。在这些方面张德恒虽然也意识到了，但行动的时候略显迟缓。

张德恒在北京学习工作生活了近 20 年，可以说北京是他的第二故乡。在北京他有很多朋友，别的不说，仅仅是从事密封胶研究的 621 所的同事，就已经有多位是国内顶尖的专家了，还有他的一些同学也都在北京工作生活。来到郑州后，张德恒的许多客户也都在北京，因此他在北京的人脉十分广泛，这也是张德恒对北京市场较有自信的一个原因。多年经营企业，张德恒认为郑州中原研究所之所以发展得如此迅猛，并不仅仅是因为密封胶技术先进，更重要的还是靠朋友的帮忙，企业研发的很多科研项目是在这些朋友的帮助下攻克的。因此，张德恒非常看好北京奥运会，认为这绝对是一个千载难逢的机会、一个企业快速发展的机会。张德恒之所以如此自信还有另一方面的原因，北京分公司的销售人员都是经过市场历练的，市场开拓能力及市场把握能力很强，销售队伍绝对让人放心。

北京奥运会兴建的各个场馆拔地而起，日新月异，但市场形势并没有想象中那样乐观。在大部分奥运场馆建设中，都应用了郑州中原研究所的产品，但并不是应用于玻璃幕墙产品，更多的是以中空玻璃用密封胶的形式出现在场馆建设中，在奥运会场馆中几乎所有的中空玻璃都使用了郑州中原的密封胶产品，但在幕墙用胶上，这一数字却不尽如人意，大部分被国外品牌垄断，这与张德恒的预期大相径庭。在北京奥运会的项目当中，张德恒经历了难以下咽的苦涩，尽管北京分公司的业务人员都十分努力，但由于一直以来对幕墙用胶关注度不够，导致郑州中原研究所的产品遇到了一个不大不小的挫折。

2008年，郑州中原研究所的销售额保持了30%的增长率，应当说销售数字十分漂亮，但在奥运场馆的争夺战中，张德恒还是经历了一些挫折。张德恒是一个十分善于总结经验、善于反思的人，偌大一个企业，几乎所有的决策都需要他敲定，有些时候一些决策难免出现偏差或失误，但他能够及时反省，汲取教训，立即对自己的决策进行调整或修正，从而让企业重新走上正确的轨道。

张德恒对于这次的失利及时进行了总结，尽管他曾三番五次要求销售人员重视单组分密封胶产品的销售，也就是扩大幕墙领域的销售，可销售人员为何没有完全按照张德恒的意图，迅速调整和转变销售方向？事实上销售人员攻关项目工程是一个系统的过程，在工程施工前就要做足相关部门的工作，并且最终工程主体竣工后还不一定能够中标该工程，这对于销售人员来说，拿下一个幕墙建筑的难度远远超过拿下一个玻璃加工厂的难度。因此，从销售人员自身利益而言，他们并不乐意去做项目工程，毕竟他们的工资待遇是和销售业绩直接挂钩的，而当初张德恒恰恰忽视了销售人员的这一想法，并没有推行一套激励机制来保障业务人员的利益，从而导致业务人员自身动力不足。

二十五、安土重迁

"安土重迁，黎民之性"是中国人的传统，也是在农耕文明孕育下养成的一种性格。如果说有哪个地方的人对这种性格继承得最多，那么河南算作一个。按照道理来说，一个拥有一亿多人口的人口大省与农业大省，人力资源十分丰富，劳务输出应该是比肩继踵，但真实的数字并非如此，河南作为曾经人口最多的省份，却不是劳务输出最多的大省。

2000年之后，郑州中原研究所发展速度已经呈现几何级数增长，无论是产品覆盖领域，还是产品销售额均持续快速增长，并且公司的品牌在业界越叫越响，得到广泛认可，产品还没有出厂就已经被预购一空。在华山路94号这个不大的院子里，每天都能看到车水马龙、人来人往、门庭若市的场面，张德恒也对出现这样销售火爆的局面感到非常满意，全员满负荷运行彰显出郑州中原蒸蒸日上的兴旺景象。

张德恒每天都在忙碌着处理公司各种事务，多年养成了抽烟习惯，特别是晚上熬夜，靠抽烟提神，他的办公室里经常是烟雾缭绕，让那些不爱抽烟的人难以接近。

工作之余，张德恒也会抽些时间去拜访拜访老朋友。他为人忠厚，与朋友相处时吃点亏也总是微微一笑不放在心上，并且与人相处时，他总是看到别人的优点，并不在意别人的缺点，这让张德恒的人缘特别好。

华山路94号院曾经是一片荒草地，而且还有高高的沙岗，张德恒费了好大力气才在这片不足9亩的土地上建起了研究所。经过多年的发展，研究所周边的村子不见了，村子里的大部分农民进工厂当了工人，一些妇女及老人就待在城区家里，没有耕地进行劳作，在家也就闲着没啥事情可做。

张德恒在建设研究所的时候，同时兴建了一栋职工楼，让一些老职工能够居有定所，也能够吸引一些优秀的青年才俊来企业工作。但这栋职工楼并不是像通常的职工宿舍一样，而是一栋家属楼，很多工作人员的家属就居住在这栋楼里面。楼的北面是一栋东西朝向的三层综合楼，一楼作为车间来使用，二楼三楼是作为实验室和办公室来使用，华山路94号院不是很大，从华山路到实验楼仅仅十几米，工作的时候打开窗户，会显得略微有些吵闹和嘈杂。不过还好，华山路并不是一条繁华的道路，也很窄，来往的车辆并不是很多。原来的周边的村子已经变成了工厂，变成了商业用地，居住在附近的村民平时没有什么事情就待在家里打打牌，由于周围没有什么更好的去处，郑州中原研究所门口长着几棵大树，因此这里就成了居民消遣时光的地方。一个反差极大的情景就出现了，一边是张德恒的研究所车水马龙的繁忙景象，另一边是一群中老年人在研究所门口打麻将的悠闲景象。张德恒开始时并不是很在意，毕竟他们是在门口打牌，并没有影响到生产，也就默许了他们这一生活娱乐方式。

但是，俗语说得好："小洞不补，大洞吃苦。"事物的发展演化，常常是道自微而生，祸自微而成。也不知道从什么时候开始，生活在华山路94号院的家属们受到了周围村民的影响，变得不安分起来，平日没事也在门口支个牌桌打起麻将来。让张德恒更意想不到的是，他们感觉在外面打牌并不是很舒服，干脆把牌桌放到了传达室里。传达室是研究所收发文件的岗位，并负责进出车辆的管理工作，他们在传达室打牌对全所产生了恶劣的影响。张德恒对此十分反感和抵制，经过多次劝说，他们就是不肯去别的地方打牌，后来实在没有办法，张德恒只得找人强行把他们撵了出去。打牌虽然说有职工家属参与，但也有周边的村民，张德恒禁止在传达室打牌后，他们很难再找到一个不错的地方消遣娱乐，这口闷气对于常在这里打牌的人来说，实在难以下咽。

张德恒被人告了！告状是通过匿名信的方式直接告到了市里，理由也很简单：影响周围居民生活，且研究所不符合环境保护要求。张德恒对此很不理解，研究所生产车间噪声是很小的，关上车间大门，在研究所的院子里几乎都听不到任何声音，那么噪声污染究竟从何说起呢？车间生产的硅酮密封胶基本上是无味的，甚至距离硅酮密封胶5米内也是闻不到什么气味的，丁基胶也没有味道。唯一稍有些味道的是聚硫密封胶，聚硫密封胶生产的时候略微有一些淡淡的气味，但也仅仅是淡淡气味而已，并且10米外也是闻不到的，如果说在室外十几米外闻到了聚硫密封胶的味道，那纯粹是无稽之谈。既不是噪声污染又不是大气污染，水污染更是不可能的事情，因为密封胶在生产过程中根本不用水。摆在张德恒面前的问题实在难以解决，谁都不知道哪里出了问题，如何去整改呢？

张德恒最初收到环保部门下达的通知时，并没有特别在意，他感觉以后在生产的时候多加留意，一些令周围居民不甚满意的地方很快就会解决，根本没有意识到是因为自己不让周围居民在传达室打牌而被恶意举报的，他更没有意识到正是自己一时没在意，酿成了严重后果。

很快，环保部门直接上门找到了张德恒，与以往不同的是，这次情势十分危急，他们不问青红皂白，容不得张德恒丝毫申辩，就要求研究所停业整顿。一旦停业，势必会对整个密封胶市场造成极大影响，也会对研究所产生极大的冲击，张德恒顿时有些措手不及了。

眼下郑州中原研究所遇到了麻烦事，而且处理不好极有可能影响到整个密封胶市场，虽然张德恒不愿意惹事，但真要是遇到事也不怕事，更会千方百计解决处理好，最终实现办成大事。本来就烟不离手的张德恒，遇到事烟就抽得更勤了，一支接一支，陷入了深深的思考。

吸烟是张德恒的一大嗜好，无论什么时候，总能看见他手里拿着一支香烟，遇到难题的时候抽支烟，工作到深夜的时候抽支烟，高兴兴奋的时候抽支烟，眉头紧锁的时候抽支烟……"烟不离手，胶不离口"成为张德恒的一个真实写照。平常在家，张德恒满脑子装的全是胶，和客户一起吃饭时谈论的是胶，参加活动时谈论的是胶，接待媒体采访时谈论的是胶，甚至与家人一起吃饭时谈论的也是胶，胶已经成了张德恒生活、生命的一部分，并且融入了张德恒的血液。之所以如此，完全是张德恒出于对所从事事业的热爱，当一个人每天做的不是工作而是一份事业的时候，他就会不知劳累、不厌其烦，保持着源源不断的动力与精力。

励志研发生产出世界最好的密封胶产品的张德恒，生活中除了密封胶，其他还真难成为他的爱好。有一次，他在客户举行的宴会上致辞，简单一句开场白后紧接着就把话题转移到密封胶上，不管台下的人是否乐意，有没有兴趣，张德恒总是滔滔不绝又十分耐心地向大家介绍着密封胶产品，直到现在他的朋友们都很难搞清楚一个问题：究竟是密封胶行业离不开张德恒，还是张德恒离不开这个行业？答案其实很清楚，但答案大家又都弄不明白。张德恒的烟龄已经几十年了，但上学的时候张德恒是不吸烟的，家境贫寒的张德恒根本没有多余的钱去培养这个"业余爱好"，而且那时他一心扑在学习上，可以说是心无旁骛，对吸烟没有丝毫的兴趣和嗜好，那么张德恒是怎么学会抽烟的呢？答案是湖南老乡教的。

作为地地道道的河南人，张德恒怎么会从湖南老乡那里学会抽烟的呢？张德恒作为北京化工学院的优秀学生，被 621 所录取后，当时要求新录用的人员必须先深入基层去锻炼，与当地老乡同吃同住同劳动。张德恒和一个同事被分到了湖南省一个偏远的农村，虽然张德恒也是来自农村，小时候也常下地劳动，但上了十几年学后一下子下放到湖南偏远农村总有些吃不消。既然是同吃同住同劳动，那么老乡做什么，张德恒也要学着做什么，当时吃饭都是一个很大的问题，张德恒经常吃不饱饭，实在饿得不行了，就和同事在空闲时走上十几里山路买些吃的，在山沟里偷偷地吃填填肚子。当地人是抽不起卷烟的，张德恒是从北京派驻过来的知识分子，在当地是很受尊敬的。当地老乡抽的烟是买的碎烟叶，然后撕下一块旧报纸，用旧报纸把碎烟叶卷起来，再点上火就抽起来，即便是这种卷的烟也是十分珍贵的。面对老乡的热情好客，张德恒也学老乡的样子，自己用旧报纸卷些碎烟叶，就这样慢慢学会了抽烟。

40 多岁才开始创业的张德恒，最关心、关注的是两个方面，首先是技术，其次是市场，这和很多企业的负责人不大一样。很多企业都是以市场为导向，企业的所有经营活动都围绕着市场来运行，所有部门都是以市场需要为前提来运转，这样一来对市场就有着很高的敏感度，市场需求什么就会想方设法生产什么。而张德恒心目中技术是首要的。张德恒很清楚，中原所生产的产品都是用到建筑上的，产品质量容不得半点马虎，张德恒清楚做企业就是做良心，要对得起自己的良心，要生产出最优质的密封胶产品。从张德恒的郑州中原研究所生产出来的每一批产品，都要达到百分之百的合格。对于产品的质量，张德恒眼里揉不进一丁点沙子，这也和张德恒当年在军工企业工作过有关。以前在621所的时候，张德恒研发的产品基本上是用到我国的战斗机上的，这就对产品的稳定性有着严苛的要求，军用飞机上如果密封出现问题，那造成的后果是不敢想象的，也是难以承受的。因此，张德恒对产品质量的要求是严之又严。

把技术放到首位还有另一方面的考虑，作为密封胶行业的资深专家，张德恒十分清楚产品更新换代的速度，如果不及时改善提高产品性能，别人就会把你甩在身后，这就是张德恒的经营哲学。

"屋漏偏逢连夜雨""福无双至，祸不单行"，这些都是古人的人生经验，一个人走背运的时候甚至连喝水都塞牙缝。郑州中原一波未平，一波又起，在被环保部门查处后，又遭到了税务部门的查处，而且这次查处让10年后的张德恒回想起来时，依然还是历历在目，仿佛是昨天刚刚发生的事，在他的记忆深处，这次对企业的冲击是巨大的。

在军工单位工作20年的张德恒，在经营企业方面因袭了传统的优良习惯，最为突出的表现是遵纪守法。其实遵纪守法并非简简单单地尊重法律的权威，在张德恒的心里对国家的感恩是最深层次原因。回顾求学生涯，一路走来国家给予了他实实在在的帮助，当中学、大学吃不饱饭的时候，是国家给了张德恒奖学金让他继续完成学业，因此张德恒在经营企业当中，除了设身处地为企业发展考虑，也充分考虑着国家利益。他做的很多项研究都实现了打破国外垄断，填补国家空白，在密封胶市场，只要张德恒听到有哪些领域被国外产品垄断，他就会经过深思熟虑后对该领域进行研究立项。有一次，张德恒偶然听说我国汽车后视镜胶膜被美国一家企业垄断，他不顾75岁的高龄亲自考察汽车市场，随后就投入巨大人力、物力进行科研攻关，历时两年成功打破国外垄断，填补了国家空白。也是一次偶然机会，张德恒在上海出差时遇到一位专家，这位专家手里拿着欧盟的 ETAG002 标准，他对张德恒说："老爷子，符合这个标准的密封胶国内现在还没有，你有没有信心研制出来？"就是这样一句话，张德恒回到郑州后立刻对该标准进行认真研究，并抽调所里面最精锐的科研人员成立了专门课题组，来进行欧标产品的攻关，历时 8 年，数次邀请德国罗森汉姆检测中心专家来郑州进行技术交流，终于研制出符合欧盟标准的硅酮密封胶，打破了国外垄断，提升了国产密封胶的整体性能。这样的例子数不胜数。这种爱国的赤子之心还表现在企业经营当中，张德恒每年都要专门召开财务会议，要求财务人员认真对待每一笔业务，保质保量缴纳国家税费，郑州中原研究所多年来一直是当地的纳税先进企业。

改革开放后，国内经济得到了迅猛发展，但发展到一定阶段很多问题就会接踵而来，毕竟经过多年计划经济体制，一种工作惯性还在继续，当这种惯性持续一段时间后小问题就会汇集成为大问题，很多问题越积越多，最后变得积重难返。如果有魄力清除这一巨大的肌瘤，社会又会焕发旺盛的生机，变得更加富有活力，又会迎来新的增长。

很不幸，郑州中原研究所成了税务部门随机抽取查处选中的对象。税务部门几乎每天都会派驻人员到企业里进行查账，大有些不达目的决不收兵的气势。在铁了心花再多的力气也要查出问题的税务工作人员面前，一个税务漏洞终于被查了出来。张德恒十分惊讶，也非常清楚，这样的疏漏马虎是不能允许的，认账，这笔费用无论如何一定得出。处罚结果很快就出来了，处罚 800 万元。

高新区的区领导又来找张德恒了，进门第一句话张德恒已经听了不下百遍了："老张，高新区的政策真的很不错，把工厂搬到高新区吧。"高新区在 20 世纪 90 年代初就已经成为国家级的高新技术开发区，各方面税收政策都有很大的优惠，高新区领导曾多次来找张德恒，动员中原所入驻高新区。张德恒没有答应他们是有多方面原因的，在华山路生产的产品已经能够满足市场的需求，盲目扩大生产规模风险很大，再有就是中原区的区领导每次见到张德恒，也都会让他在中原区找一块地方扩大再生产，并且他和中原区的领导低头不见抬头见，关系很熟。那么张德恒和他的公司为何一下子成了你也争我也夺的香饽饽？回答这个问题很简单，张德恒一手创办的这个企业经济效益太好了，在整个郑州市来说都是数一数二的，郑州中原缴纳各种税费又从来不马虎，当然是各个区争抢的对象。2000年后，郑州中原发展速度进一步加快，现有的规模已经很难满足公司长远发展的要求，建立新的生产基地势在必行，张德恒已经在心里酝酿新的地址了。

郑州高新区位于郑州市西北，交通十分便利，又是国家级高新技术开发区，因此有各种政策支持。面对诱人的优惠政策，连一些国外的企业也都不甘寂寞，纷至沓来。而高新区的区领导多次找到张德恒，让张德恒尽快入驻高新区，给予的优惠政策也是十分诱人的。郑州中原区位于郑州的西部，由于是老城区，各项配套设施十分完备，很多员工的家也大都在中原区。多年以来，中原区的区领导对张德恒也是十分照顾的，各方面政策都给予一定优惠，并且中原区领导也多次重申要给郑州中原更多政策优惠。

企业是一定要搬迁的，只是要选择一个更加合适的地方。张德恒在中原区这里生活工作了多年，很多情况都比较熟悉。高新区虽然是国家级的经济技术开发区，但相对比较荒凉，各种配套设施比较落后，不过土地的价格相比中原区要便宜很多，张德恒陷入了难以抉择的境地。

正当张德恒犹豫不决的时候，环保局和税务局的查处，让张德恒最终下定决心，决定把工厂搬迁到高新区。当然，这并不是意气用事，比较而言，高新区尽管眼下配套设施尚不齐全，但前景十分不错，旁边就是高速公路，各种政策优惠又比较多，张德恒下定决心的事情从来不会拖延。

谁来负责筹建新的工厂？既然决定建设一个新工厂，那么就要建成一个全国最大的密封胶生产基地，所有设备都要求是世界最先进的。这就是张德恒做事情的风格，无论做什么事情，要么不做，下定决心做了就一定要做到最好。建设华山路研究所的时候是黄国杰负责的，张德恒决定这次建设还让黄国杰出马来参与主持。经过详细的财务预算，整个工厂建设工作大概需要花费 800 万元，税务部门对张德恒的罚款金额也是 800 万元，张德恒账户上没有 1600 万元的现金，这该如何是好呢？中原区的领导一直不希望张德恒搬迁，如果他们强行阻拦，也没办法搬迁啊！张德恒会选择什么样的办法呢？

　　税务部门罚款 800 万元，张德恒没有争辩什么，既然企业发展当中发现了问题，这是好事儿。他觉得早发现问题总比以后发展规模扩大了再出现问题强，早发现问题早解决，就当是花钱买一个教训，更何况这些钱也不是给了别人，而是给了国家。张德恒一直对国家有一种亏欠感，因此上缴这 800 万元的罚款也没有感觉失掉了什么。一向乐观的张德恒并没有把这 800 万元太放到心上，而让他放在心上的是基建需要 800 万元，基建加上罚款共需要 1600 万元，他确实一时拿不出这么多资金。还有一点让张德恒放心不下的就是，如何说服中原区的领导。

　　在张德恒一时还想不出更妥当的办法向中原区领导做出解释说明的时候，有一次他看到有人在路边下象棋，仔细看了看双方的棋路，猛然省悟，想起一句古话："明修栈道，暗度陈仓。"对，张德恒也决定来一个明修栈道，暗度陈仓！

　　市政府里很多人都知道张德恒要盖一座中国最好的密封胶生产基地，很多地方都想让张德恒把工厂搬迁过去。既然这样，张德恒一方面派人在中原区四处找地，另一方面又让黄国杰在高新区抓紧时间选择合适土地，加紧进行基建工作。但是，税务部门的罚款张德恒该怎样来解决呢？

　　800 万元对于那时的郑州中原来说是一笔巨款，但张德恒并没有放在心上，钱通过辛勤的劳动是可以挣来的，钱能解决的事情就不是什么过不去的坎儿。张德恒先后找到了税务部门的负责人和市领导，但并不是让他们减免罚款，而是让税务部门同意中原所分两次来缴这800万元的罚款。如果不是因为工厂搬迁，这些钱张德恒可以拿得出来，但谁让所有的事情都集中到一起了呢。经过多方努力，税务部门同意张德恒分两次上缴这笔罚款，一切工作的进展都按照张德恒预先设想的那样顺利进行着。高新区的新厂地址很快就选了出来，是一个很不错的地块，交通便捷，运输发达，张德恒对这个地块也十分满意，他让黄国杰继续悄无声息地推进着新厂的建设工作。与此同时，中原区也在再三催促张德恒抓紧在区内选择一块地。张德恒暗思，中原区属于老城区，哪里还有什么土地可供选择，并且即便选了，过不了几年中原区人口密度扩张，工厂还得继续向外搬迁，那时候造成的损失就太大了。

税务部门查处中原所的时候，环保部门也没有闲着，几乎每天都派人来华山路94号院一趟，反复检查到底有什么环境问题没有解决，让他们感到失望的是下了很大气力查了好久，也没有发现有什么环保问题。但他们坚持认为肯定存在问题，不然中原所不会受到群众的举报，因此他们决不放弃，还在继续追查。

新的工厂经过一年的紧张施工，建设工程竣工，而就在新生产基地建成的同时，税务部门和环保部门对公司的调查结果也基本出来了，税务部门罚款800万元，环保部门要求华山路94号院的工厂停业整顿。不过，好在这时候新的工厂已经落成了。

当郑州中原准备搬迁的时候，中原区的相关领导发现张德恒根本没有想在区内扩大再生产，而是将要把研究所搬离中原区，这时再去挽留为时已晚，只能是"天要下雨，娘要嫁人"随他去了。郑州中原整个搬迁工作进行得有条不紊，进展较为顺利，但这前前后后发生的故事，也确实十分曲折。

2003年，是新厂建成纪念日，也是郑州中原研究所成立20周年的喜庆日子。张德恒和大家的想法一致，新厂的建成庆典和 20 周年庆典同时举行。在银屏路兴建的密封胶工厂当时是全国最大的，生产设备也是国内最先进的，这为提高中国密封胶产业发展水平，提升国产密封胶品质，奠定了坚实的基础。

郑州中原研究所新厂建成暨 20 周年庆典活动的当天，整个厂区彩旗飘扬，锣鼓喧天，活动现场摆满了合作单位送来的花篮，巨幅标语彩带迎风招展，新厂区里人山人海，来自全国各地的嘉宾、行业的专家学者莅临庆典，会聚一堂。郑州中原还特意邀请了国内外著名的模特登台为企业产品品牌形象代言，数十名国内知名书法家现场挥毫泼墨，为庆典活动锦上添花……这是大家对郑州中原在 20 年发展历程中白手起家、艰苦创业、奋发图强成为密封胶产业领头羊的充分肯定，更是对张德恒开创中国民用建筑密封胶产业先河的充分肯定！

二十六、重整上海业务

上海是中国最大的经济中心，也是中国对外开放的重要窗口，上海之于全国是重中之重，上海之于张德恒也是重中之重。郑州中原上海分公司的销售额虽然不是所有分公司当中最高的，但上海的区位优势与经济中心的地位，让张德恒始终把上海放到很重要的位置。

张德恒是一个地地道道的北方人，在北京上学工作的 20 年，让张德恒的性格特征更加具有北方人的真诚直爽与不拘小节，而这种性格在经营企业中表现得就更加淋漓尽致了。对于一些细枝末节的小事，张德恒不会特别在意，对待员工也是竭尽全力帮助，但这样并不代表他对于错误的事情会放任姑息，他对待产品质量是眼里揉不进任何沙子的，对待企业发展的问题同样也是揉不进任何沙子的。比如，原材料品质的优劣对密封胶产品性能有着重要影响，张德恒宁肯长年高价购买国外原材料，也不允许购买品质稍差的原材料，无论企业多么困难，他从来不放松对产品品质的要求。张德恒平时待人接物十分和蔼，温文尔雅，但他也有生气发火的时候，发怒时主要是对工作的失误发怒。

张德恒经常因公务出差，这已成为他生活的一部分。他平常与子女见面的机会，其实还没有见到员工的机会多，更多的时间他都是在外地度过的。常常还要连续作战，三天内从北京到郑州，再从郑州到深圳，时间总是安排得满满的，几乎没有一分钟的空闲时间。让人赞叹的是，已经年逾七旬的张德恒有着用不完的精力，每天处理大量的公司业务，还始终能够以最饱满的精神状态来处理各种各样的大事小情。

郑州中原研究所是靠东北起家的，当时国内最大的门窗厂家是东北的沈阳黎明门窗厂，张德恒的第一个客户、赚得的第一桶金就是来自沈阳黎明门窗厂。即便时光已过去了30多年，张德恒每逢对公司职工谈起沈阳黎明门窗厂，还是带着深厚的感情。东北市场打开局面后，伴随着国内经济的发展以及深圳特区的迅猛崛起，广东成为张德恒最看重的市场之一。上海地区密封胶市场虽然容量不如广东地区大，但当时上海也有几家举足轻重的大型玻璃加工厂，并且市场充满潜力，张德恒也非常倚重上海市场。

上海一直是中国最大的经济中心，因此只要是公司涉及上海的业务，张德恒总是特别关心，对于上海地区的销售，他也给予最大程度的政策支持：给予上海地区客户的产品价格基本上是全国最低的，给予上海地区的人员配置也是最精干的，给予上海地区的硬件配置也是最齐全的，他出差上海的次数也是最多的。虽然张德恒一年中有大部分时间都在外地出差，但主要是去各个分公司办事处了解情况，直接寻访客户的次数屈指可数，他对自己的员工是充分信任的。当然，这种信任可以为员工发挥主观能动性，创造性地开展工作，最大限度地挖掘他们的潜力，营造出空间，但同时也必须警惕这种信任被当成儿戏，甚至被胡作非为的人利用。因而，就需要一个制度进行约束，使这种信任转化为一种强大的内生动力；如果没有制度约束，势必会给公司的发展带来无穷的隐患。

2007 年的一天，张德恒和公司常务副总高新元一起赶赴机场，去上海出差。出差前，张德恒对上海分公司所做的一切工作都是比较满意的，上海市场的开拓虽然略显缓慢，但总体来说还可以接受。飞机在上海刚刚落地，就有上海的员工开车接机，这和往日并没有任何的异样，甚至张德恒还感觉当天的空气格外清新，心情很不错。他们赶到上海分公司已是傍晚时分，张德恒知道这些员工在外面工作辛苦，因此每次到各地分公司出差的时候总会找一家最好的酒店请在当地工作的员工一起吃一次饭，一来能够更好地加强与员工的感情交流，二来也能够对分公司情况有个最直观的了解。不过，通常吃饭的时候张德恒会尽量少谈工作，以便让大家有一个轻松惬意的氛围。张德恒对普通员工总是乐呵呵的，从来不发火，当工作中出现了问题，他只对部门负责人或者分管副总发火，但这种发火的次数很少。

第二天上午，张德恒召集上海分公司所有员工开会，主要也是和大家聊聊家常，聊聊工作，聊聊大家有什么需要解决的困难。在大家热火朝天的聊天过程中，张德恒看到桌上有一本账单，就随意翻了两下，起初张德恒并没有感觉有什么异常之处，当他放下账单后发现，喧嚣的会场气氛一下子安静下来，分公司的员工似乎都显得很紧张，目光都盯着张德恒手中的账本，这时张德恒心里似乎明白了点什么，但他的神情并没有表现出来，又和大家聊了一会儿。最后，张德恒对上海分公司的负责人说要到客户那里去拜访一下，让他们安排好第二天去拜访客户的事。

第三天，上海分公司的负责人向张德恒报告说："客户总经理不在公司，无法拜访。"张德恒这下心里就全明白了，他不以为然地回答道："没关系，有机会再去拜访客户吧。"张德恒像往常一样处理完上海的相关工作后就离开了，但这仅仅是虚晃一枪罢了。已经年逾七旬的张德恒，见过太多的大风大浪，面对这种情况张德恒心里是有数的，可以肯定销售当中出现了什么问题。张德恒虽然表面上并没有对上海分公司的账目展开全面调查，但他心里已经能够确定，上海的账目绝对存在问题。

经过多方的调查，张德恒了解到上海分公司交给公司总部的账单和实际卖给客户的账单是不一致的。上海分公司的负责人长期在上海工作，利用多年积攒的人脉关系，私自注册了一个公司，并且多年来是以郑州中原研究所代理商的身份来做相关业务。换句话说，他们拿着郑州中原公司发的工资，跑着业务，把这些业绩由他注册的公司来操作，分公司报给张德恒的产品单价要远远低于实际的销售价格，这样他们就能够轻而易举地从中赚取一定的差额。按照上海分公司的销售额来算，他们所赚取的差额数量是十分惊人的，张德恒不免惊出一身冷汗。如果想要瞒过总部，仅仅一两个业务人员对账单做手脚是瞒不过去的，看来上海分公司的问题远远比张德恒预想的要严重得多。

张德恒搞清事情真相后十分气愤，他一直以来对上海分公司非常信任，没想到竟然会出现这种问题。张德恒既为自己未能预先想到而懊恼，也为由此给公司带来的损失而怒火中烧，这种情况竟然是一个分公司负责人胆大包天、上下相瞒一起达到的，在郑州中原20多年的发展历程中真是史无前例、空前绝后。但思绪冷静下来，张德恒也感到很欣慰，欣慰的是这个事情已经被他发现了，同时发现的还有公司运作当中出现的问题，在事情没有扩大的时候发现问题真是不幸中的幸运。张德恒意识到，用以前管理几十个人的传统模式管理现在的公司，已经远远不合时宜了。张德恒是全国顶级技术专家，做企业他靠的是对产品品质的追求，但做管理并不只是集中于产品品质一个方面，这是一个复杂的系统工程，却不是张德恒的强项，而且事无巨细，他也实在忙不过来。不过，张德恒开放的性格以及为人处世宽厚仁和，让他能够找到更合适的人来进行企业管理。上海的问题肯定是要处理的，但如何处理张德恒一时感到有些棘手。

针对上海出现的问题，张德恒没有声张，整个公司也仅仅个别副总知道这件事情，并且张德恒叮嘱他们对这个事情保密，不可以扩大。他深知上海市场很大，客户群体很多，市场份额也是举足轻重，如果现在把这个事情公开处理，把这一批人都处理了，势必对市场产生巨大的冲击。而且，上海分公司对市场非常熟悉，对客户也了如指掌，一旦出现鱼死网破的局面，对上海市场的冲击将会是灾难性的。

从上海回来之后，张德恒一方面制订周密细致的解决方法，另一方面先稳住上海分公司的这批销售人员，他装作像什么事情都没有发生一样。上海分公司打来的一些花销报告，张德恒照常批准，但他已经在物色合适的人选去上海分公司主持工作了。张德恒明白，这次肯定对上海分公司会有一个很大的冲击，但这种冲击张德恒经过深思熟虑、认真分析后认为，在处理这一事件上是可控的，并且客户并不是冲着某一个业务人员来买郑州中原的密封胶，更多的是出于对张德恒的信任，对郑州中原研究所的信任，更多的是对思蓝德牌密封胶的信任，这种信任是经过20多年的客户使用体验得来的，并不会因为一两个业务人员的离开而削弱这种信任。等张德恒物色到派驻上海的合适人选，并且对上海的情况有了更全面、深入的了解后，他决定马上处理上海分公司相关人员，做事要深思熟虑，更要雷厉风行。

张德恒把所有证据都拿给了相关当事人，他们目瞪口呆，缓了缓神之后，没等张德恒开口继续说什么，就口头提出了辞职，所有涉事的销售人员也都提出了辞职。他们本以为一起提出辞职，张德恒是不会同意的，毕竟法不责众，他们甚至抱着幻想，无论如何张德恒也得考虑此举对整个市场的震动影响。但是，令他们意外的是，张德恒竟然都同意了。很快新的负责上海区域的人员来到了上海，上海销售分公司老业务员几乎走光，一切都得从头开始，对客户不掌握，对市场不熟悉，对人员不了解，困难，太多的困难摆在了眼前，亟待张德恒去克服。

没有出乎张德恒的预料，上海分公司人员的清退的确造成市场不小的震动，这场巨大的市场冲击波，把郑州中原推向了风口浪尖。离职的这些员工都很快代理了其他胶企的品牌，由于他们手中掌握市场客户，对郑州中原产品形成了一定的冲击。张德恒不为所动，尽最大努力来稳定上海市场，这种冲击主要表现在一些中小客户，大客户还是牢牢地被张德恒掌控着。经过大半年的调整，一支新的营销队伍在上海蓬勃发展。张德恒发现问题后迅速果断的处理，使得上海分公司重新焕发了活力，但这仅仅是治标之举，却难以彻底治理根本。

销售工作中出现舞弊现象并不少见，但是如何最大限度地避免和控制，就需要领导者的智慧了。张德恒召开了数次会议，深刻汲取上海事件的教训，为在以后的工作中避免此类情况再次发生，他随后实行了几项举措，首先，最重要的一条就是加强对分公司财务部门的领导。分公司财务与分公司销售管理分离，由总部直接对分公司财务部门进行控制，再由分公司财务监督分公司销售人员，以此来规范管理。其次，张德恒要求公司审计部门加强对分公司的审计力度。最后，张德恒要求销售人员加强自律，一方面提高销售人员待遇，另一方面加强销售管理工作。

上海分公司发生的问题，让整个上海市场出现了一段短暂的动荡，但经过张德恒果断整治，新组建的分公司的发展速度相比以前更加迅速，各项销售增长幅度明显，并且在治理整顿中一批优秀的销售人员涌现了出来，一支新的富有活力的销售团队组建而成。

在上海分公司的整治上，张德恒表现出处理公司管理问题的果断，对公司管理的主见，对公司管理的智慧，对管理工作一丝不苟的意志。当初张德恒决定大幅度更换上海分公司销售人员的时候，很多人持反对意见，多数人认为此举会引起市场的动荡，不利于市场的开发，但张德恒顶住了这些阻力，力挽狂澜。张德恒是明白的，一个脓疮如果不痛下决心及时挖掉，以后会危及整个生命，而眼下正是挖掉这个脓疮的最好时机。

做到管理工作高瞻远瞩，出现失误绝不放任姑息，这是对企业管理者的考验，更是基于企业整体战略方向和发展路径的不断优化选择的过程。在张德恒看来，郑州中原要想做大、领先，首要的就是规范运营。要做到这一点，就必须经常深入一线，调查研究市场运行规律，敢破敢立，敢想敢干，要敢做事、能做事、做大事。无论春光明媚还是风雨如晦，致力于成为管理一流、品质上乘、受人尊敬的公司，才能真正为中国密封胶产业健康发展贡献卓越力量，拼搏出一个风清气正、淡泊名利、激情无限、硕果累累的明天。

第四章　新的开始

一、欧标研究

张德恒独自坐在偌大的办公室里，眼睛一直盯着办公桌上的密封胶。年近七旬的张德恒脑海里像是在思考着什么，显得一副心事重重的样子。创办的这个企业也已经 20 多年了，每年企业都能取得不小的进步，由原来的 8 个人发展到眼下的 200 多人，中间经历过太多的曲折，发生过太多的故事，但善于往前看的张德恒，并没有把这些曲折放到心里，用他自己常挂在嘴边的一句话来说："只要不是关于密封胶的，其他任何事情低低头能过去就过去了。"

香烟已经燃到了最后，没有引起张德恒注意，直到烫着手指的时候他才回过神来。他正在全神贯注考虑一个很严峻的问题，如果这个问题解决不了，那么不但对于密封胶行业来说是灭顶之灾，对于生活在城市里的市民也将是一个很大的影响。这个问题在张德恒的心里已经酝酿好多年了，早在 2000 年，他就开始研究这个问题，等越来越多的问题相继出现后，张德恒决定无论投入多大的人力、物力、财力都要解决这一问题。想到这里，他又点燃了一支香烟，思绪回到了 2000 年……

2000 年的一个晚上，张德恒像往常一样结束了一天紧张劳累的工作，习惯性地到实验室转了一圈，一切都显得没有任何不同，于是就走出了办公楼直接回到家，这时老伴已经为张德恒做好了晚饭。虽然还是简简单单的一顿晚饭，但张德恒更喜欢在家里吃饭，显得那么放松开心。张德恒把电视调整到新闻频道，正吃着饭，电话突然响了起来，他接起电话，一阵急促的声音从电话那头传了过来："老张，不好了，出事了！"张德恒听这么一说，给整得一头雾水，不知所措。出事了？能出什么事情？而且张德恒还没有听出对方是谁呢，他感到有些莫名其妙，又十分焦急。电话那头又说了一句："玻璃，幕墙出问题了。"直到这时，张德恒才大概明白了是怎么一回事。

出现问题的这个建筑张德恒是很了解的，这个建筑并没有使用郑州中原的产品。在 20 世纪 80 年代中期，深圳作为改革开放的窗口，一座座幕墙建筑拔地而起，给这座新兴城市增添了新的活力，张德恒所生产的硅酮密封胶，在深圳的很多建筑上使用，而且都得到了客户的广泛认可。作为国内研制密封胶的权威专家，张德恒已经在整个行业内树立了权威形象，一些建筑用胶的论证工作都需要张德恒去参加，他说的话在密封胶行业内认可度、权威性是很高的。这天晚上给张德恒打电话的是他的一位相识多年的老朋友，这位老朋友说到的幕墙出现问题的建筑，也是在 90 年代轰动一时的一个项目，是深圳市的地标性建筑项目。作为当时全国第一个钢结构高层项目，不仅代表着国家稳步增长的经济实力，更是深圳繁荣开放的象征，在世界范围内都是十分知名的。这个高达 300 多米的建筑，如此的高度，如此具有影响力的建筑，如果使用的密封胶出现问题，万一出现玻璃脱落伤人事件，就好比一颗重磅炸弹，对整个行业将是一次沉重打击，更会严重损毁深圳的形象，所以这件事非同小可。

张德恒接完电话后，心里也在思索着这个突发事件，到底是什么原因导致幕墙出现问题？兴建这座建筑一直使用的是国外进口的密封胶，难道是密封胶出现了问题？作为全球最知名的密封胶生产企业，如果问题真是出在密封胶产品上，业内早就会曝光了。张德恒也是一脸的迷惘，或许答案只有到了现场才会最终知晓。

张德恒办事不喜欢拖泥带水，做任何事情，只要他考虑清楚了就会立即去做，没有任何的拖沓，也没有任何的瞻前顾后。张德恒订了一张飞往深圳的机票，并且在去深圳之前也做了认真的准备工作，查看了很多国内外相关数据，把可能出现的问题一一罗列了出来，等这些准备工作都做好了之后，张德恒踏上了飞往深圳的飞机。

张德恒对于深圳是再熟悉不过了，并且深圳也有郑州中原的办事处。由于是深圳的地标性建筑出现了问题，所以整个行业都十分关注，在短短的时间内，玻璃方面的专家、金属结构方面的专家、密封胶行业的专家都齐聚深圳，对该建筑展开专家会诊。

建筑幕墙中，密封胶所起的作用十分关键，建筑幕墙大致可以分为隐框幕墙、明框幕墙、半隐框幕墙，其中隐框幕墙对密封胶的要求最高。隐框幕墙主要依靠密封胶来固定。为了美观的需要，隐框幕墙表面是看不到龙骨的，外部平滑美丽，在幕墙建筑中隐框幕墙的施工难度也最大。明框幕墙由于有龙骨在外面固定着玻璃，对密封胶的要求相对较低，半隐框幕墙分为横明竖隐和横隐竖明，对密封胶的要求相对小一些。而出现问题的这个建筑是一个隐框幕墙建筑，对密封胶的要求是很高的。

张德恒和其他专家组成员来到了这座大楼前面，映入眼帘的一幕令他十分震惊，他没有想到会出现这样的问题，而且问题十分严重，现场观察结果很明显，正是密封胶出现了问题。张德恒走上前，用手去按这些玻璃中间的密封胶，都是硬邦邦的，出现了结构化，通俗地讲就是密封胶脆化。密封胶脆化是很严重的问题，直接关系到幕墙的结构安全。众所周知，所有材料都有一个热胀冷缩的特性，玻璃幕墙更是如此，由于受到热胀冷缩的影响，建筑幕墙表面的玻璃与玻璃之间的胶缝每年都会呈现出不同的状态，这就要求胶缝中所注入的密封胶要有一定的弹性，这样才能够适应玻璃与型材之间的热胀冷缩。由于幕墙建筑是在空中，所受到的风压也是很大的，并且是来自各个方向的风压，这样一来如果密封胶出现脆化，当受到热胀冷缩及风压的多重影响时，密封胶就会出现开裂，直接影响到建筑的结构性安全，玻璃也会出现掉落的危险。按照当时的国家标准，结构密封胶的质保年限应该在 10 年，这座建筑才建成五六年就出现如此严重的问题，张德恒开始分析思考导致问题的关键因素究竟是什么。没有经过验证的事情张德恒是不会轻易说出口的，他只是在现场取了一份样，并且在市场上购买了同样型号的国外密封胶带回了郑州。

张德恒是一个企业家，更是一个行业资深专家，对专业的热爱，对行业的热爱，让他始终把产品质量列为重中之重，即便在市场压力最大的时候，他也从来不会考虑从原材料引进上节省成本。张德恒要求郑州中原生产出的每一条胶都要使用国内外最好的原材料，同时要求生产的每一个产品都要经过层层检测，出现任何瑕疵都要无条件当作废品处理掉。因此，在国内所有的密封胶检测机构当中，虽然张德恒的检测实验室并不是国家级的检测中心，但对密封胶的检测要求是极高的。郑州中原检测设备齐全，检测理论的完善也不亚于国内相关检测中心，并且国内检测中心的一些设备，也是张德恒提供给他们的。

张德恒把从深圳取到的样品拿到实验室去做检测，检测结果出乎他的意料，作为国际最著名的密封胶品牌，他们的产品竟然无法通过国家标准 GB16776 的检测，张德恒震惊之余更对行业的发展产生了深深的担忧。

这款国外产品究竟是哪些指标无法通过相关检测呢？我国最早的国家标准 GB16776 是张德恒在国内提出编制建立的，当时国家对硅酮结构密封胶并没有国家标准，经过张德恒的努力，国家硅酮结构密封胶标准的起草任务也落到了郑州中原研究所的身上，并且中原所作为该标准的第一起草单位来实施这一标准编制。1997 年，这个标准在国内开始正式实行，而深圳这个标志性建筑是 1995 年建设的，就是这两年的时间差导致了问题的出现，所以也就出现了无法通过国家标准检测的情况。

　　密封胶在幕墙上使用，对于高温高湿的环境要求相对比较高，因为使用的过程中难免要受到阳光曝晒以及风吹雨打，国标对水紫外试验的要求要达到 300 小时，也就是说在经过 300 小时水紫外光照试验之后，再测试其力学性是否低于国家标准，这一条是十分重要的。如果仅仅进行紫外试验，经过试验之后大部分密封胶的性能都能够达到要求，但是把做成的工型试片放入水中然后再进行紫外光照射，经过 300 个小时后，一些密封胶就往往达不到要求。水紫外试验对密封胶的使用寿命存在一定比例关系，张德恒把拿到的胶样做成工型试片再放入水紫外箱中进行测试，测试的结果和他预想的一样，这些进口密封胶全部无法达到国家标准的要求。虽然中国的国家标准是参照国外最先进标准制定的，但国外知名品牌无法达到国标的要求也并不值得意外，一些国外产品在进入中国市场的时候执行的是双重标准，在欧美国家市场投放的是一些性能较高的产品，而在我国或者一些发展中国家市场投放的密封胶却没有那么高的性能。性能的高低和成本是成正比的，产品性能较低可以降低产品成本，可以多赚钱，但发生这次事件对这一国外品牌的影响是巨大的，再没有任何一家企业敢使用该型号产品，国产品牌在这次间接的与国外品牌的对比中占据了上风，该品牌的产品最终完全退出中国市场。

　　但是，经历这次事件之后，并没有让张德恒完全放松下来，留给他思考的教训依然还有很多，让他深思的问题更多。

　　张德恒心里一直在考虑如何提高密封胶的使用寿命，如果一个投入上亿元的玻璃幕墙，因为密封胶质保 10 年而 10 年进行一次翻新，这个成本绝大多数业主难以承受；如果玻璃幕墙使用 10 年之后不更换，那么在业主的心中永远悬着一把剑，不知道这个幕墙什么时候会出现问题，万一伤到了人，这个责任可是巨大的。我国建筑的更新周期远远长于密封胶的 10 年质保期，那么如何延长密封胶的使用寿命成为摆在张德恒面前的一道难题。这个问题一直萦绕在张德恒的脑海里，当时的国家标准制定实施才刚刚 5 年的时间，但建筑形式的日益更新，让张德恒意识到必须尽快研究制定新的产品标准，走在其他企业的前面，才能在日后的市场竞争中占据先机。

张德恒不喜欢把自己窝在郑州的办公室里，偌大的办公室他实在待不下去，如果是在华山路的办公楼里，他更愿意去实验室转一转。公司的各项工作都有相应的管理制度来规范，日常的一些工作都有分管副总来处理，张德恒在很多场合都会自谦地说："我没有什么能力，因此我多设置几个副总，我一个人的管理能力有限，我们一群人共同商议出来的决策就会科学很多。"张德恒平均一年有 200 多天都不在家里，他会到全国各地，甚至世界各地了解当地的市场情况，了解最新的密封胶研发动态，了解最新的行业动态，了解最新的客户需求。如果让张德恒整天待在家里，他还真有些不适应。但习惯于"不拘小节"的张德恒到别的地方去考察，也闹出过不少笑话来。

张德恒是一个"不拘小节"的人，所有的精力和心思都投入了密封胶的研制。张德恒的一些衣服穿了好多年，虽然很旧可每天穿在身上都是整整齐齐、干干净净的。曾经有一次他拜访老同学，因穿着过于朴素，直接被门卫挡在大门外。每当张德恒见到这位老同学，同学都会拿这事儿开玩笑。中国有句古话"人不可貌相"，如果不曾与张德恒谋过面，又有几个人能猜得出这位普通人就是国内最知名的密封胶研究专家呢？如果不熟悉张德恒，又有谁会知道这是一位开创了中国密封胶时代的企业家呢？这就是张德恒，低调做人、高调做事的张德恒，心里装着的只有密封胶和他的郑州中原研究所。

张德恒喜欢到各地转转，实地了解市场行情，但他对市场出现的各种问题越来越忧心忡忡：看到一个个密封胶失败的案例，让他最感到担忧的还是密封胶开裂现象，这对幕墙的影响是致命的。幕墙的密封胶出现开裂现象，将会直接影响到幕墙的结构性安全，这个问题如果得不到妥善解决，在不久的将来，人们走到大街上，任何一块玻璃都有可能成为悬在头顶上的一颗炸弹。幕墙可以把建筑装扮得更加美观，但这种美观的前提是安全，张德恒决心去改变这一切，并且要尽快拿出解决办法。在他遇到的问题中，不仅仅有密封胶开裂的现象，还有用硅酮密封胶合成中空玻璃后里面出现彩虹现象，这对中空玻璃的影响也是致命的。中空玻璃主要的优点就是节能隔热，一旦中空玻璃出现彩虹现象，影响玻璃的美观暂且不说，中空玻璃的性能也会大打折扣，对用户的影响也比较大。还有一种就是中空玻璃的流淌现象，张德恒发现这种情况出现得越来越多，当中空玻璃使用一段时间后，中空玻璃内部的丁基胶会流淌下来。经过张德恒的多次检测，出现问题的建筑大都使用了不合格的密封胶产品，而根据现有的国家标准 GB16776 是难以检测出问题的，而且这些密封胶在进行国家检测的时候也是合格的产品，只是使用一段时间后就出现了问题，使这些通过国家标准检测却又不合格的产品在市场上继续流通。这种情况不但会影响到整个密封胶行业的整体利益，也会极大地损害广大用户的利益。张德恒反复思考着要尽快想出解决这些问题的办法，行业的使命感使他下定决心来解决这些问题。

郑州市不像东部沿海城市那么发达，春天也显得十分短暂。作为全国交通枢纽的郑州，贯通着东西陇海铁路和南北京广铁路。郑州也有着自己独特的魅力，那是一种祥和静谧的氛围和一种仁厚包容的城市气息。张德恒一年之中在郑州的时间并不多，只要有时间就会待在家里，他很享受在家里的短暂时间，闲暇的时候他会到实验室转转，有工作的时候会到位于华山路二楼的会议室开会。张德恒开会有自己的习惯，会场上他性格随和，态度谦恭，让大家能够各抒己见，畅所欲言，一些好的管理思路也就在这样的氛围当中产生。著名的管理大师彼得·德鲁克就提倡一种决策前的民主，这样有利于激发大家的积极性与潜能。

郑州中原的事业蒸蒸日上，密封胶市场份额一天天扩大，不少知名的国际公司迫于竞争压力，三番五次登门洽谈合作之事。

一天早上，张德恒正在华山路实验室指导科研，一个电话打了过来，是一家国际知名的密封胶企业希望能来郑州中原拜访张德恒，而且这次来访的人员级别很高，与他们一同前来的还有一位在国内玻璃行业很知名的张德恒的朋友。张德恒没有考虑太多，拜访没有什么不好的，大家可以共同交流探讨各自对产品的看法，可以交流分析对市场的看法，是一个共同提高的过程。张德恒把这次拜访仅仅当作一次普通的拜访，事实上却完全出乎张德恒的预料。

一行人来到华山路研发中心之后，张德恒首先带他们参观了华山路研发中心的各个实验室，以及一些检测设备。他们当时并没有说什么，但回到了会议室，对方提出的问题让张德恒感到十分震惊，对方直接告诉张德恒，这次来的意图是收购郑州中原研究所，并且给了一个天文数字的收购价格，让张德恒考虑。张德恒听到这里霍地站起身来，直接回答对方："中国生产密封胶的企业不少，但能生产出高品质产品的企业不多，当初我来郑州创办这个企业，就是为了生产出中国自己品牌的优质密封胶。"直接拒绝了他们的收购要求。

对方带着失望的表情，离开了郑州中原研究所。张德恒以为事情就到此结束了，但实际上他们并没有放弃。大约过了一个月时间，张德恒又收到了对方的拜访请求，但这次谈的并不是收购，而是合资。对方愿意高价注资郑州中原研究所，并且同意只掌握49％的份额，虽然合资企业在当时是一个时髦的合作形式，但还是遭到了张德恒的坚决拒绝。又过了没多久，他们又找到了张德恒，再次想要注资，但这次他们要的不是股份，而是要求共享 MF-881 的产品配方，张德恒再次严词拒绝了他们的要求。他心里装的是中国的密封胶产业，装的是郑州中原全体员工。用他的话来说："与国外企业合作也好，兼并也好，我的钱够花了，员工们的饭碗能端长久，谁能保证？"

关于外资收购郑州中原的事情，只有公司的高层核心管理人员知道，这件事张德恒没有向其他人说过。很多年之后，在一次国外的展会上，听国外的一些密封胶企业谈及此事，张德恒才了解到自从他们打算和张德恒合作失败之后，每年他们都会从市场上购买一组张德恒生产的MF-881硅酮结构密封胶进行研究，以了解它的相关性能。

密封胶的研究，并不是研制出一个配方就能够投入使用那么简单，必须依靠标准衡量这个配方符合哪些要求，或者研制的一种密封胶是否符合特殊环境下的特殊要求。如果只是在现有标准下对产品配方进行修修补补，所起到的作用并不大，而且经过一段时间的实践，现行国家标准存在一些不足。

随着科技的快速进步，人们对建筑物的审美要求也越来越高，一些几百米的高层建筑拔地而起，而且建筑物的造型也越来越多样化，这就对密封胶又有了更高的要求。一些建筑幕墙的超大板块都得到了广泛应用，但很多建筑的设计方案无法找到相应的密封胶产品，必须对设计方案进行局部更改，这样一来又造成了新的浪费。

如果在密封胶的研制上取得新的突破，那么首先要做的就是找一个适合的标准作为框架，在此基础上编制出适合自己的企业标准，再进行相关的标准学习与研究。当时国内在硅酮密封胶的标准制定方面，郑州中原研究所是国内最具权威的企业之一，因此如果仅局限于国内，新的标准是无论如何也做不出来的；把视野放到国外来寻找参照系，无论科技实力还是法律健全程度，美国都是当仁不让的领导者。但是，张德恒明白美国标准是不能学习的，因为国标GB16776就是根据美国标准进行适当修改而制定完成，GB16776在个别方面甚至严于美国标准，换句话说，硅酮结构密封胶能够符合国家标准GB16776，那么符合美国标准绝对没有任何问题。但是，美国对硅酮密封胶的限制不仅仅是靠一个标准来限定，美国有完善的法律体系来保障密封胶的性能，有一个庞大的体系来确保密封胶的质量，而这种体系是无法在国内进行模仿复制的。在密封胶产业发达的国家中，除美国标准外，还有日本标准、欧盟标准。张德恒曾找人专门对日本的硅酮结构密封胶进行了研究。日本虽然是一个地震多发的国家，但对于硅酮密封胶的标准并没有过于苛刻的要求，一些方面甚至还没有中国的国标严格。因此，经过综合考虑，张德恒也剔除了对日本标准的系统化研究，剩下的就是欧盟标准了。张德恒多次去欧洲出差，对欧洲并不陌生，但对于欧盟标准他没有过多的接触。

当把一份完整的欧盟标准看完之后，欧盟标准的全面与严苛给张德恒留下了深刻的印象。相比中国的 GB16776，欧盟标准拥有太多的优势，这种优势并不是一星半点的。仅拿水紫外来说，按照中国国家标准的概念是 300 小时的水紫外光照射，但是欧盟标准竟然要求 1008 小时的水紫外光照射。张德恒很清楚 1008 小时是一个什么概念，20 世纪 90 年代初，国内还没有任何国家标准，张德恒为了检测国产硅酮密封胶的性能，参照美国标准起草编制了一套企业标准，并且和相关设备制造企业共同研发出一套紫外检测设备——模拟太阳光照射的一个紫外箱。张德恒把国内外能够找到的密封胶都收集过来进行测试，检测结果发现，这些密封胶产品抗紫外线照射的能力是很强的，都能够满足相关要求。当时张德恒就对这些设备进行反思，密封胶在正常的使用过程中，所受环境的影响因素不仅仅是一个紫外线这么简单，还要经历风吹雨打、冷暖寒暑，这些环境因素同样会对密封胶造成影响。张德恒再次搜集国内外密封胶产品，但这次是把工型试片浸泡在水里面进行紫外线照射试验，试验结果让他感到吃惊，竟然有一大部分密封胶产品在 200 小时的时候就已经出现问题了，能达到 300 小时的产品所剩无几，通过 500 小时水紫外照射试验的产品更是凤毛麟角。如果按照欧盟标准的要求来做水紫外光照射试验，国内没有一家企业能够符合要求，国内市场上流通的密封胶产品也无法达标。张德恒心里很清楚，密封胶的使用寿命与水紫外光照时间成一定比例关系，300 小时的水紫外试验能够达到质保 10年，那么 1008 个小时的水紫外试验，密封胶的使用寿命又能够达到多少年呢？张德恒十分惊喜，也十分懊恼，为什么以前没有注意到欧盟标准的相关要求呢？如果早知道这些，他早就开始对符合欧盟标准的密封胶进行相关试验了。欧盟标准相对于国家标准优势太多了，欧盟标准的疲劳试验在国家标准里是没有的。所谓的疲劳试验就是把密封胶做成工型试片后，在疲劳试验机上面经过 5350 个循环的疲劳拉伸之后再进行相关的性能检测。玻璃幕墙在实际使用当中，不停地受到风荷载的影响，密封胶也是一直在运动之中，这就是为了模拟密封胶在实际使用当中的情况而制定的试验方法。这就好比一个普通人，举起一个 10 公斤的哑铃或许毫不费力，但不停地举起 5000 多次，是否还能够举得起来？即使是 1 公斤的哑铃，当举 1000 次的时候是否还能够举得起来呢？密封胶也是同样的道理，国家标准仅仅考虑了密封胶在初始状态下的一些性能，但是经过疲劳老化之后它的性能又会发生怎样的变化，却没有考虑。

张德恒对欧盟标准越研究越着迷，欧盟标准相比国家标准有太多的性能优势了，而且欧盟标准的所有试验都是在假定幕墙能够使用 25 年的情况下进行的，也就是说，如果密封胶能够达到这些检测项目的要求，该密封胶的质保年限就能够延长至 25 年。张德恒心里有本账，如果我国所有的密封胶质保年限由 10 年延长至 25 年，这将是一个什么概念呢？密封胶过了 10 年质保期之后，业主的权益是无法得到保障的，如果对幕墙进行翻新，成本又是巨大的，而密封胶的质保年限延长 15 年，达到 25 年的质保时间，将为业主降低可观的成本，并且经过严苛检测的密封胶投入市场后，对于普通大众来说有了安全保障，对于国家来说也提高了建筑物自身的安全，减少了重复建设带来的不必要浪费。张德恒决定倾其所能投入所有资金，所有人力、物力，对欧盟标准进行系统化研究吸收，一定要让中国人用上世界上最好的密封胶产品！

张德恒行事风格是一旦做出决定，执行起来雷厉风行，也十分果断，但这种果断是建立在充分思考、充足论证的基础上。作为国内一流的密封胶研发型企业，张德恒有这样的技术实力进行欧盟标准的研究；作为一个创建 20 多年的企业，张德恒有这个技术积累研制出符合欧盟标准的密封胶；作为一个高新技术企业，张德恒也有雄厚的资金基础投入欧盟标准的研究。国内密封胶企业越来越多，而硅酮结构密封胶的准入标准却越来越低，这些对广大用户都是一个极大的伤害，对众多的百姓生活存在潜在的威胁，会造成越来越多的安全事故。并且，更为极端的是国内密封胶呈现出质量持续下降的态势，国内的一些密封胶企业为了降低成本，对原材料的采购标准越来越低，价格战持续上演，并且愈演愈烈，价格战的结果是质量的降低。张德恒作为一个技术出身的专家型企业家，他决不会为了追求市场而降低产品品质，当其他企业投入大量人力物力打价格战时，他就投入巨大人力物力打技术战。

张德恒的经营思路十分清晰，不和国内二、三流胶类企业打价格战，他要在源头上打败这些企业，把密封胶的技术准入门槛提高，使密封胶的质量越来越好，把一些技术实力较弱的企业挤出市场，来净化整个行业，提高产品安全性能。当国内的密封胶企业价格战打得不可开交、混乱不堪的时候，他们或许还没有意识到，在经营战略的高度上、在抢占产业制高点上、在全盘把握企业未来命运上，他们已经输给了张德恒，这就是张德恒的高明之处。

张德恒全面了解了欧盟标准的各项先进指标之后，做了三项指示。首先，指定专人对欧盟标准进行全面细致的翻译工作，各项技术要求翻译得必须达到精确精密的程度。其次，成立欧标产品课题组，抽调最精锐的研发人员对欧盟标准进行研究，不对欧标课题组施加任何压力，但务必要求研发的每一个步骤都精益求精、扎扎实实，公司会倾注所有资源支持欧标产品的研发。再次，与欧洲罗森汉姆检测中心取得联系，研发过程中遇到的难题及时请教，必要时邀请他们来公司进行业务指导交流。最后，张德恒还要求对相关欧标检测设备进行研究吸收，联系相关设备厂家进行设备研发制造，确保检测设备在密封胶产品研制出来前全部到位。

下达一项指令并不难，建立一个课题组也并不难，难的是缺少可供借鉴的资料，国内没有任何机构有这方面的经验，也没有任何机构对欧盟标准进行过系统研究，所有能找到的资料就一本 ETAG002 标准，并且还是全英文的，需要进行翻译，几乎一切都要从零开始。张德恒的压力是巨大的，市场形势在不断恶化，如果新产品不能够及时投入市场，企业的发展就会陷入被动，这是需要张德恒千方百计去避免的。

每逢开会的时候，张德恒总会说："朋友是企业发展最大的财富，也是个人的最大财富。"为人低调豁达、谦虚和蔼的张德恒有很多朋友，并且他对朋友总是竭尽全力给予帮助和支持。张德恒 20 世纪 50 年代在北京化工学院读书时，结识了一位同学，他是印尼华侨。虽然当时在班里大家交往不多，但同学间的情谊还是很深厚的，后来这位同学定居香港，就联系很少了。一次偶然的机会，他们建立了联系，张德恒正好想了解一下香港市场的发展情况。

香港的开放程度较高，可以作为郑州中原进军海外市场的一个桥头堡，于是张德恒决定在香港设立一个办事处。办事处就由张德恒的这位同学负责，一方面可以开拓海外市场，另一方面也可以帮帮自己的老同学，但他决不会把这种帮助说出来。这就是张德恒，对人宽仁笃厚。

研制开发欧标产品，仅仅依靠张德恒和郑州中原研究所是远远不够的，很多工作需要借助外部资源和力量。张德恒为了尽快搞出欧标产品，大力招才引智，请来了国内最知名的专家学者进行相关指导，这些外脑给张德恒提出了很多宝贵的意见和建议。尽管如此，研发的难度依然十分巨大。首先要克服的就是水紫外 1008 小时的问题，如此长时间的水紫外光照射，大部分硅酮密封胶是无法达到要求的，必须想办法攻克这个难题，只有先解决了水紫外光照射的问题，其他方面才能迎刃而解。张德恒已经抽调了研究所里最精锐的研发人员，配置到了欧标产品的研发上，对这个产品给予了极大的重视。等初期的所有准备都做好之后，张德恒又从研究所派出相关人员，到德国罗森汉姆进行技术交流。

罗森汉姆是德国乃至欧洲最知名的检测中心，检测设备齐全，检测能力在全球首屈一指，符合欧盟标准的硅酮胶大都来这里进行检测，他们的检测结果在全球都极具权威性。张德恒这次派往欧洲的研发队伍十分庞大，有从事设备开发的研究人员，也有从事密封胶研发的研究人员，只要是涉及欧标产品开发的人，张德恒都派驻了过去，创造机会让他们认真学习罗森汉姆检测中心的相关理念以及检测方法，并要求他们掌握检测设备的工作原理，为日后在国内开发相关检测设备打好理论基础。这次欧洲之行，郑州中原派出人员之多在国内其他企业是罕见的。经过与罗森汉姆检测中心相关人员的认真交流，他们各方面都收获很大，通过学习掌握密封胶检测方法，有助于密封胶的研究，这些性能测试标准为密封胶的研制开发指明了具体的方向。

张德恒研究欧盟标准倾注了大量的心血，开始阶段进展很不顺利，需要研究人员调整不同的配方，根据配方进行搅样，然后再做成工型试片，进行相关性能的研究。但是，无论配方怎么调整，1008 小时的水紫外就是无法通过。针对这样的难题，研究室的研发人员反复研究，进行攻关，每天晚上都能够看到研究室人员忙碌的身影，每天都能够看到他们在不停地对产品进行检测。张德恒明白，这样闭门造车是做不好产品的，他经常会利用自己的社会关系，请一些知名的专家到单位里与研发人员进行技术交流，并且把最新的研究理念传授给研究室人员，来提高他们的科研素质和自身的能力。经过几年的不懈努力，科研人员终于搞出了几个配方，通过了 1008 小时的光照试验。光照试验难题的解决，为下面问题的攻克打开了一扇门。

但是，翻过一座山又会遇到一条河。一个难题攻克了，又会出现一个新的难题，欧盟标准的撕裂性能测试遇到了新的问题。撕裂性能是指在做好的工型试片两端划出一个 5 毫米深的口子，然后再进行拉伸性能试验，检测项目看似简单，但真正操作起来十分复杂。张德恒让公司的销售人员从市场搜集了能够找到的结构胶产品，进行相关检测，检测结果并没有出乎他的预料，所有产品均不能达到要求。国内标准对结构密封胶的检测主要是拉伸试验，但欧盟标准要求，进行过撕裂的工型试片所能够达到的力学性能与没有进行过的工型试片相比，其性能不能低于原来的75%。欧盟标准中之所以这样规定，是因为密封胶在实际使用中有可能受到破坏，在局部受到破坏的情况下，密封胶的性能是否能够达到要求，而我国的GB16776则没有这方面的规定。攻克新的难题需要真功夫，但张德恒对此有足够的信心，对于他的科研团队的研发能力同样有足够信心，他坚信他的科研团队一定能够攻克这些难题。

技术研发是一个漫长的过程，张德恒深知这一点。对于研究室的研究进度，张德恒没有为他们列出时间表，虽然他在内心深处更急于让新产品尽快推向市场，但作为一个老专家，他明白科研是有周期的，是需要耐心等待的。每年数百万元的新产品研发投入，存在着巨大的风险，但对于科研的投入张德恒从来不小气、不含糊，并且多年来养成了习惯，无论企业多么困难，只要采购物品就要采购最好的。20世纪80年代时给实验室配置空调，是买的日本进口空调，郑州市也没有几台；90年代买的道奇轿车，当时郑州市也没有几辆；生产聚硫密封胶的原材料，大多从发达国家进口，为的就是确保产品的品质。只要张德恒认为是对的事情，无论投入多少资金，他都舍得花费这个钱。科研一直是张德恒主抓的重点，而郑州中原研究所也一直给外界一种研究机构的印象，对于科研的投入，钱不是问题，时间也不是问题，因为张德恒对技术创新有着一种情怀，有着一颗坚定的心。

功夫不负有心人，经过多年的潜心研究，并多次派遣研究人员到罗森汉姆检测中心学习交流，还两次邀请德国罗森汉姆检测中心的相关专家来华进行考察，同时邀请王洪涛、姜仁、姜成爱等国内权威专家多次来到郑州中原传授经验、指导业务，这些都没白费，到2010年，郑州中原研发的硅酮结构密封胶，各项性能已经能够达到欧盟的相关要求，基本符合欧盟标准。但是，一项产品的推出，同样需要一个漫长的过程，从研制出相关配方，开发出产品，到投放市场，并被市场接受，有着相当长的一段路要走。

张德恒经常到全国各地出差，在家里倒像一个来去匆匆的客人。2010 年的一天，张德恒又像往常一样到外地出差了。已经 74 岁的张德恒没有一丝的倦意，只要是从事有关密封胶的任何事情，他都是精神抖擞。

张德恒出差在外坐了一天的飞机和汽车，由于年龄已高，略显疲惫，不能不服老，但冲一个热水澡是很不错的解乏方法。因此，特别累的时候冲个热水澡成了张德恒的一个习惯。一天晚上，张德恒正在宾馆的房间里洗澡，电话突然打了进来，是公司总工崔洪打来的。电话那头，崔洪紧张急切得竟然一时说不出话来，待他镇定一会儿后，才传出一句话："深圳证券交易所运营中心出事儿了……"

深圳证券交易所运营中心地处深圳深南大道中段北侧，建筑总高 245.8 米，总建筑面积 26.7 万平方米，计划总投资 30 亿元，是现代化的超高层办公楼。2010 年 6 月 26 日，深圳证券交易所运营中心新大楼正式封顶，而正式完工的日期则是 2011 年 8 月。深圳证券交易所运营中心由方正的塔楼和空中悬挑的裙楼所组成，裙楼两个方向的悬挑高度达到 36 米和 22 米，为国内罕见的巨型悬挑超高层建筑。深圳证券交易所运营中心由荷兰建筑事务所 OMA 负责设计。其幕墙工程的最大特点是单元板块超大，加工难度巨大，安装程序复杂，各分项钢结构结构复杂，施工难度大，质量要求高。总体设计被深圳市建筑设计研究总院、荷兰建筑事务所 OMA 公司等国内外建筑业权威机构誉为国内仅有、世界罕见的超高层、超难度项目，其中三大之最为：一是结构形式最复杂，构造形式不下 40 种；二是技术要求最严格，所有主要幕墙系统均需经过国标和美标性能测试；三是板块最大，抬升裙楼单元体高度 7.6 米、基座嵌窗单块重达 1.2 吨，面积最大的吊顶，总面积达 1.2 万平方米。

主要的幕墙结构形式在国内一般高层项目是非常少见的，这充分体现了深圳证券交易所运营中心业主、建筑师与设计院对建筑效果和质量要求较高。其中的超大胶缝设计，在郑州中原研究所新一代硅酮结构密封胶推出之前一直是业内一个技术性难题。

深圳证券交易所运营中心最大板块长 4.3 米、宽 3.7 米，在国内非常罕见，已有规范、标准规定的硅酮结构胶不能满足深圳证券大厦玻璃幕墙使用要求。根据设计方的要求，密封胶的 δ 值（在 0.14 MPa 下密封胶的伸长率）不小于 8，国内市场上大多数密封胶产品的设计值都在 6—7，如果 δ 值达不到 8，那么深圳证券交易所运营中心的最宽胶缝将更宽，所带来的风险也就更大。深圳证券交易所运营中心要求 δ 值为 8，这样幕墙设计计算出的最大胶缝宽度为 60 毫米，这已经远远超出国家相关标准。如按照国家标准重新设计幕墙，将使业主的成本成倍增加，深圳证券交易所运营中心的美观程度也会大打折扣。

深圳证券交易所运营中心所遇到的问题在国内其他地区也曾出现过，如果问题得不到有效解决，以后还会出现。随着我国经济实力的高速提升，国内的幕墙建筑如雨后春笋般拔地而起，到处呈现出一片生机勃勃的景象，而国外一流的建筑设计大师最想要设计的作品诞生在中国大地上，但这些作品设计有的过于超前，他们的设计理念还得不到国内技术的相关支持，深圳证券交易所运营中心就是一个例子。如此巨大的玻璃板块，靠密封胶来支撑玻璃板块的全部重力，这对密封胶是一个极大的考验，但更让人左右为难的是，如此巨大的板块需要 60 毫米宽的胶缝，这对密封胶又提出了新的、更高的要求。负责建设大厦幕墙的相关专家已试用过国内市场的所有产品，包括张德恒研发生产的 MF-881 硅酮结构密封胶。如果解决不了密封胶的问题，这个设计方案就得重新制订，严重影响工程进度，也使工程成本大幅上升，一般的企业难以承担这样的损失。

如果从安全的角度考虑，风格迥异的建筑的安全性能会低于常规设计的建筑。仅仅是 δ 值的问题就已经让国内密封胶企业陷入被动局面，δ 值大于 8 并不是仅仅靠调整配方就能够达到的，当时甲方在招标的时候对国内外的产品逐一进行测试，没有一家符合这一要求。当他们咨询到郑州中原的时候，张德恒马上对他们说："没问题，我让研究室帮你研制符合要求的产品。"作为国内最具实力的密封胶研发企业，张德恒用了很短的时间就研制出了符合他们要求的密封胶产品，而国内的其他企业却对着 δ 值只能望洋兴叹。没有出现任何意外，经过多次的专家小组论证，张德恒的产品被指定为深圳证券交易所运营中心唯一中标产品。但事情还远远没有结束，这仅仅是一个开始。

电话那头传来崔洪焦急的声音："深圳证券交易所运营中心出问题了！"张德恒听完崔洪的汇报之后已然明白过来，原来由于深圳证券交易所运营中心所设计的胶缝有 60 毫米，如此大的胶缝等密封胶注胶之后便会出现逆向反应。所谓的逆向反应，是指密封胶在开始的时候会出现表面固化，但过了一段时间后却又从胶的内部开始变软，然后扩散至胶的表面。如果密封胶无法固化，那就失去了应有的作用，这个项目就会停工，所造成的损失绝对是一个天文数字，这也是崔洪着急的主要原因。

张德恒冷静地想了想，对崔洪说："试试欧标配方看看怎样。"结果令人欣喜，通过使用欧标配方之后，密封胶的逆向反应没有了，并且使用的欧标产品各项性能指标都十分令人满意，在一些性能方面更是远远超出普通产品。通过这件事，也证明了符合欧标产品的密封胶经检测完全符合国标要求，而符合国标要求的相关产品经检测却绝对不符合欧标要求。功夫不负有心人，张德恒经过五六年的潜心研究，研制出的新一代结构密封胶应用在深圳证券交易所运营中心大厦获得了成功，一切来得很突然，一切又让人充满了惊喜。

符合欧洲标准的密封胶研制出来了，但问题也接踵而至。虽然郑州中原的研究室能够对欧洲标准进行全套检测，但胶是自己生产的，自己再去检测不具有信服力，而国内其他的检测机构又都不具备相关检测能力。从长远来看，张德恒需要与这些检测机构进行合作，共同来推动新标准的制定，通过提高国家标准，淘汰一些低端密封胶企业，从而推动行业的进步，推动密封胶质量的提高。当初张德恒在推动国标制定的时候，国内的检测机构也是没有检测设备，他就为这些检测机构提供设备，没想到过了十几年同样的问题还会出现，历史还会重演。经过认真选择，张德恒决定首先和上海建科院进行合作。市场化运作较为规范的上海建科院，检测实力在国内首屈一指，张德恒通过多次接触和洽谈，愿意为上海建科院提供相关检测设备，而上海建科院也是十分乐意合作，这也有助于提高上海建科院自身的检测水平。

张德恒是一个特别重视知识产权保护的人，但这种对知识产权的保护意识并不是与生俱来的，而是曾经因为产品知识产权的问题打了一场轰动行业的官司后，他痛定思痛才开始牢固树立起来的。如果在20世纪80年代张德恒就开始做专利申报及知识产权保护工作，那么现在市场上流通的80%的聚硫胶产品都需要向张德恒付费。在聚硫密封胶研发生产上，郑州中原研究所绝对是国内老大，其他企业很难望其项背。张德恒专门设立知识产权保护的工作机构，对于知识产权保护、专利的申报都有专人负责，在他的心中有一幅宏伟蓝图，不仅仅满足于一个个新产品的开发，更要开创一个个完整的产品供应链。

符合欧标的新产品开发出来后，张德恒从检测设备到产品配方等都立即申报了专利。提供符合欧标25年质量保证是行业的发展趋势，10年的质保期肯定无法满足行业的需求，行业内其他密封胶企业如果想要生存就必须提高产品的性能。随着地产调控的不断深入、市场优胜劣汰，保留下来的大多是一些高品质产品，张德恒已经抢在这些企业的前面研制出了符合欧标的可提供25年质保的产品，并且所有检测设备都申请了专利。其他密封胶企业若想发展欧标产品结构胶，检测设备是必备的，已经申报专利的郑州中原就成了国内唯一能够提供成套检测设备的企业。这样，检测设备又成了公司发展的"摇钱树"和"聚宝盆"。

有一次，一位来自天津的国内知名钢结构专家参观郑州中原研究所，他考察完这些完备的检测设备后，不由得发出感慨："如果这一整套检测流程由郑州中原来做的话，没有200万元是做不出来全部的检测试验的。"由此可见，当初张德恒毫不吝惜地投入巨额资金，其背后蕴含着深谋远略。正是张德恒有这种前瞻意识，消化吸收国际最先进标准实施技术创新，抢占市场制高点，让技术转化为产品，让产品转化为品质，让品质铸造出品牌，使郑州中原在群雄逐鹿的市场竞争中立于不败之地。

如果说深圳证券交易所运营中心是张德恒符合欧标产品的小试牛刀，那么烟台天越湾就是符合欧标产品的正式亮相。

烟台是一座沿海城市，但地理环境十分恶劣，常年受到海水盐雾的侵袭，并且夏季还时常遇到台风等恶劣天气，因而对密封胶的要求比内陆省份更高。烟台天越湾项目定位在高端房产，每平方米价格都在3万元以上，在烟台这样的城市，如此高昂的价格，能有多少消费者肯买呢？但出乎意料的是，烟台天越湾项目刚开盘就已经售罄，购买者大都是一些社会名流及影视演员。为了这个项目，张德恒还专程去天越湾的施工现场考察，在与烟台天越湾采购总监进行交流的过程中，天越湾采购总监说了句意味深长的话："别人都说我们使用你们的欧标产品，使得成本提升了30%，但是他们没有细算一笔账，使用普通产品密封胶仅仅质保10年，使用欧标产品质保25年。如果使用普通产品，10年之后我们是否再次翻新幕墙呢？翻新的话就需要迁移所有的住户，这个成本又是多少呢？使用你们郑州中原的产品，我们赚大了，用了超过普通密封胶30%的成本，增加了15年的质保时间，这个买卖太值了。"烟台天越湾采购总监的话也是张德恒想要说的，他在研制欧标产品之初考虑到的就是社会成本的问题。张德恒相信，他研制的欧标产品不仅仅能够提高企业的市场竞争力，更能够提升幕墙的安全系数，保障居民的生命财产安全。

张德恒对欧标产品的推广不仅仅局限于此，他还专门成立了以公司总经理助理兼质量部部长郭月萍为组长的标准小组，专门负责标准的推广工作。张德恒心里十分明白，仅仅研制出一个产品相对容易，但依靠一个企业的能力来带动整个行业的发展，却有一种任重而道远的责任。"路漫漫其修远兮，吾将上下而求索。"正是持着这样一种态度，张德恒艰难地推进着他的计划，践行着一份社会责任。张德恒每到一个地方，首先要做的就是宣传他的欧标产品，行业内的一些专家一见到他，干脆半开玩笑地对他说："老张，我们已经知道你的欧标产品了。"这时，张德恒总是微微一笑。提高产品标准的确会触动很多企业的既得利益，2010年，国内生产建筑用密封胶的企业已多达百家，而企业的技术实力又是参差不齐，市场上充斥着大量的假冒伪劣产品，媒体曝光的因幕墙玻璃脱落造成的伤人事件比比皆是，让人痛心疾首的同时，也坚定了张德恒继续推动新标准的决心。其实道理很简单，只有国家标准的要求提高了，密封胶的质量才能得到实质性改善，建筑用胶市场才能实现良性的发展，张德恒一直在努力，尽管那时他已经77岁的高龄。

2013年6月1日，张德恒邀请了近200名业内知名专家、主要检测机构负责人、知名房地产公司负责人、主要玻璃加工厂负责人、高等院校相关教授专家及道康宁、西卡、白云、之江等企业专家来到郑州，对符合欧标产品进行专家鉴定评审，这不仅是一次对符合欧盟标准密封胶的评审，而且也是一次对欧标检测设备的专家评审。作为一个技术型企业领导者，张德恒面对市场竞争有自己的独特之处，甚至一些竞争手段也令人称奇，超前的战略思维更是令人感到由衷的钦佩与赞叹。张德恒历经8年苦战，研制成功欧标产品，这不只是一次产品的更新换代。张德恒对市场前景的忧虑，不只是因为密封胶市场鱼龙混杂，作为一位与密封胶打了一辈子交道的知名专家，他不想让密封胶市场变成下一个"牛奶市场"。"三聚氰胺"的问题，使得国人对国产牛奶彻底失去了信心，甚至出现了到国外抢购奶粉的热潮，这不能不说是一种悲哀。张德恒不希望密封胶行业步奶粉行业的后尘，他要通过努力，把产品的竞争重新拉到技术层面，而不是陷入价格恶性竞争。在研制欧标产品的同时，张德恒也在集中人力物力推动行业标准的升级换代。一旦行业标准更新换代成功，那些以次充好、质量较差的密封胶将在市场上绝迹，行业的竞争将进入良性发展阶段。从企业发展的角度来考虑，张德恒很清楚郑州中原研究所的优势是什么，更清楚劣势是什么。作为一个内陆省份的企业，市场化水平和地区商业文化氛围与东南沿海地区是无法比拟的，而郑州中原最大的优势是技术优势，最大的劣势就是宣传包装。这次欧标产品的推广，也带动了行业标准的重新制定，无论竞争对手如何宣传包装自己的产品，如果产品性能达不到标准要求，那一切工作都是徒劳的，甚至可以说没有任何意义。一些靠包装宣传发展的企业，不注重提高产品性能及研发能力，最终会遭到淘汰，被迫退出密封胶市场。更为关键的是，张德恒在研制符合欧标密封胶的同时，也研制检测设备并申报了专利。如果说其他企业的竞争是平面的，那么张德恒对于竞争的理解则是立体的、全方位的。但是，这次鉴定评审会并没有张德恒想象的那么简单容易。

2013 年 6 月 1 日上午，街道上满是喜气洋洋的孩子在欢度六一儿童节，在郑州金桥宾馆五楼召开的鉴定会却显得剑拔弩张。张德恒组织的这次鉴定会不仅邀请了相关专家，同时还邀请了相关鉴定机构的负责人及国内外同行业的竞争对手代表，与通常的技术交流会完全不一样，会场的气氛略显紧张。符合欧盟标准的硅酮密封胶与普通的密封胶产品相比较，具备绝对的优势，是普通密封胶根本无法比拟的。如果符合欧盟标准的密封胶成功投放市场，对市场的震动将是颠覆性的，对竞争对手的震撼也是很大的。相关技术人员介绍完欧标产品及相关检测设备的研发情况后，一些专家立刻提出了异议。其中一方面就是符合欧盟标准的硅酮密封胶，检测时需要水紫外照射 1008 小时，标准当中注明的光源是氙灯光源或同等光源，氙灯光源基本被国外企业垄断，在国内很难买到合适的氙灯，但欧盟 ETAG002 标准对氙灯的说明还有一条"同等光源"。张德恒手下的很多研究人员，都多次赴德国罗森汉姆检测中心参观学习，这些研究人员都有着十分优秀的专业技能，在数百种光源当中，他们找到了和氙灯波长近乎一致的光源，用这种光源代替氙灯进行相关的产品检测。但会场上一些鉴定专家只看到了对于氙灯的描述，对于"同等光源"却忽略了，这成为鉴定当中的一个争论点。更为重要的是，如果所有检测设备都使用氙灯进行检测，对于郑州中原的影响不大，无非是多花 5 万多元的事情，但是如果去第三方检测机构进行检测的话，仅 1008 小时水紫外检测这一项检测费用就达数万元，这就涉及整个密封胶行业的长远发展问题。面对会场上专家咄咄逼人的追问，郑州中原研究所的研究人员显得有些招架不住。看到这种情况，张德恒拿过话筒，清了清嗓子，他拿出一组组数据，并用实验结果及英文原版 ETAG002 标准展示给相关鉴定专家。从这些关键的技术指标看，经过多次试验证明，郑州中原已经找到同等光源，是完全可以替代氙灯光源的。作为业内最知名的密封胶研究专家，张德恒不仅在气势上势如破竹地镇住了整个会场，而且有理有据、游刃有余地解答了相关专家的疑问。

一个疑问刚解决，新的疑问又提出来了，符合 ETAG002 标准的硅酮结构密封胶对密封胶的抗疲劳性能也有着明确的要求，密封胶在经过拉伸 5350 次循环之后，整个密封胶的性能要保持在原有性能的 75% 以上，这样的性能保持率才能够满足密封胶 25 年的质量保证要求。张德恒再一次拿出各种实验数据来证明自己的正确。在大量的数据面前，所有的专家都信服了，符合欧盟标准的硅酮密封胶成功通过了评审，密封胶行业迈向一个新的时代的大门，又一次被张德恒敲开了！

郑州中原成功研制生产出符合欧盟标准的硅酮结构密封胶，成为全国第一家通过欧盟标准的密封胶生产厂家，打破了国外胶企在高端密封胶领域的垄断，为我国硅酮结构密封胶的整体水平提升立下了汗马功劳。但是，张德恒并不满足于已取得的成果，这仅仅破开了冰山的一角，更是万里长征迈出的第一步。尽管符合欧盟标准的国产密封胶研发生产出来了，可是中国比肩欧盟标准的相关国内标准依然还是空白。持续 8 年的欧标攻坚，在他的心中总有一种难以释怀的使命感："郑州中原有实力赢得密封胶行业的国际话语权，中国应该掌握国际话语权。"

令人欣喜的是，2015 年由郑州中原负责起草、住建部发布的两项标准正式施行。其中，《建筑门窗幕墙用中空玻璃弹性密封胶》标准（JG/T471—2015）全面接轨目前最先进的欧盟 ETAG002 标准，这意味着中国密封胶在国际市场拥有了话语权。郑州中原的国内"领跑者"身份将转变为国际"领跑者"。此标准实施后，成为国内最为严苛的密封胶标准，规范行业发展的同时，推动了中国密封胶行业的技术水平更上一层楼。

二、涉足汽车业

多元化发展是企业成长壮大的一个过程，实施多元化发展战略对企业有许多益处。纵观那些国际性跨国公司，无一例外都是遵循着多元化发展的路线。肯德基做餐饮的同时还做房地产，苹果公司手机、电脑都有发展，这样的公司数不胜数，不胜枚举。多元化发展可以很好地规避风险，避免把鸡蛋放到同一个篮子里的尴尬，一个行业不可能一直保持快速发展，肯定会有高低起伏，一个企业也不可能在一个行业永葆青春，放在几年前谁又能料想到诺基亚衰落得如此之快呢？

"不让老实人吃亏"也是张德恒的经营理念之一。员工是企业最大的财富，张德恒会想尽所有办法来提高员工的归属感，并且会千方百计解决员工遇到的难题。这些话说出来容易，但是实际做起来会有很多困难。张德恒的一位员工，因为孩子生病请假两年多，张德恒专门叮嘱财务部门，请假期间的工资全额发放，如果该员工因为给孩子看病而资金不足，公司将给予最大程度的帮助。这在其他的公司或许很难办到，张德恒却一直在坚持。张德恒对物质生活条件一向要求不高，在他那80平方米左右的居室里很难看到一样值钱的东西，电视机还是那种老式的，而沙发也是好多年以前的，每天早上都能看到张德恒的老伴拎着个布兜去菜市场买菜的身影，身价数亿元的人又有几个能够做到像他这样呢？而对待员工，张德恒从来没有小气过，几乎年年都为员工涨工资。房价连年上涨，员工买不起房子，张德恒就无息借钱给员工贷款买房，仅仅员工买房从公司借出去的金额就达700万元之多。张德恒曾无奈地说："公司500多人，我只能尽我最大的努力来为员工做点事情，如果企业不为自己的员工考虑，谁又能为他们考虑呢？如果国家允许我建房子，我还要为员工建一栋楼，解决他们的住房问题。"房价是张德恒不能够左右的，他能做的就是力所能及地为员工解决买房的资金问题。有的员工夫妻两地分居，张德恒了解之后会千方百计想办法让他们在一起工作，解决两地分居的问题。

20世纪90年代，郑州中原购买了一辆道奇轿车，在当时绝对称得上是郑州市的豪车，甚至中原区政府有公务接待时也从张德恒那里借车。对待汽车张德恒的看法是要么不买，要买就要买最好的汽车，而汽车密封胶也是张德恒一直重点关注的领域之一。

早在20世纪80年代，张德恒已经开始从事汽车密封胶的研究，郑州中原也有雄厚的技术实力研发汽车用密封胶。那时候，郑州中原生产的一吨密封胶的价格在3万元左右，而一辆汽车也仅仅几万元，郑州中原生产的密封胶汽车厂家是用不起的，基于这样的考虑，张德恒放弃了对于汽车密封胶的研究。这也无可厚非，当时我国的汽车工业基础实在太薄弱了，而且国内消费者也很少有人能够买得起汽车，汽车保有量也很少。基于多方面的综合考虑，张德恒就停止了对汽车用密封胶的研发工作。改革开放持续扩大，我国的经济发展取得了令人瞩目的成就，国人购买汽车的热情也在持续升温，我国汽车保有量名列世界前茅，汽车年生产量也位居全球前列，汽车胶市场陡然扩大数倍。特别是进入21世纪之后，汽车工业以惊人的发展速度走进普通百姓家庭，为汽车工业配套时机已然成熟，张德恒决定重新开始对汽车用密封胶的研究。

汽车领域密封胶使用量最多的是聚氨酯密封胶。张德恒并不是特别了解这个国内市场的新胶种，但在很早的时候他就把发展聚氨酯密封胶列入研究计划，成为他要研发的密封胶中最后一个种类。

张德恒1983年从北京来到郑州，就给自己定下了目标，将来一定要研制出中国最好的密封胶产品，并且涵盖聚硫、硅酮、丁基、聚氨酯等四大材料领域。现在聚硫、丁基、硅酮类密封胶都已研制出来，并且技术水平已达国内领先水平，聚氨酯密封胶成了张德恒梦想的最后一块拼图。

聚氨酯密封胶所具有的优异性能，是其他几种类型的密封胶所不能比拟的。尽管眼下研发聚氨酯密封胶主要应用在汽车领域，但从长远发展来看，这几种密封胶可以满足顾客各种密封需要，只要客户提出密封胶应用要求，张德恒就可以根据这几种密封胶进行搭配，从而给客户提供最满意的密封方案。

张德恒早在2000年前后就已经成立聚氨酯密封胶研究室，并且抽调研发主力担任聚氨酯密封胶研发带头人。张德恒以前很少接触聚氨酯密封胶，而郑州中原研究所技术人员中更是没有人接触过聚氨酯密封胶研究，对其进行研发攻关，一切都是从零开始。张德恒对新产品的研发有足够的耐心，也有充足的信心，并且他的性格便是要么不做，要做就做到最好。即便眼下对于聚氨酯密封胶的了解还停留在理论上，但张德恒要求的研发目标定位于国际领先，要比照国际上最好的聚氨酯密封胶产品，研发出来的产品各方面性能优于国外产品才算研制成功。汽车工业对密封胶的要求远远高于建筑业。继建筑行业之后，又一个新的而且充满曲折和艰辛的征程开始了。

一个研究项目从立项到研发成功，是一个相当漫长的过程，并且也充满了曲折，仅靠一两个人的力量很难完成一个课题研究。作为一个密封胶行业的资深专家，张德恒几乎每年都给聚氨酯课题组投入大量人力、物力和财力，由于汽车领域各方面的技术要求远远高于建筑领域，聚氨酯项目研究进展较为缓慢。换到一般的企业，或许不会连续投入如此巨大的人、财、物进行一个项目的研究，而郑州中原对汽车密封胶的研究持续了将近10年。在这10年中，汽车密封胶研究室进行了上千个配方的调整研究，研发人员更是付出了艰辛的努力，无数个日日夜夜浸泡在实验室当中，无数个周末在加班中度过，张德恒给予了他们充分的信任，也给了他们充分的耐心。功夫不负有心人，研究室人员没有辜负张德恒的信任，研发出来的 MF-203 聚氨酯密封胶的各项性能均达到或者超越国外同类品牌，产品综合性能达到国际一流水平。聚氨酯密封胶研发成功并未让张德恒欣喜若狂，而让他静下心来冷静地思考。他非常清楚，研制出汽车用聚氨酯密封胶仅仅是第一步，如何打开市场才是一个关键。

　　密封胶在汽车上的应用是十分广泛的，车用密封胶门类也很多，其中包括汽车风挡玻璃的密封胶、汽车车窗玻璃的密封胶、汽车发动机和安全气囊的密封胶等。并且，汽车作为一个价格相对昂贵的高档消费品，各个配件也都相对昂贵，汽车用密封胶有着较高的利润空间。在可以预见的将来，我国汽车行业的发展也是乐观的，而建筑行业经过了十几年的快速发展，其发展速度势必会降下来，而且房地产泡沫也是张德恒十分担心的。他经过大量市场调研认为，建筑行业很难保持现在快速发展的势头，秋天收获季节过后接着就是冬天的到来，需要准备足够的粮食来过冬。郑州中原必须积极转型，加快调整发展战略。时间对于张德恒来说是十分紧迫的，汽车用密封胶已经研制出来，市场就必须尽快打开局面。

　　宇通汽车在国内绝对是客车行业的龙头企业，在整个汽车行业也有着巨大的影响力，更为重要的是宇通汽车的总部坐落于郑州。张德恒综合考虑之后，决定首先通过宇通汽车来打开汽车密封胶的市场。

但是，事情往往没有计划的那么简单，密封胶的性能对比在实验室和车间完全是不同的两个概念。尽管在实验室的各项性能对比都不低于国外同类产品，可是批量生产后客户的使用习惯却成为摆在张德恒面前的一个难题。当张德恒把密封胶样品拿给宇通公司检测时，他们不相信郑州还有这么一家企业能够生产出与国外进口产品同样性能的密封胶。国产货可信吗？使用起来可靠吗？使用一个产品一段时间之后，他们对这个产品的各项指标都有一个较为深刻的了解，使用习惯上也更加顺手。尽管公司中低层的人依然认为洋货更为可靠，不愿意承担风险使用新产品，但是公司的高层管理者更乐于使用价格相对较低、性能又相当的国产产品。张德恒有足够的耐心，他相信用不了多久他的产品就能批量进入宇通公司，首先他的产品有价格优势，其次有技术优势，再次有售后优势，所以张德恒并不急于求成。事实也证明，郑州中原高性价比车用密封胶，并不比洋货逊色，一出手就在汽车领域开辟了一个良好的局面。

张德恒经常在外地出差，很多时候是深入各地了解市场，把公司的最新工作思路传达给各分公司，也有的时候是受一些朋友的邀请去打高尔夫球，或者参加一些商务活动。总之，已经年逾七旬的张德恒总有一种闲不住的感觉。

有人曾经问过张德恒，是否喜欢打高尔夫球？张德恒说："偶尔打打球，但更多的时候是一种商业应酬或者商业活动的要求。"虽然谈不上痴迷打球，但是张德恒打高尔夫的水平还是中上等的，他每年都要打十几场球，足迹遍布全国各地，有的时候周一在北京打球，周三就会出现在深圳的球场上。打球也给他带来了很大收获，很多生意就是张德恒在球场上打出来的。上海是张德恒经常去的地方，作为全国的经济中心，他可以从这里了解到很多行业发展的最新动态、国家经济政策新的动向，而且一些大型公司总部往往就设置在上海。张德恒也很早就在上海设置了分公司，负责上海及其周边区域的销售工作，而且销售额在全国名列前茅，因此，他每年都会专程到上海几次。为了更方便在上海开展工作，张德恒还购置了一辆奔驰越野车。在中国做生意，汽车似乎成了身份的标志，很多时候对方会看你乘坐什么车来衡量你的实力，因此张德恒才购置了这辆奔驰越野车。

2010 年的一天，张德恒在深圳参加一场高尔夫球赛，虽说是比赛，但主要还是商务社交的需要，而正是这一场球赛为张德恒打开了另外一扇门，一扇新领域的广阔大门。在这场高尔夫球赛上，张德恒认识了一位事业的重要合作伙伴——福耀玻璃的一位高层领导。福耀玻璃在建筑玻璃领域并不是全国最大的企业，但在汽车玻璃领域却是全球第二大企业，很多国际知名品牌如路虎、宝马、大众等都从福耀玻璃采购汽车玻璃，因此福耀玻璃在汽车领域有着举足轻重的地位，而福耀玻璃的董事长就是号称"玻璃大王"的曹德旺，一个在玻璃制造领域的传奇人物。

张德恒在与福耀集团的这位副总交谈的过程中，无意中了解到一个信息，汽车前风挡玻璃固定内后视镜的胶膜一直被美国一家公司垄断，福耀集团联合北京大学对该胶膜进行了长达 10 年的研究，结果却一直未达到使用要求。说者无心，听者有意，尽管只是简单的几句话，却引发了张德恒浓厚的兴趣。张德恒有一种独特的情结，从他一毕业走上工作岗位就坚守着这样一个信条："树立一个目标，不管别人理解不理解，国家没有就必须填补国内空白！"国家没有的产品他喜欢去研究，一直被国外垄断的产品他喜欢去研究，在他的内心深处，打破国外的垄断是一种爱国的表现，是一种为国家做贡献的情怀。从企业经营角度来说，打破国外的垄断也就意味着在国内企业当中开辟了一个具有竞争优势的市场，价格虽然相比国外同类产品要低，但利润空间十分惊人。张德恒没有对他再说什么，只是简单说了一句："我回去研究试试。"处事低调、不擅张扬是张德恒的行事风格，作为一位资深的密封胶专家，他早已养成了缜密的思维方式，没有拿出研究成果前他不会轻易下任何结论。

张德恒心里有一种疑惑，为什么连这小小的胶膜我们国家都生产不出来呢？而且还是让北京大学的相关研究机构进行了10年的技术攻关。张德恒不禁对这小小的胶膜产生了好奇，它到底有什么独特之处，竟然一直被美国这家公司垄断？张德恒让公司营销人员从市场上购买了一些胶膜进行研究，一个小小的胶膜，仅有几平方厘米大小，一块也只有3~5克重，售价竟然有几元到几十元不等，与密封胶打了一辈子交道的张德恒心里十分清楚，这小小的胶膜成本几乎可以忽略不计，它之所以能卖到如此高的价格，卖的是技术，是垄断带来的效益。汽车后视镜胶膜是一种高分子复合型结构胶膜，是多种橡胶与多种树脂复合的产品，郑州中原有这样的技术研发实力，张德恒有信心两年内拿出样品让福耀集团测试。

张德恒把此项结构胶膜的研发任务，交给了专业人员来进行相关研究。在研制汽车风挡玻璃密封胶的过程中，虽然很曲折，投入很大，但也锻炼出一批科研人才，形成了深厚的技术储备，这些对于企业长远发展来说，也是一笔最大的财富。

如果仅仅是固定汽车内后视镜和风挡玻璃，那么很多材料都能够达到相关要求，可汽车行业有着严格的召回制度，这就要求汽车上的每一个起结构粘接的零部件都有严格的技术要求。汽车在行驶过程中会出现颠簸等情况，而固定汽车后视镜的胶片就必须要有很好的粘结力，有人还喜欢在汽车后视镜上悬挂一些吉祥物，这就要求胶片还要具有很好的剪切力，并且因为是固定在风挡玻璃上，这个胶片还要具有很好的耐紫外耐老化性能。更为重要的是，汽车后视镜胶片的粘结力要保持在特定的范围内，如果粘结力过强，汽车一旦发生严重的碰撞，粘结后视镜的位置就容易造成风挡玻璃的破碎，极易伤害到汽车内的乘客。因此，一个看似简单的小小胶膜，其实里面包含着很高的技术含量，这也是多年来美国这家公司一直形成垄断的主要原因。

　　培养人才是最节省成本的一笔投资，张德恒对此有先见之明，每年郑州中原都投入大量资金进行人才的培养与人才的引进工作。2010年，张德恒为了更好地发展公司业务，引进了数名博士、硕士，无论多高学历的人才，他都要求他们首先到车间进行实习，让他们对公司有一个充分的了解，再给他们分配具体的工作任务，这些人最后都分配到了各个研究室，从事相关产品的研究工作。

　　开展结构胶膜的研究，并不是一帆风顺的，但也没有想象中那么困难。张德恒对公司科研人员进行结构胶膜的系统研究是充满信心的，他显得很低调，甚至公司里的普通员工都不知道正在开展这个项目的研究，一切都在有条不紊地进行着。经过一年半的时间，成品终于成功研制出来，胶膜的性能大体上和美国这家公司的产品接近，个别性能甚至高于美国这家公司。

　　郑州中原在福州地区也设有办事处，负责福建区域的销售工作。张德恒和常务副总经理高新元决定再次到福耀集团进行相关交流，福耀集团对这次交流也十分重视，带领张德恒参观了各个车间，并且与福耀的高层一一会面。得知让他们倍感苦恼的汽车内后视镜结构胶膜已由张德恒成功研制出来的消息，他们得到了一份意外的惊喜，对于未来的合作，双方交谈得十分融洽。当美国这家公司了解到张德恒也研制出了同类型的胶膜产品后，被迫降价。不战而屈人之兵，正是郑州中原产品的问世，为用户每年节省了数千万元。但张德恒心里十分清楚，这次较量还仅仅是个开始。

　　我国汽车保有量及年产量都位居世界第一，这意味着结构胶膜的市场容量巨大。而一块胶膜的成本又相对低廉，特别是胶膜的粘结强度大，还可以广泛用于多个领域，如在桥梁领域也能够用到胶膜，它的粘结强度大，耐老化性能优越，国内市场对结构胶膜旺盛的需求，让张德恒根本不用发愁将来打不开市场局面。而此时，郑州中原与福耀集团的

　　　　　张德恒：密封胶工业之魂

合作也进入了实质性阶段。2012 年的一天，福耀集团 SQE（供应商质量工程师）对郑州中原研究所进行了首次二方审核，并给予了很高的评价，同时提出了相关整改建议，为双方进一步合作奠定了良好基础。

通过这件事，张德恒看到了结构胶膜巨大的市场。郑州中原近年来加大了基础设施的投入，不仅建起了新的实验大楼，还建起了庞大的现代化厂房，购置了数条先进的全自动结构胶膜生产线。

2013 年的一天，几位欧洲客人出现在了华山路 94 号院。虽然这个小院经常会有一些外国客户参观，但这次外宾西装笔挺，带着黑色的公文包，显得有些扎眼。领队的是一个身材高大、40 岁左右的中年男子，他戴着一副圆形眼镜，光头，小胡子，显得格外精神抖擞。张德恒还是第一次和他们直接接触，但对于他们的公司，张德恒并不陌生，这是一家瑞士的全球知名企业，以生产汽车用密封胶而著称。这个戴眼镜的中年男子不是别人，正是这家全球知名公司的总裁，而他此行的目的只有一个：收购！

张德恒对于企业间并购并不陌生，20 世纪 80 年代，欧洲一家知名公司生产的聚硫密封胶被张德恒打得节节败退，等这家公司在中国市场的份额几乎没有的时候，他们曾提出了与郑州中原进行合作的意向，被张德恒一口拒绝，结果是这家公司最终完全退出中国聚硫胶市场。90 年代，张德恒研究生产的硅酮结构密封胶在国内市场份额逐年上升，品质完全不逊色于国外进口产品。美国一家知名跨国集团生产的密封胶在中国的市场份额逐年减少，2000 年年初他们实在撑不下去了就来找张德恒，一开始他们提出的条件是百分之百收购郑州中原，被张德恒一口拒绝，随后又提出了 51% 股份收购，再次遭到张德恒的拒绝，他们非常不甘心，干脆提出 50% 股份的收购，张德恒不为这三番五次收购意向所动摇，又一次坚决拒绝了他们。令张德恒感到好笑的是，每当郑州中原转战一个新领域的时候，总有一些国外公司前来谋求合作或者收购，而这次当张德恒在聚氨酯汽车领域有所投入之时，竟然又冒出了这家瑞士公司，并且也提出了合作与收购，张德恒再次严词拒绝了他们。在张德恒身上从来看不到一点傲气，但他骨子里有一种傲骨，他相信他研发生产的产品完全能够超越国外产品，他深信中国人生产的东西并不比国外的差。

起初，瑞士这家企业并没有把郑州中原放在眼里，谈吐间显露出十分傲慢，他们自认为提出的收购价格是不会被拒绝的，但事实彻底让他们感到了失望。洽谈到最后，张德恒对他们说了一句："给我十年时间，我把你们收购了。"

三、多路出击

张德恒居住的华山路94号家属院，已经有30多年的历史，还是在1987年建设研究所的时候一起兴建的。他的住房也是极其普通，延续着国内五六十年代建筑的遗风，房屋面积不大，窗户也很小。屋里的陈设也再寻常不过了，一台老式电视机是张德恒的最爱。回到家里打开电视，张德恒不看别的，只看新闻节目。看新闻是张德恒每天必须做的事情。

一次，张德恒和朋友在苏州打球，一个偶然的机会让他了解到LED电子领域发展前景看好，无论在军用还是民用方面都拥有着巨大的市场潜力。其中，有着"软黄金"之称的LED封装胶产品，市场价格达到了每克100多元，可惜这种产品完全被美国一家知名公司垄断，国内几乎所有的LED生产厂家都得从他们那里购买。研究了一辈子密封胶的张德恒，最不能容忍的就是在密封胶领域存在国外垄断，他一辈子的创业历程也是一次又一次打破国外各种垄断的过程。张德恒暗下决心，进军LED电子领域，不仅要啃下这块硬骨头，而且一定要吃掉这块肥肉。

LED行业确实是一个十分有潜力的行业，由于LED照明设备亮度高，而且节能性好，是非常被看好的新一代照明工具，而且有国家产业政策的大力支持，LED 行业正保持着快速的发展势头，LED 用胶市场容量巨大。张德恒当即成立了相关研发小组，对 LED 用胶进行专项攻关，在不到半年的时间里，郑州中原已经研制出达到国际一流水准的产品，MF-4170、MF-4160 等产品综合性能已超过国外同类产品。郑州中原在新产品研发上不输国外，在 LED 封装胶等一些新兴产业领域，已经由"跟跑者"变身为"领跑者"，走在了国际前沿。

从 1983 年郑州中原研发生产出第一代产品 MF-830，到目前国内第一个通过欧标检测的新一代产品 MF881-25，从 1993 年思蓝德密封胶代表国产胶第一次使用在北京五洲大酒店工程，到 2006 年的国家大剧院工程，再到 2008 年的北京奥运工程……从单一的基本功能到今天的多重功能，郑州中原历经市场变幻一路走来，用那些亲手打造的建筑、工程业绩、优质产品，树立了自己的形象和品牌。目前，郑州中原密封胶产品已经应用在上万个大型工程中，成为密封胶行业首屈一指的龙头企业。郑州中原密封胶市场已从最初的建筑领域，向其他工业领域深度延伸。

张德恒在汽车领域大力拓展业务，在桥梁与机场跑道等应用方面也投入巨大人力、物力进行密封胶研究，郑州中原在成立专门研发小组的同时，还成立了工业胶销售部，专门负责对工业用胶产品的市场开发开拓工作，并在短短几年中已经取得了丰硕成果。港珠澳大桥分为三个标段，其中有两个选择了郑州中原研发生产的产品。张德恒研发的产品已经达到了国际一流水平，并且可以根据客户的不同需要，在第一时间为客户提供完美的密封方案。

有人说郑州中原研究所研发实力惊人，但张德恒十分清楚，这种惊人的研发实力是建立在 30 多年的技术积累之上的，外人只看到了成果，却没有看到研发成果背后的寂寞与艰辛。

四、三十而立

2013 年的一天，已经 77 岁的张德恒像往常一样，左手拿着 iPad，右手拎着一个大行李箱，又踏上了出差的旅途。

如今已经担任常务副总兼销售总监要职的高新元，常年跟随张德恒到各个办事处出差，他携带着行李，张德恒走到哪里，他就陪着张德恒到哪里，数十年间从未间断过，一直以来也从未改变过。高新元也住在华山路 94 号院，多年来收入虽然增加不少，但一直以来依然保持着朴素的工作作风。

张德恒 11 点钟要赶往机场，但这并不妨碍他临行前召开一个会议。张德恒已经近 10 年没有直接参与密封胶的研究了，如果不出差他每周都会听取研究人员的科研汇报，汇报当中他更多的是在倾听，很少直接下达指令性的要求，也很少会具体让研究人员做什么。搞了一辈子研究的张德恒深深地明白，科研工作不是一朝一夕的事情，也不是一蹴而就的事情，有其自身内在的规律，而且科研是一个漫长的过程。张德恒已经成立了 6 个研究室，分别负责聚硫及环氧、硅酮、丁基、聚氨酯、设备、复合胶膜等 6 个研究方向，30 年前他来郑州创业时想要达到的目标，已经基本实现了，并且超出了他想要达到的目标。平时的科研会议，张德恒会让在座的每一位员工谈谈科研工作的最新进展，但并不给他们任何压力，这样的会议一般要开四个多小时，但这次张德恒没有办法开这么久，11 点他要赶飞机，因此他只让科研带头人分别汇报了最近的科研动态。大家汇报得差不多了，张德恒便会简单地说两句，并不是给大家布置工作，而是询问大家最近工作生活上是否有困难，并且一再嘱咐大家，如果有困难要向公司提出来。他就是这样让大家在紧张忙碌的工作中，能感受到公司的关切和倚重，把公司的企业文化融入每一位员工的心灵之中。

企业文化是企业市场竞争、制胜市场的软实力。从郑州中原草创的那一天起，张德恒就在扪心自问："我在为什么干？"30 多年的激情燃烧的岁月，郑州中原不仅成为国内最好的密封胶企业，也成为名扬世界的密封胶企业，让他为之奋斗、让梦想成真的，说到底，张德恒归纳为九个字："为国家，为社会，为职工。"这九个字是张德恒 30 年来一直所践行的信念，这九个字也是张德恒一生的真实写照，这九个字也成了郑州中原积淀了多年的企业文化核心。

为国家、为社会、为职工干一两件好事容易，难能可贵的是一辈子想着国家、想着社会、想着员工，并为之奉献。在郑州中原，"为国家、为社会、为职工"绝不是一句空谈，而是实实在在的践行。从1983 年生产出的第一个产品 MF-830 到新一代密封胶 MF881-25，从亚运项目到奥运工程，每一个产品背后都有一个故事，每一项工程背后都记录下一种国家情结、社会情结、员工情结。

为国家。张德恒从小是靠着国家给予的奖学金完成学业的，也是国家让张德恒有机会上学，有机会考入大学，因此国家在张德恒的心目中有着至高无上的地位，占据着最重要的分量。国家概念已经融入了张德恒的骨髓，为国家做出自己应有的贡献，是他一直以来孜孜以求的远大志向和奋斗目标。走上工作岗位后，在 621 所，张德恒参与了歼-7、歼-8 等项目的密封胶科研工作，并且取得重要成果，为国家国防建设做出重大贡献。来到郑州后，正是他研制的 MF-830 打破了国外聚硫密封胶的垄断，也是他研制出来了双组分密封胶，攻克了多组分密封胶使用十分不便的难题；他研制的聚硫密封胶打破了国外产品对全自动中空玻璃生产线的密封胶垄断；硅酮密封胶、透明密封胶、防火密封胶、欧标密封胶等一系列产品都是在张德恒的带领下研制出来的，一个个成果都为我国的经济建设做出重大贡献，一个个产品都打破了国外垄断。

为社会。张德恒尽自己最大的努力履行企业的社会责任，为社会做出应有的贡献。在张德恒经营企业的 30 年中，从来不做偷税漏税的事情，为国家缴纳税费金额在整个高新区一直名列前茅。他研制开发的符合欧盟标准的硅酮密封胶，使密封胶的寿命延长至25年，相比其他企业提供的10年质保密封胶，欧标产品的研发成功，让密封胶的使用寿命大大延长，为社会节约了大量成本，幕墙建筑的持久牢固得到了有效保证，同时保障了广大群众的生命财产安全。

为员工。张德恒一直以来都把员工视为企业最大的财富，员工为孩子看病钱不够时，公司出手相助。张德恒时刻把员工的冷暖记挂在心上，他曾在多个场合中说道："'为国家，为社会，为职工'，不能停留在口号上，这句话不是说给别人听的，而是让我们认真去做的！"更让员工们欣慰的是，他在处理公司各种事务时常讲："员工有了困难企业不能不管，员工在企业里工作，为企业创造价值，现在国家的保障体系还不完善，如果企业不管员工的生活，那谁来管呢？"很多人总以为这不过是一句冠冕堂皇的客套话，然而，这对郑州中原的员工来讲，就是一句平平常常的大实话，张德恒就是说到做到，并做到了最好。他甚至为员工提供无息购房借款，帮助员工安家立业，这就是张德恒对员工的关爱，这也是张德恒为员工做的实实在在的工作。

为能够节省开支，张德恒要求公司财务部严格控制，但是他也有一个原则，任何时候，无论遇到多少困难，员工工资必须按时发放。30多年来，郑州中原从没有拖欠过员工的工资，这一原则一直坚持到现在。不但如此，员工的福利待遇基本上每年都会提高。

张德恒对待公司员工关爱有加，但对待员工也从来不强求，他经常在公司内部会议上对员工说："如果你们有更好的工作，或者更好的出路，公司不会强留你们。如果你们在外面工作几年，没有好的归宿，也欢迎回到公司来，公司的大门永远为你们敞开。"张德恒也一直在践行自己的这句诺言，他敞开的不仅仅是公司的大门，敞开的更是一位资深的老专家、一位功勋卓著的企业家的个人胸襟。一些员工因为种种原因离开了公司，无论是公司副总，或者是销售分公司经理、公司普通职员，他们离开张德恒都会祝福，但当他们还想回来的时候，张德恒依然欢迎他们。张德恒曾多次言辞恳切地说："郑州中原 30 年的风风雨雨，每个人都有贡献，应该牢记。不管之前员工是什么原因离职，公司的发展史上都记载下了他们的名字，现在公司发达了，应该惦记着这些员工，让他们也感受到来自公司的尊重。不在公司了，并不是大家的交情就没了。"中原大地素有地大物博之称，而张德恒超然自信的气度，更让人感受到在他博大的胸襟中，跃动着的中原之魂。

张德恒一向对待员工一视同仁。有一次，他陪老伴去菜市场买菜，路上遇到以前的一个老员工，当他了解到她的孙女毕业之后一直还没有找到工作，便安慰她说，来郑州中原吧。为了帮助员工解决后顾之忧，张德恒也曾无数次对员工说："公司任何一个员工的子女，如果找不到合适的工作都可以来我们公司，公司的大门会永远为他们敞开。"

有人说，郑州中原的员工是各企业中的"最幸福员工"。在张德恒看来，这是他的责任，是他的义务。这也正是张德恒的人格魅力之所在。

张德恒看了看表，会开得差不多了，该赶往机场了，下午他还打算在深圳与一个客户会面。张德恒立刻拎上行李赶赴机场，午饭就在飞机上吃了。

飞机晚点了，到达深圳的时间晚了一个小时，张德恒告诉来接他的员工，先把他直接送往客户的公司，办完客户业务再去酒店住宿。从客户公司出来已经是傍晚 5 点半了，尽管客户再三邀请张德恒一起吃晚饭，但他已经安排了晚上要与分公司的销售人员一起吃饭，就婉言谢绝了客户的盛情邀请。张德恒赶到酒店，没有休息片刻，行李还在车上，就与员工们坐了一起。虽然一天的时间十分紧凑，而且活动内容也安排得满满的，但从外表上看不出已是 77 岁高龄的张德恒有任何的疲态。见到自己的员工，张德恒脸上挂着慈祥的微笑，显得精神饱满，精力充沛，吃饭过程中和大家有说有笑，没有谈工作。张德恒在吃饭的时候，从不喜欢和自己的员工过多地谈工作，吃饭就是吃饭，就是请自己的员工吃一顿大餐。

张德恒与员工们吃完晚饭，已经是晚上9点多了，这时他才携带上行李箱赶到自己住的酒店。安顿下来后，他会拿出iPad，看看邮箱里有没有发来的重要信息，看看当天报过来的报表是否有自己没有注意到的内容，看完这一切之后，已经是晚上11点多了。张德恒打开电视，看一会儿凤凰卫视，他要了解一下当天的时政要事，很多的研究方向他就是从电视新闻中得到的。

张德恒看完新闻已经凌晨，这是他最普通的一天。等天亮后，他还要应邀参加一个活动，一天的工作安排也是满满的，不过他早已习惯了……

据美国《财富》周刊报道，美国中小企业平均寿命不到7年，大型企业平均寿命不足40年。而在中国，中小企业的平均寿命仅2.5年，集团企业的平均寿命仅7~8年。美国每年倒闭的企业约10万家，而中国有100万家，是美国的10倍。不仅企业的生命周期短，能做强做大的企业更是寥寥无几。

张德恒的郑州中原研究所已经历经30年的风风雨雨。在这30年间，企业虽然历经曲折，可一路走来走的都是上坡路，即使到了现在，它依然还是保持着一种朝气蓬勃、昂扬向上的姿态。一群爱岗敬业、默默奉献在平凡岗位上，以自身实际行动为公司增光添彩的人，做工作积极努力，做事情一丝不苟，并且企业每年都有大量新产品投放市场，每年都会取得较大的产品增长数额，让人始终看不到这个企业疲惫的一面，也始终看不到这个企业停滞的一面，看到的却是这个企业在不断兴盛中崛起，在持续成长中壮大，创造出一个又一个行业发展的奇迹。

经历过太多艰苦创业与创新发展的郑州中原员工们坦言，这条科技创新之路格外艰辛。但在从"中国制造"走向"中国创造"的创新时代，他们还是选择了风雨兼程。正是因为一代代员工坚守创新，30多年薪火相传，郑州中原才没有老态龙钟、步履蹒跚，而是充满活力、永葆青春，成为中国创新发展的脊梁！

30年过去，弹指一挥间。可30年的创业创新之路并不短暂，人生当中有多少个30年，企业当中又有几个30年？因此，30岁的郑州中原有必要搞一个仪式庆祝一下。一贯行事低调的张德恒其实对30周年并没有太多的概念，但公司的员工都认为30周年记录下了一个梦想升华的历史时代，应该是在梦想征程中镌刻下艰苦创业的诗篇。

公司每年都要组织许许多多、各种各样的会议和活动，多则几百多人，少则几十人。每一次会议张德恒都会十分重视，在经营企业的30年当中，他参加的会议太多太多了，但每一次会议他都十分认真做笔记，都会从头记录到最后，这就是张德恒对待每一件事情的态度。

30年的创业人生确实漫长，在接受凤凰网采访被问到这30年当中自己都干过什么时，张德恒只是简单地说了两个字——"做胶"。张德恒记不清30年当中他共开创了多少个"第一"，记不清共有多少个竞争对手消失在市场的浪潮当中，也记不清有多少个国外品牌因为郑州中原而无法在中国立足……

30年来张德恒已经经历了太多太多的事情，但他始终恪守一个原则：在市场竞争当中从来不提竞争对手的不足，也不会为了推广自己的产品而去贬低对手，他对于竞争对手给予了充分的尊重。如果竞争对手的某一款产品做得比郑州中原的好，他也会向客户推荐竞争对手的产品；每当郑州中原举行新产品鉴定会，张德恒也会邀请同行来进行鉴定，进行技术交流。有人说"同行是冤家"，但在张德恒的眼中，不管谁，只要能为中国的密封胶事业做出自己的贡献，就是功臣，就值得尊重。但是，也有一些事让张德恒感到深恶痛绝。在2005年前后，一些小型胶厂为了降低成本在密封胶当中添加白油等挥发性物质。在硅酮密封胶当中，硅油是必不可少的材料，硅油的价格却十分昂贵，每吨硅油在2万元左右，而白油的价格每吨仅仅4000元。如此巨大的差价，让一些无良企业对牟取违法利益"怦然心动"。他们在密封胶当中大量添加白油，但白油经过阳光照射后就会挥发，因此一些密封胶在上墙后就会出现开裂等现象，并且还会对中空玻璃有所影响，从而严重危害建筑的安全及中空玻璃的质量。在市场上白油肆虐的时候，每次开会，每次出席活动，张德恒都会把白油的危害性给大家说一遍，并倡导生产企业和客户积极抵制添加白油的产品。经过他不懈的努力，白油基本上从密封胶中消失了。这就是张德恒的坚持，这就是张德恒对待同行所持的不同的态度，国内胶企如果做出好的产品，张德恒是钦佩的；如果生产劣质产品，他是深恶痛绝的。

搞一次30周年大型庆典是公司所有人的意愿，毕竟企业在激烈的竞争中兼并重组，市场优胜劣汰，能够拥有30年发展历程的公司并不多，能够在30年发展历程中永葆青春的公司更是少之又少。郑州中原公司的员工们还清晰地记得20周年庆典时宏大的场面，当时邀请了国内著名模特来代言公司产品，并且国内著名书法家也当场挥毫泼墨，为庆典活动锦上添花，活动的盛况在业内形成了巨大影响力。至此之后，很多企业做庆典、做活动都竞相模仿。但这次30周年庆典活动张德恒不想再这样搞，邀请明星大腕演出，花费巨大不说，也会落入俗套，他不想如此铺张浪费。

郑州中原研究所筹备30周年庆典的事情不胫而走，一时竟成了业内的热门话题。无论是玻璃行业还是幕墙行业，客户们对郑州中原研究所30周年庆典都十分期待。公司总经理张式泰去成都出差，晚上宴请客户的时候，到场的客户纷纷询问张式泰总经理30周年庆典的事情，一时让他不知如何回答是好。

张德恒是一个大方的人，又是一个小气的人。他对朋友十分慷慨大方，不会和朋友斤斤计较，每当朋友有什么困难的时候，他总会竭尽全力帮助解决难题。在张德恒刚到郑州创业的时候，中原区的一位领导给他很大的帮助和支持，虽然已经退休10多年了，但每当这位领导遇到什么难事，张德恒总会尽最大的努力给予帮助。对于公司老员工的医疗费用，国家报销不了的部分，张德恒会把剩余的部分全额报销掉，以此来减轻他们的经济负担。

举行30周年庆典，张德恒否决了其他人员提出的邀请明星大腕的建议，但是他把庆典接待地点选择在了周边最好的酒店——裕达国贸。由于30周年庆典邀请嘉宾人数众多，张德恒几乎把整个酒店都包了下来，业内的一些朋友对这次庆典也是十分重视，纷纷四处打听庆典的具体日期以及庆典的具体细节。越是临近庆典的时刻，张德恒接到行业内朋友们的电话就越多，通话内容无一例外都是询问30周年庆典的事情，在整个行业内似乎已经达成了一种共识，如果没有接到郑州中原研究所庆典的邀请，自己都会感觉没有面子。

30周年庆典的各项筹备工作都在有条不紊地进行着，庆典主会场选在了郑州中原研究所新建工厂。整个冬青街工厂的二期工程还在进行施工，由于每年的产品增长率都在30%以上，即便现有的规模已经是国内顶尖的了，但还是远远难以满足市场的旺盛需求。张德恒在2013年加大了基础设施的投入，不仅建起了新的实验大楼，还建起了一座硕大的现代化厂房，并且从欧洲定制了数台全球最先进的生产线。即使国家对房地产的调控始终没有放松，尽管从长期来看社会各界对房地产市场持有一种保留的态度，但张德恒没有被外界的干扰迷惑，他对市场也有着长远的分析。房地产作为国民经济发展的重要支柱，一时半会儿是不可能出现大的起伏的，即使将来房地产市场的投入大量减少，受到冲击最大的也是中低端产品市场，市场压力越大，对产品的品质要求相对就会越高。张德恒深信，即便市场到了最后只使用一箱胶，那么这一箱胶包装上肯定印着"思蓝德"这个品牌，张德恒对他的产品十分自信，对他的企业也是信心十足，对他的科研队伍更是信心满满。

11月7日，距离郑州中原30周年庆典举行还有两天时间，正在紧张施工当中的新科研大楼和厂房都在做最后冲刺。平时工厂生产管理都交由分公司副总经理负责，张德恒已经 78 岁，很少去工厂，也很少过问，实在没有那么多的精力什么都统抓统管，他更为关心的是科研进展和产品销售情况。这一天，张德恒想到工厂转一圈，看看新科研大楼和新厂房建设进展的情况，到了工厂之后发现工程进度在两天内根本无法完成。为了确保工程质量，张德恒临时决定把庆典主会场换到裕达国贸酒店，但工厂的布置还照常进行。

2013 年 11 月 8 日，是参加郑州中原 30 周年庆典活动嘉宾报到的日子，来自全国各地甚至海外的一些客商陆续抵达郑州，入驻裕达国贸酒店。张德恒还特意邀请了老朋友李志毅，正是因为他，张德恒才从北京来到郑州创业。

20 世纪 70 年代末 80 年代初，作为沈阳黎明门窗厂工程师的李志毅去欧洲考察，他发现欧洲几乎所有建筑都在使用一种民用密封胶产品，这种民用密封胶在国内同样有着巨大的市场潜力。李志毅从国外一回来，见到在 621 所从事密封胶研究的张德恒时，就把他在国外见到的一切都跟张德恒仔细说了一遍。或许当时李志毅并没有在意，张德恒听了却十分留心，当张德恒了解到民用密封胶在国内拥有巨大市场的时候，不禁心中一喜。张德恒是做航空航天密封材料的，他很清楚，由军用变成民用并不会有太大的技术难题。就这样，张德恒很快研制出了民用密封胶，并且成为国内民用密封胶行业的拓荒者。

时间一晃过去 30 多年，李志毅也早已退休，但张德恒在心里对李志毅有一种特殊的感激之情，这次庆典他特意邀请了李志毅前来参加。同时，他还邀请了来自全国各地主要协会的专家领导，国内主要使用密封胶的企业也都由他们的主要领导带队，前来郑州参加此次庆典。受邀的 300 名嘉宾几乎遍及全国各大企业，他们代表着各个地区最具影响力的企业，出人意料的是，即便是行业内的行政会议，也没有过这么多的企业大佬及协会领导参加的先例。

前来参加本次庆典活动的人数众多，不仅仅是房地产行业，还有来自军工企业的代表，以及来自桥梁防腐、机场跑道等方面的企业和专家等，负责机场接飞机的大巴就有 10 辆，不间断地接送着客户。经过 30 年的发展，郑州中原已经形成了硅酮、聚硫、丁基、聚氨酯、环氧石材、合成等多个研发领域的产品生产线，并且涵盖了房地产、机场跑道、桥梁、LED、电子、太阳能、汽车等领域，几乎所有需要有机密封材料的地方，张德恒都能提供相应的产品。早在 30 年前，张德恒的理想就是建立一个涵盖多领域、有多种密封材料组成的国际顶尖的密封胶企业；30 年后，张德恒完全实现了这一目标，并且还远远超过了这一目标。

11 月 9 日上午，张德恒在家里吃完老伴做的早餐，就和常务副总高新元一起赶赴裕达国贸酒店。张德恒坐在车上感慨良多，30 年了，不知不觉之间他一手创办的这个企业已经走过 30 年的历程，他在回忆 30 年前的这一天他在做什么，在想 30 年前的自己。

那时，张德恒已经 47 岁，已经算不上年轻了，但他还是放弃了所有，毅然决然来到郑州创办了这家企业。他感觉这 30 年如白驹过隙，过得太快了，30 年前的事情一件件在他眼前闪现，仿佛昨天发生的一般。在中国没有多少企业能够走过 30 年的发展历程，张德恒凭着他干事业的专注和韧劲，让郑州中原做到了这一点。他非常自信，30 年的积淀对他创办的这家企业仅仅是一个开始，更坚信，他创办的郑州中原研究所能够行稳致远，成为一个百年老店。

张德恒透过车窗看了看道路两边，他看到在桐柏路中原路的一角，出现一座景致别样的小公园，而在 20 多年前，这里曾是中原区委的一个自行车棚。张德恒带着一帮人，就是在这个自行车棚里开始了艰苦创业。一切就像刚刚发生一样，一切又都是那么遥远，遥远得让张德恒都难以想象时光已经过去了 30 年。

张德恒的汽车停在了裕达国贸酒店大厅门口，而这一天整个酒店几乎被张德恒包了下来。酒店各处都张贴着"郑州中原 30 周年庆典"的标识广告，酒店总经理看到张德恒过来之后，更是亲自到门口去迎接。张德恒乘坐电梯来到了裕达国贸酒店八楼1000平方米的会场，这里已经坐满了来自全国各地的重要嘉宾。整个会场布置得端庄而喜庆，硕大的LED屏幕上打着"郑州中原30周年庆典"的字样，在LED屏幕的下方是主席台，台上台下已经摆满了鲜花。主席台上放着八张桌子，张德恒的位置在中间靠右，紧挨着就座的是中国建筑金属结构协会会长姚兵，在主席台上的还有其他协会的主要领导，他们是整个行业中举足轻重的大佬，一举一动都关系到行业发展的走向。

张德恒并没有直接坐到主席台上，他站在门口，招呼着进来的每一个嘉宾。与嘉宾和现场的员工都穿西服打领带有所不同的是，张德恒穿着一件普通的夹克，胸前别着贵宾的胸花，每进来一位客人他都会亲切地和他们握手，直到庆典仪式快要开始的时候，张德恒才到主席台入座。

按照张德恒的要求，庆典仪式的主持人没有邀请央视的大牌主持，而是由公司的员工主持这个庆典。庆典刚刚开始，硕大的LED屏幕上显示出张德恒的画面，伴随着主持人富有磁性的声音，张德恒30年来取得的荣誉、功勋和成就映入了大家的眼帘，这一切都让张德恒始料不及，他没有预料到庆典中会有这样的场面，并且还是在开场仪式中。张德恒在主席台上显得略微有些不自然，一向做事低调的张德恒从来就不喜欢向别人展示自己取得的成绩，一向谦虚随和的张德恒始终认为自己做得还远远不够。庆典仪式在主席台嘉宾共同剪彩中达到了高潮，仪式过程持续了将近一个小时。

庆典仪式结束了，但整个庆典活动才真正开始。酒店门前已经停放着数辆大巴车，有序地载着嘉宾前去参观郑州中原研究所两个工厂和华山路研发中心，张德恒乘坐其中一辆车去了工厂。刚刚下车，工厂门前锣鼓喧天，鞭炮齐鸣，员工鼓掌，汇聚成了一片欢乐的海洋。张德恒带领嘉宾们参观工厂生产现场，在一台台全自动设备面前驻足交谈。正在建设的科研楼也被装饰了一番，科研楼的一楼设计了一个展厅，向嘉宾们展示郑州中原30年来的长足发展，展示郑州中原30年来所取得的辉煌成绩。已经77岁的张德恒，不知疲倦地向大家介绍着他研发的这些设备，详尽讲解着他研发的这些产品，演示着这些产品的品质，整个参观过程持续到下午1点钟才结束。嘉宾和代表们午餐就餐完毕，三场不同领域的技术交流会正式开始，张德恒又忙碌地穿梭在这些会场当中。

技术交流会全部结束已经是下午5点多钟，张德恒顾不上过多地休息，因为晚上6点半，庆典晚宴就要开始了。嘉宾们一天当中的行程安排十分紧凑，整个晚宴的布置也在有条不紊地进行之中。

庆典晚宴在裕达国贸1000平方米的多功能厅举行，32张桌子整齐有序地排列在大厅当中，正对舞台的是主桌，主桌相比其他桌子要大上许多，在主桌就座的都是来自各个协会的主要领导，张德恒就坐在正对舞台的位置。

庆典晚宴过程中并没有太多的歌舞表演，主要以纯音乐为主，一辈子经历了太多风雨的张德恒，不喜欢过于喧嚣。来来往往的嘉宾不时会来到主桌前向张德恒敬酒，张德恒这时会起身与敬酒者一起干杯。嘉宾们饮酒正酣之时，主持人请张德恒走上舞台，随后一个写着30周年祝福的大蛋糕被司仪推到了台前。张德恒感到很意外，也很惊讶，搞不清主持人又要搞些什么名堂，主持人又把段爱娟请上舞台。段爱娟是张德恒最信任的徒弟之一，也是为数不多的从1983年企业创立就一直跟随张德恒的一位员工。张德恒和段爱娟共同切开了蛋糕，伴随着动人的背景音乐以及现场嘉宾由衷的赞叹声，这时张德恒眼圈也有些湿润了。30年了，这段难忘的人生对于张德恒意味着很多，30年间张德恒书写了太多的精彩故事，30年间张德恒立下了功勋卓著的业绩，30年间张德恒创造了一个又一个行业奇迹……平时口才一直不错的张德恒，站在舞台上心潮澎湃，一时不知道该说什么。在这个难忘的夜晚，他的嗓音显得有些激动、有些哽咽，以至于没有了平常讲话的抑扬顿挫、铿锵有力。或许他有太多想要说的，但他又不知道从哪里说起，或许他脑海里有太多的画卷，但他又不知道选择哪一幅，或许他心里有太多的思绪，以至于扰乱了他的话语。总之，虽然张德恒没有过多的言辞，但呈现给众人的却是一种"此处无声胜有声"的感人境界。张德恒充满激动的神情，感动了在场的每一个人，这种激动是一种充满了感恩，充满了感激，充满了感动，又充满了肯定，充满了希望，充满了自信的激动。

当天的晚宴持续了很久，整个宴会厅里充满了欢声笑语，充满了红酒杯碰杯时发出的清脆悦耳声音，充满了憧憬未来的希望的声音。

送别嘉宾回到酒店客房休息后，张德恒乘车回到了华山路94号院，回到了他那80多平方米的家里，回到了那个建于20世纪80年代的老房子里。张德恒家住在三楼，每天回家他都要爬一段楼梯，20多年前他感觉爬到三楼很轻松，30年后他依然感觉一口气爬到三楼并没有多费力，只是上楼的速度没有以前快了而已。

晚宴上很多人敬酒，张德恒喝了不少红酒，但远远没有达到醉酒的程度，只是显得脸颊更加红润罢了。回到家里，老伴没有睡，还在客厅里看电视。张德恒去厨房看了看，打开冰箱，里面有点吃的，他就拿出来吃上两口，在晚宴上嘉宾敬酒应接不暇，他也没有顾上吃什么食物。

张德恒也看了一会儿电视，每天晚上看一会儿新闻是他多年养成的习惯，他需要从中了解并分析一些国家的最新政策，公司的发展必须和国家的政策方向一致，这样才能少走一些弯路。看了一会儿电视，张德恒渐渐感到一丝倦意，不知不觉睡着了。他做了一个梦，梦到他又回到了30年前，只身一人来到郑州创业，没有朋友、没有资金、没有厂房、没有实验室、没有工人、没有设备，一穷二白，白手起家。他靠的是信念和信心，靠的是虚心和诚心，靠的是专心和耐心，靠的是一双勤劳的双手。

时光荏苒，春华秋实，这是一个梦想升华的历史时代。鼓荡豪情扬征棹，且破巨浪乘长风，张德恒率领着他的科研团队以奋斗做桨、梦想为帆，中流激水、坚毅笃定，砥砺奋斗、真抓实干，在改革开放大潮中，勇立潮头，破浪前行。三十而立，郑州市中原应用技术研究所倾听潮水激荡，叩击盛世大门，满怀憧憬，怀揣着梦想，向着光辉的彼岸，再出发！